Boris Jelzin wurde am 1.2.1931 in Butka geboren, einem Dorf im Bezirk Swerdlovsk. Nach seinem Studium an der Hochschule für Bauwesen arbeitete Jelzin zunächst als einfacher Arbeiter auf dem Bau und übernahm später dann die Leitung eines Kombinats. Jelzins politischer Weg begann in der Lokalpolitik von Swerdlovsk. 1985 berief ihn Michail Gorbatschow als Ersten Parteisekretär, d. h. als Parteichef, nach Moskau und damit ins Zentrum der Ereignisse. Heute ist er Präsident der Russischen Sozialistischen Föderativen Sowjetrepublik.

Vollständige, mit einem Nachwort versehene Taschenbuchausgabe
Juni 1991
Droemersche Verlagsanstalt Th. Knaur Nachf., München

Umschlaggestaltung Wilfried Becker
Umschagfoto dpa/epa
Druck und Bindung Elsnerdruck, Berlin
Printed in Germany 5 4 3 2 1
ISBN 3-426-04841-8

Boris Jelzin:

Aufzeichnungen eines Unbequemen

Aus dem Russischen von Annelore Nitschke

Knaur

Ich möchte meinem literarischen Agenten Andrew Nurnberg, der mir geholfen hat, dieses Buch den Lesern in zahlreichen Ländern nahezubringen, meinen tiefen Dank aussprechen.

Boris Jelzin

VORREDE

In den letzten zwei Jahren baten mich mehrere große Verlage, ein Buch über mein Leben zu schreiben. Ich lehnte stets ab, weil ich wußte, daß ich diese große Aufgabe zeitlich nicht bewältigen würde. Außerdem hielt ich den Zeitpunkt noch nicht für gekommen, das Fazit eines Lebens zu ziehen.

Unterdessen ging die Entwicklung in unserem Land weiter. In wenigen Monaten und Wochen fanden mehr dramatische Ereignisse statt als früher in einem ganzen Jahrzehnt. Wir sahen Veränderungen und das Ende einer Epoche, die hoffentlich nie mehr wiederkehrt. Da kam mir der Gedanke, es könnte vielleicht doch sinnvoll sein, meine Erinnerungen aufzuzeichnen, und so gab ich den beharrlichen Bitten nach.

Doch wie ich vermutet hatte, kam ich im wesentlichen nur nachts und am Sonntag zum Schreiben. Hätte mir nicht der Journalist Walentin Jumaschew zur Seite gestanden und häufig die Nächte mit mir durchgearbei-

tet, dann wäre dieses Buch wohl nicht zustande gekommen.
Wahrhaft freundschaftlich geholfen haben mir auch Walentina Lanzewa, Lew Suchanow, Tatjana Puschkina und natürlich meine Familie. Allen möchte ich von Herzen danken.
Meine Autorenhonorare möchte ich für die AIDS-Bekämpfung in unserem Land spenden. Das Fehlen von Einmalspritzen und anderen notwendigen Instrumenten in unseren Krankenhäusern hat dazu geführt, daß Kinder mit dem HIV-Virus infiziert wurden. Ich halte es für meine Pflicht, den Kampf gegen diese furchtbare Krankheit im Rahmen meiner Möglichkeiten zu unterstützen, und bin glücklich, daß ich einen Beitrag dazu leisten kann.

Boris Jelzin

I

25. März 1989

Volksdeputiertenwahl in der UdSSR

– Wahltagebuch –

Es gibt eigentlich keinen Zweifel: Wenn morgen die Wahl der Volksdeputierten stattfindet, müßten mir die Moskauer im Stadtbezirk Nr. 1, in dem Jurij Brakow und ich kandidieren, die meisten Stimmen geben und mich zu ihrem Abgeordneten wählen. Das geht aus allen offiziellen und inoffiziellen Meinungsumfragen hervor, und die ganze Atmosphäre vor der Wahl legt diesen Schluß nahe. Auch meine eigene innere Stimme sagt mir: Morgen kommt alles ins Lot.

Ich kann trotzdem nicht einschlafen. Noch einmal spiele ich alle Situationen durch, denen ich in den letzten Monaten, Wochen und Tagen ausgesetzt war. Ich versuche zu verstehen, wo ich Fehler gemacht und wo ich richtig gehandelt habe. Es gab Fehler, aber ich bin nicht unglücklich darüber, denn sie spornten mich an und zwangen mich, mit doppelter und dreifacher Energie zu arbeiten.

Das ist überhaupt einer meiner Charakterzüge, wobei

ich nicht weiß, ob er sich mehr zum Guten oder zum Schlechten auswirkt. Bei der Analyse von Situationen und Ereignissen übergehe ich alles, was mir gelungen ist, und halte mich bei meinen Mängeln und Fehlern auf. Deshalb überwiegt bei mir ständig das Gefühl der Unzufriedenheit.

Morgen wird das Fazit der vergangenen eineinhalb Jahre gezogen werden. Jetzt bin ich ein politischer Paria und Träger klingender Parteititel mit der Vorsilbe »Ex«: Ex-Sekretär des ZK der KPdSU, Ex-Erster Sekretär des Moskauer Stadtkomitees der Partei. Ex-Politbürokandidat, alles »Ex«. Zu Stalins Zeiten wurden ehemalige politische Funktionäre erschossen, Chruschtschow schickte sie in Pension, und in Breschnews Stagnationsepoche wurden sie als Botschafter in ferne Länder entsandt. Gorbatschows Perestrojka schuf auch hier einen neuen Präzedenzfall. Der Gestrauchelte durfte den Versuch machen, wieder ins politische Leben zurückzukehren.

Als Gorbatschow mich, der ich alle Ämter verloren hatte, anrief und mir den Ministerposten in der staatlichen Baubehörde der UdSSR anbot, nahm ich an, da es mir in jenem Augenblick absolut gleichgültig war, wo man mich einsetzte. Am Schluß des Gesprächs sagte er: »Aber denk dran, in die Politik lass' ich dich nicht rein!« Damals glaubte er das offenbar wirklich und kam gar nicht auf die Idee, daß er ja selbst jenen Mechanismus demokratischer Prozesse eingerichtet und in Gang gesetzt hatte, in dem das Wort des Generalsekretärs nicht mehr das Wort eines Diktators ist, das sofort zum ehernen Gesetz für das gesamte Imperium wird. Andere Zeiten sind angebrochen.

Wieviel Neues werden sie uns wohl noch bringen! Darin liegt der Reiz, aber auch die Not der heutigen Zeit. Niemand weiß, wie es weitergehen wird und wohin uns der Schritt, den wir heute tun, morgen führen wird. Das riesige, schwerfällige und bornierte System von Partei und Bürokratie windet sich, versucht sich zu verteidigen und zu erhalten, und wird dadurch doch nur noch schneller zugrunde gehen.

Der Apparat hatte die lokal begrenzte, nicht allzu komplizierte Aufgabe erhalten, es so einzurichten, daß ich bei der Wahl durchfiel. Diese kleine Aufgabe müßte doch wohl zu schaffen sein. Noch dazu hatte man ja dieses »vortreffliche« Wahlverfahren — mit Bezirksversammlungen, in denen die Unbequemen ausgesiebt wurden, und mit Bezirkskommissionen, deren Macht unbegrenzt war. Überdies hatte man einen riesigen, gehorsamen Propagandaapparat bei der Hand, der alles schreiben und sagen würde, was man wollte. Und obwohl Partei und Bürokratie all das hatten, schafften sie es nicht. Alles, was in diesen Monaten gegen mich unternommen wurde, von der Verdrehung der Tatsachen über Lügen bis zu Entscheidungen des Plenums des ZK, brachte mir im Gegenteil immer stärker die Unterstützung der Menschen ein.

Als wieder einmal eine Dummheit gegen mich begangen wurde, die ihrerseits wieder eine Flut von Sympathiebekundungen der Moskauer für mich auslöste, spürte ich plötzlich besonders deutlich, in welch tiefem Abgrund wir uns befinden und wie unglaublich schwer es für uns sein wird, aus ihm herauszukommen. Denn gerade dieser Parteiapparat und die Leute in diesem Apparat sind es

ja, die die Veränderungen in Richtung Perestrojka und Glasnost vornehmen sollen. Keinem anderen billigen sie dieses Recht zu. In solchen Augenblicken könnte einen der Mut völlig verlassen.
Doch zum Glück traf ich während des Wahlkampfs praktisch jeden Tag mit meinen Wählern zusammen. Sie gaben mir neue Energie und bestärkten mich in meinem Glauben, daß wir so, wie wir früher lebten, nie mehr leben werden und nie mehr leben können. Die Zeit des Duckmäusertums ist zu Ende.
Gut und schön, aber wenn ich nun morgen doch verliere? Was würde das bedeuten? Daß der Apparat stärker war? Daß die Ungerechtigkeit gesiegt hat? Nein. Ich bin auch nur ein Mensch, habe viele Fehler und einen schwierigen, störrischen Charakter. Ich habe mich geirrt und Fehler gemacht, und deshalb ist es durchaus möglich, daß ich nicht gewählt werde. Aber selbst wenn Brakow gewählt wird, auf den der Apparat setzt, ist es doch eine gewaltige Illusion, daß er gehorsam den Willen derer erfüllen wird, die ihn aufgestellt haben. Ob er oder ich, jeder von uns kann heute die Rolle des Volksdeputierten nur dann richtig ausfüllen, wenn er auf das Volk und nicht auf den Apparat hört, wenn er die Forderungen der Menschen und nicht die der Nomenklatura in Partei und Bürokratie erfüllt.
Trotzdem glaube ich, daß die Moskauer für mich stimmen werden. Nur noch ein wenig Geduld...

»Wenn man den Oktober '87 zurückholen könnte, wie würden Sie sich verhalten?«

»Boris Nikolajewitsch, war Ihre Rede auf dem Plenum anläßlich des 70. Jahrestages der Oktoberrevolution eine Geste der Verzweiflung, oder hofften Sie auf die Unterstützung irgendeines Mitglieds des Politbüros?«

Fragen Moskauer Bürger bei Wahlversammlungen und Kundgebungen

Die Sitzung des Politbüros war zu Ende. Ich ging in mein Büro zurück und nahm ein leeres Blatt Papier. Noch einmal überschlug ich alles in Gedanken, und dann schrieb ich:

Moskau, den 12. 9. 1987

Sehr geehrter Michail Sergejewitsch,
für den Entschluß, diesen Brief zu schreiben, habe ich lange gebraucht, und er fiel mir nicht leicht. Ein Jahr und neun Monate sind vergangen, seit Sie und das Politbüro mir anboten, die Leitung der Moskauer Parteiorganisation zu übernehmen, und ich dieses Angebot annahm. Mir war klar, daß die Aufgabe unglaublich schwierig sein würde, daß ich neue Erfahrungen machen würde und noch mehr arbeiten müßte.
Das alles machte mir nichts aus. Ich spürte Ihre Unterstützung und ging für mich selbst überraschend sicher ans Werk. Uneigennützig, mit festen Prinzipien, kollegial und

kameradschaftlich begann ich, mit der neuen Mannschaft im Stadtkomiteebüro zu arbeiten.
Die ersten Etappen sind vorbei. Wir konnten natürlich nur sehr wenig tun. Aber ich glaube, die Hauptsache ist doch geschafft: Der Geist und die Stimmung der meisten Moskauer hat sich verändert. Natürlich wirkt sich dabei auch der Einfluß der Gesamtsituation im Land aus. Doch so seltsam es auch erscheinen mag, ich persönlich empfinde immer tiefere Unzufriedenheit.
Aus den Worten und Taten einiger Spitzenfunktionäre höre ich neuerdings etwas heraus, das ich früher nicht bemerkt habe. Besonders bei manchen Mitgliedern des Politbüros und bei ZK-Sekretären zeichnet sich ein Umschwung ab: Anteilnahme und Unterstützung verwandeln sich in Gleichgültigkeit gegenüber Moskauer Angelegenheiten und meiner Arbeit.
Ich habe mich im allgemeinen immer bemüht, meinen Standpunkt deutlich zu vertreten, selbst wenn er nicht mit der Meinung anderer übereinstimmte. Daraufhin entstanden immer häufiger unangenehme Situationen, genauer gesagt, es stellte sich heraus, daß ich mit meinem ganzen Stil, meiner Geradheit und meiner Biographie wohl nicht die richtigen Voraussetzungen habe, im Politbüro mitzuarbeiten.
Ich kann nicht umhin, mich zu einigen grundlegenden Fragen zu äußern. Einen Teil davon, insbesondere das Problem der Führungskräfte, habe ich Ihnen gegenüber schriftlich oder mündlich bereits angesprochen. Hier möchte ich einiges ergänzen:
Was Ligatschows Arbeitsstil betrifft, so ist er meiner (und auch anderer) Meinung nach ungeeignet, wobei ich Liga-

tschows positive Eigenschaften nicht schmälern möchte. Sein Arbeitsstil überträgt sich auf den des ZK-Sekretariats; manche Sekretäre »peripherer« Komitees ahmen ihn nach. Die Hauptsache ist aber, daß die Partei insgesamt dabei verliert. Das öffentlich zu sagen würde der Partei schaden. Nur Sie persönlich können im Interesse der Partei hier etwas ändern.

Die Parteiorganisationen hinken alle den grandiosen Ereignissen nach. Hier gibt es praktisch, bis auf die globale Politik, keine Perestrojka. Daraus ergibt sich eine ganze Kette von Folgen. Und dann wundern wir uns, weshalb die Perestrojka in den Basisorganisationen steckenbleibt!

Man hat revolutionär gedacht und formuliert, doch an die Realisierung der Ideen geht man gerade in der Partei genau wie früher heran – kleinkrämerisch, engstirnig, bürokratisch und phrasendreschend. Darin eben liegt der Bruch: zwischen dem revolutionären Wort und der in der Partei weit von einem politischen Ansatz entfernten Tat.

Die viel zu vielen Papiere, Besprechungen über geringfügige Fragen, Mäkeleien, das Suchen nach negativen Tatsachen, um sie als Munition zu benützen, die Fragen, die man aufwirft, um die eigene »Autorität« zu demonstrieren. Von irgendwelchen Versuchen einer Kritik von unten will ich schon gar nicht reden. Es beunruhigt mich sehr, daß man zwar kritisch denkt, sich jedoch nichts zu sagen traut. Das ist für die Partei, wie mir scheint, das Allergefährlichste.

Jegor Kusmitsch fehlte es bei der Arbeit meiner Meinung nach an Systematik, und seine ständigen Verweise auf die Erfahrungen in Tomsk kann man kaum noch hören. Nach dem Juniplenum des ZK und unter Berücksichtigung der Sitzung des Politbüros vom 10. 11. kann ich seine Angriffe *auf mich nicht anders als systematische Hetze bezeichnen. Der Beschluß des Stadtkomitees anläßlich der Demonstrationen ist eine rein städtische Angelegenheit und wurde richtig gefaßt. Die Rolle der Kommission, die darüber gebildet wurde, ist mir unverständlich, und ich bitte Sie, die entstandene Situation zu bereinigen.* Ligatschow schafft damit keine gute Stimmung in der Partei, sondern bringt den Parteimechanismus durcheinander. Ich möchte über seine Einstellung zu Moskauer Angelegenheiten nicht sprechen. Es verblüfft doch, wie man sich zwei Jahre nicht wenigstens einmal dafür interessieren kann, wie die Dinge in den 1150 Parteiorganisationen laufen. Die Parteikomitees verlieren an Selbständigkeit.*

Ich war immer für hohe Ansprüche und Forderungen, aber nicht für die Erzeugung jener Angst, mit der jetzt viele Parteikomitees und ihre Ersten Sekretäre arbeiten. Zwischen dem ZK-Apparat und den Parteikomitees besteht kein Verhältnis, das durch Prinzipientreue, aber auch Kameradschaft unter Parteigenossen geprägt ist und in dem sich Kreativität, Zuversicht und Einsatzbereitschaft entfalten können. Hier ist meiner Ansicht nach die Stelle, wo der »Bremsmechanismus« in der Partei zum Vorschein kommt. Man muß den Apparat erheblich verkleinern und seine Struktur drastisch ändern. Den Beweis dafür liefern die Moskauer Bezirkskomitees, auch wenn unsere Erfahrung damit noch gering ist.

Mich persönlich erzürnt die Haltung einiger Genossen aus dem Politbüro des ZK. Sie sind klug, deshalb sind sie auch

* Zum Hintergrund dieser Ereignisse: Ligatschow bildete eine Kommission des ZK-Sekretariats, die die Lage in Moskau überprüfen sollte. Dafür gab es weder einen konkreten Anlaß noch konkrete Gründe. (Anm. d. Autors)

rasch auf die neue Linie eingeschwenkt. Aber kann man ihnen wirklich ganz trauen? Sie sind bequem, und mir scheint, ich bitte Sie sehr um Entschuldigung, Michail Sergejewitsch, sie werden auch Ihnen bequem. Ich spüre, daß öfters der Wunsch auftaucht, zu schweigen, wenn man nicht einverstanden ist, weil manche anfangen, Zustimmung zu simulieren.

Ich bin unbequem und weiß das. Ich verstehe, daß es nicht einfach ist, mit mir zusammen ein Problem zu lösen. Doch es ist besser, wenn ich dies jetzt sage. So wie es heute um unsere Führungskräfte bestellt ist, wird die Zahl der mit mir verbundenen Probleme wachsen und Sie bei Ihrer Arbeit behindern. Das möchte ich ganz und gar nicht.

Ich möchte es auch deshalb nicht, weil der Kampf um Stabilität, trotz Ihrer unglaublichen Anstrengungen, zur Stagnation führen wird, also zu jener Situation, die wir schon hatten. Das darf jedoch nicht sein. Dies sind einige der Gründe, weshalb ich mich mit meiner Bitte an Sie wende. Ich bringe sie nicht aus Schwäche und nicht aus Feigheit vor.

Ich bitte Sie, mich von meinem Amt als Erster Sekretär des Moskauer Stadtkomitees der KPdSU und den Verpflichtungen eines Politbüro-Kandidaten des ZK der KPdSU zu entbinden. Bitte verstehen Sie dies als offizielles Ersuchen.

Ich glaube, daß es für mich nicht notwendig sein wird, mich direkt an das Plenum des ZK der KPdSU zu wenden.

Hochachtungsvoll
B. Jelzin

Ich steckte den Brief in den Umschlag und klebte ihn zu. Ein letztes Mal überlegte ich, ob es sich lohnte, ihn abzuschicken. Vielleicht sollte ich noch ein bißchen warten? Dann verwarf ich kurzerhand alle diese Gedanken, rief meinen Assistenten und übergab ihm den Brief. Ich wußte sehr wohl, daß die Post zwischen Moskau und Pizunda, wo der Generalsekretär seinen Urlaub verbrachte, hervorragend funktionierte und daß Gorbatschow schon in wenigen Stunden meinen Brief erhalten würde.

Was würde weiter geschehen? Würde er mich zu sich rufen? Oder telefonieren und mich bitten, weiterzuarbeiten wie zuvor? Vielleicht würde ihm mein Brief helfen zu erkennen, daß die Situation in der Parteispitze kritisch geworden war und daß man unverzüglich irgendwelche Schritte unternehmen mußte, um wieder eine fruchtbare Atmosphäre im Politbüro zu schaffen?

Ich beschloß, nicht weiter herumzurätseln. Ich hatte die Brücken hinter mir verbrannt, es gab keinen Weg zurück. Ich arbeitete wie immer vom frühen Morgen bis spät in die Nacht und gestand mir selbst nicht ein, daß ich nervös war. Niemand wußte etwas von dem Brief, selbst meine Familie nicht.

So begann diese Geschichte, die mit dem spektakulären, schon fast legendären Oktoberplenum des ZK 1987 endete, das in meinem Leben — und wahrscheinlich nicht nur in meinem — eine besondere Rolle spielte. Ich wurde später oft gefragt, ob es irgendeinen konkreten Anlaß oder besonderen Anstoß zu dem Brief an Gorbatschow gegeben hatte. Ich verneinte immer sehr bestimmt; es hatte sich ja wirklich alles ganz allmählich und unbemerkt angestaut. Zwar gab es jene Sitzung des Politbüros, auf der Gorbatschows Rede zum 70. Jahrestag der Oktoberrevolution erörtert wurde. Ich äußerte etwa zwanzig Kritikpunkte zu dieser Rede, was ihn empörte. Damals brachte mich das aus der Fassung, und ich erinnere mich, daß ich erschüttert war, wie man so, das heißt beinahe hysterisch, auf Kritik reagieren konnte. Dennoch war diese Episode nicht ausschlaggebend.

Es hatte viel früher begonnen, in den ersten Tagen meiner Arbeit im Politbüro. Mich ließ das Gefühl nicht los, daß ich dort ein Außenseiter oder eher noch ein Fremdkörper war, daß ich mich nicht in den Rahmen irgendwelcher mir unbekannten Beziehungen einfügte, daß man hier gewohnt war, nur so zu denken und zu handeln, wie ein Mann dachte und handelte, nämlich der Generalsekretär. In diesem sogenannten kollektiven Parteiorgan äußert man seinen eigenen, vom Vorsitzenden abweichenden Standpunkt praktisch gar nicht oder nur zu nebensächlichen Fragen. Das nennt man dann die Einheit des Politbüros. Ich hatte nie verhehlt, was ich dachte, und hatte nicht vor, mich zu ändern, als ich meine Arbeit im Politbüro begann. Das brachte viele auf, und wiederholt stieß ich mit Ligatschow, Solomenzew und anderen zusammen. Manche unterstützten mich insgeheim, sympathisierten sogar bis zu einem gewissen Grad mit mir, zeigten es aber nicht nach außen hin.

Der Protest gegen den Arbeitsstil und die Arbeitsmethoden des Politbüros reifte schon lange in mir, denn sie unterschieden sich zu kraß von den Aufrufen zur Perestrojka und von den Parolen, die Gorbatschow 1985 ausgegeben hatte. Natürlich lief es im Politbüro nicht so wie unter Breschnew; man saß jetzt lange in den Sitzungen und hörte vor allem den Monologen des Vorsitzenden zu. Gorbatschow sprach gern lang und ausführlich, mit Einleitung und Schluß, und kommentierte beinahe alles und jedes. Es entstand gewissermaßen der Anschein einer Diskussion, alle schienen irgend etwas zu sagen, aber im Kern änderte das nichts: Was der Generalsekretär wollte, das tat er auch. Alle hatten das, wie mir schien, sehr wohl begriffen, aber jeder hielt den Schein aufrecht und spielte das Spiel mit. Doch ich wollte das nicht und äußerte mich deshalb ziemlich scharf, offen und geradeaus. Viel Wirkung hatten meine Reden, ehrlich gesagt, nicht, aber sie verdarben gründlich die sorglose Atmosphäre der Sitzungen. Nach und nach kam ich zu der Ansicht, daß entweder ein großer Teil der Politbüromannschaft gegen frischere, jüngere Kräfte, gegen energische Männer, die nicht in Klischees dachten, ausgetauscht werden müßte oder ich zu gehen hätte.

Als Ligatschow während Gorbatschows Urlaub das Politbüro leitete, häuften sich die Zusammenstöße. Er gab sich selbstbewußt und verkündete alte, längst überholte Dogmen. Doch das Schlimmste war, daß man all dem nicht nur zuhören, sondern sich auch noch in seinem eigenen Handeln danach richten mußte. So konnte man nicht arbeiten.

Ich überlegte, welche Möglichkeiten es für mich gab: Entweder ich fügte mich allem, was hier passierte, dann könnte ich — schweigsam, verbindlich und konform — im Politbüro bleiben und mich gelegentlich zu unbedeutenden, kleinen Fragen äußern. Oder ich müßte aus dem Politbüro austreten.

Da gab es wieder einmal im Politbüro ein Wortgefecht mit Ligatschow über soziale Gerechtigkeit und die Abschaffung von Privilegien und Vergünstigungen. Nach der Sitzung ging ich in mein Büro und schrieb den Brief nach Pizunda, wo Gorbatschow Urlaub machte. Als Gorbatschow zurückkam, rief er mich an und sagte, daß wir uns später zusammensetzen würden. Ich verstand dieses »später« nicht ganz und wartete erst einmal ab. Eine Woche, zwei Wochen – die Einladung zum Gespräch kam nicht. Ich schloß daraus, daß ich frei von meinen Verpflichtungen sei und er es sich offenbar anders überlegt hatte. Statt sich mit mir zu treffen, hatte er offenbar beschlossen, die Sache vor das Plenum des ZK zu bringen und mich dort von meiner Kandidatur für das Politbüro zu entlasten.

Später gab es dazu viele Gerüchte. Gorbatschow behauptete hartnäckig, ich hätte unsere Abmachung gebrochen, denn wir hätten einen bestimmten Termin nach dem Oktoberplenum vereinbart und ich hätte mit Absicht geplant, mich vor dem Gespräch öffentlich zu äußern. Ich sage noch einmal, daß das nicht stimmt. Ich erinnere daran, daß ich in meinem Brief darum gebeten hatte, mich von meinem Amt als Politbüro-Kandidat und Erster Sekretär des Moskauer Stadtkomitees zu entbinden. Dabei hatte ich die Hoffnung geäußert, daß ich diese Sache nicht dem ZK-Plenum zur Entscheidung vorlegen müsse. Es war auch keine Rede davon, daß wir uns nach dem Plenum treffen würden. »Später« hatte er gesagt, weiter nichts. Ich war überzeugt, daß es sich nur um zwei, drei Tage, höchstens eine Woche handelte. Schließlich treten nicht jeden Tag Politbüro-Kandidaten zurück und bitten darum, die Sache nicht vors Plenum zu bringen. Ein halber Monat war vorbei, und Gorbatschow schwieg. Das faßte ich natürlich so auf, als habe er beschlossen, die Frage auf dem Plenum des ZK aufzuwerfen, um kein Gespräch unter vier Augen mit mir zu führen, sondern es dort öffentlich zu inszenieren.

Ich bekam die Mitteilung, wann das Plenum stattfinden sollte. Also mußte ich anfangen, mich auf meine Rede vorzubereiten und auf das, was ihr folgen würde. Selbstverständlich unternahm ich nichts, um zu meiner Unterstützung eine Gruppe von ZK-Mitgliedern zu organisieren, die so dachten und die Lage in der Partei und ihrer Führung ebenso einschätzten wie ich. Schon allein der Gedanke daran war mir zuwider, und daran hat sich bis heute nichts geändert. Mich mit anderen Rednern abzusprechen und überhaupt Intrigen zu spinnen, das habe ich nie getan. Später sagten viele, ich hätte mich mit anderen zusammenschließen und als Einheitsfront auftreten müssen. Das hätte dann wenigstens einen gewissen Effekt gehabt, denn die Führung hätte sich mit einer abweichenden Meinung konfrontiert gesehen, die zwar auch nur von einer Minderheit, aber doch nicht allein von einem Einzelgänger vertreten wurde.

Ich tat es nicht und sagte auch niemandem ein Wort von meiner Absicht, auf dem Plenum zu reden. Selbst mir eng vertraute Mitglieder des Büros des Moskauer Stadtkomitees waren nicht eingeweiht. Deshalb hatte ich natürlich auch keinerlei Illusionen, daß mich irgend jemand unterstützen würde. Ich mußte mich auf das Schlimmste gefaßt machen.

Ins Plenum ging ich ohne fertig ausgearbeitete Rede; ich hatte nur sieben Thesen in Stichpunkten notiert. Normalerweise bereitete ich jede Rede sehr gründlich vor, schrieb manchmal den Text zehn- bis fünfzehnmal um und versuchte, die treffendsten Worte zu finden. Diesmal ging ich anders vor, obwohl es natürlich keine Stegreifrede war. Die sieben Thesen hatte ich mir sorgfältig überlegt, meine Rede aber doch nicht ausgearbeitet. Es fällt mir schwer zu erklären, warum nicht. Vielleicht war ich mir trotz allem nicht hundertprozentig sicher, daß ich reden würde, und ließ mir im Unterbewußtsein mit dem Gedanken, nicht auf diesem Plenum, sondern erst auf dem nächsten zu sprechen, eine Rückzugsmöglichkeit offen.

Die Tagesordnung der Sitzung war bekannt: Es ging um die Ansprache des ZK der KPdSU zum 70. Jahrestag der Oktoberrevolution.

Gorbatschow hielt eine Rede, und während er sprach, kämpfte ich mit mir, ob ich nun sprechen sollte oder nicht. Natürlich hatte es keinen Sinn, meine Rede aufzuschieben, ich mußte ans Rednerpult gehen! Aber mir war auch klar, daß in wenigen Minuten alle über mich herfallen würden.

Gorbatschows Rede ging dem Ende zu. Normalerweise ist keine Diskussion im Anschluß an solche Ansprachen vorgesehen, und Ligatschow wollte deshalb die Sitzung schon beenden, als das Unvorhergesehene geschah. Ich zitiere aus dem Protokoll des Plenums:

Vorsitzender Gen. Ligatschow: Genossen! Damit ist der Vortrag beendet. Vielleicht hat irgend jemand noch Fra-

gen? Bitte. Keine Fragen? Wenn nicht, dann müssen wir uns beraten.
Gorbatschow: Genosse Jelzin hat eine Frage.
Vorsitzender Gen. Ligatschow: Dann laßt uns beraten. Besteht die Notwendigkeit, die Debatte zu eröffnen?
Stimmen: Nein.
Vorsitzender Gen. Ligatschow: Nein.
Gorbatschow: Genosse Jelzin möchte eine Erklärung abgeben.
Vorsitzender Gen. Ligatschow: Das Wort hat Jelzin, Boris Nikolajewitsch — Politbüro-Kandidat des ZK der KPdSU und Erster Sekretär des Moskauer Stadtkomitees der KPdSU. Bitte, Boris Nikolajewitsch.

Ich ging ans Rednerpult.

2

13. Dezember 1988

— Wahltagebuch —

Ich habe meinen Entschluß gefaßt: Ich werde an den Wahlen zum Volksdeputiertenkongreß teilnehmen. Ob der Entschluß richtig ist, weiß ich nicht, meine Chancen sind durchaus nicht hundertprozentig. Das Wahlgesetz gibt der Staatsmacht, also dem Apparat, die Möglichkeit, vieles zu kontrollieren. Erst müssen einige Etappen überwunden werden, bevor das Volk selbst seine Wahl trifft. Das System der Kandidatenaufstellung, die Bezirksversammlungen, wo alle Mißliebigen ausgesiebt werden, die Wahlkommissionen, die von Apparatschiks aus dem Stadtkomitee besetzt sind — all das läßt mich an meinen Chancen zweifeln. Wenn ich verliere und es mir somit nicht gelingt, durch diese Wahl Abgeordneter zu werden, dann kann ich mir die Begeisterung und das Entzücken ausmalen, mit der die Parteinomenklatura sich anschicken wird, mir den Rest zu geben. Für sie wäre das ein fabelhafter Erfolg — das Volk wollte ihn nicht, das Volk stellte ihn nicht auf, das Volk ließ ihn durchfallen …

Man könnte selbstverständlich auch auf die Teilnahme verzichten. Enge Freunde haben mir geraten, nicht zu diesem Kampf anzutreten, weil meine Chancen allzu ungünstig seien. Mein Name war in den letzten eineinhalb Jahren tabu, ich existierte, und zugleich existierte ich auch nicht. Wenn ich jetzt plötzlich in die politische Arena einziehe und anfange, an Diskussionen mit Wählern, an Kundgebungen und Versammlungen teilzunehmen, dann wird sich der ganze gewaltige Propagandaapparat auf mich stürzen und Lügen, Verleumdungen und Unterstellungen produzieren.
Dazu kommt noch, daß Minister nach dem heutigen Wahlsystem nicht Volksdeputierte sein können. Folglich müßte ich meinen Posten aufgeben, wenn ich gewählt werde, und meine Zukunft bliebe völlig ungewiß. Der nach dem heutigen System gewählte Volksdeputiertenkongreß wird mich bei der Wahl in den Obersten Sowjet sehr wahrscheinlich durchfallen lassen, und somit werde ich nicht im Parlament arbeiten können. Ich habe also durchaus Aussichten, ein arbeitsloser Abgeordneter zu werden.
Ich muß mich entscheiden.
Aus dem ganzen Land kommen jetzt Telegramme. Ganze Werksbelegschaften mit Tausenden von Mitgliedern haben mich als ihren Kandidaten aufgestellt. Anhand ihrer Schreiben kann man die Geographie der Sowjetunion studieren.
Die bevorstehende Wahl ist ein zermürbender und nervenzehrender Kampf. Noch dazu wird dabei auch zu schmutzigen Tricks und Schlägen unter die Gürtellinie gegriffen. Bin ich bereit, unter diesen Umständen den

langen, aufreibenden Weg des Wahlkampfs anzutreten? Ich denke laut nach, zweifle und bringe mich beinahe selbst von meinem Entschluß ab. Doch tatsächlich ist er schon längst in mir gereift, vielleicht schon seit dem Augenblick, als ich von dieser Wahl erfuhr. Natürlich werde ich mich in diese verrückte Sache stürzen, und es ist durchaus möglich, daß ich mir dieses Mal endgültig den Kopf einrennen werde. Aber ich kann nicht anders.

»Wann wurden Sie zum Rebellen?«

»Wem gleichen Sie im Charakter, Ihrem Vater oder Ihrer Mutter?«

»Es heißt, Sie seien aktiver Sportler gewesen und hätten sogar in einer Spitzenmannschaft gespielt. Stimmt das, oder ist es ein Gerücht?«

Fragen Moskauer Bürger

Geboren wurde ich am 1. Februar 1931 im Dorf Butka, das im Bezirk Taliza des Gebiets Swerdlowsk liegt. Meine sämtlichen Vorfahren lebten dort als Bauern. Meine Eltern heirateten auch in Butka. In dem Dorf gab es die Jelzins und die Starygins, so hieß meine Mutter. Bald darauf kam ich als ihr erstes Kind zur Welt.

Meine Mutter hat mir oft erzählt, wie ich getauft wurde. Es gab ein kleines Kirchlein mit einem Popen im ganzen Kreis, für mehrere Dörfer. Die Geburtenrate war ziemlich hoch, und da nur einmal im Monat getauft wurde, war dieser Tag höchst anstrengend für den Popen. Die Taufe wurde auf primitivste Weise durchgeführt. Es gab einen Zuber mit Weihwasser, in den das Baby mit dem Kopf hineingetaucht wurde. Der Pope hob das schreiende Kind wieder hoch, segnete es, gab ihm seinen Namen und trug diesen ins Kirchenbuch ein. Und wie es auf dem Land so üblich ist, brachten die Eltern dem Popen ein Glas schwarz gebrannten Schnaps oder Wodka mit.

Da ich erst in der zweiten Tageshälfte an die Reihe kam, hielt sich der Pope nur noch mit Mühe auf den Beinen. Meine Mutter Klawdia Wassiljewna und mein Vater Nikolaj Ignatjewitsch reichten mich hin, der Pope tauchte mich in diesen Zuber — und vergaß, mich wieder herauszuholen! Er hatte allerlei mit dem Publikum zu bereden. Meine Eltern standen in einiger Entfernung von diesem »Taufbecken« und begriffen zunächst nicht, was los war. Dann stürzte meine Mutter herbei und fischte mich heraus. Ich kam wieder zu mir ... Ich will nicht sagen, daß diese Geschichte mein Verhältnis zur Religion bestimmte, aber immerhin ... Der Pope verlor übrigens nicht die Ruhe und meinte nur: »Na, wenn der das ausgehalten hat, dann muß er ja äußerst kräftig sein. Er soll Boris heißen.« So wurde ich Boris Nikolajewitsch genannt.

Meine Kindheit war sehr hart. Es gab nichts zu essen, denn wir hatten furchtbare Mißernten. Alle wurden in die Kolchose getrieben, die Kollektivierung war im vollen Gange. Außerdem zogen Banden umher, und fast täglich gab es Schießereien, Mord und Diebstahl.

Wir lebten sehr ärmlich, hatten nur ein kleines Häuschen und eine Kuh. Es gab noch ein Pferd, aber das brach bald zusammen, und wir hatten kein Tier zum Pflügen. Wie alle anderen traten wir der Kolchose bei. Im Jahr 1935, als auch die Kuh eingegangen war und es ganz unerträglich wurde, ging der Großvater, der schon über sechzig war, von Haus zu Haus und setzte Öfen. Er war Bauer, konnte aber auch tischlern und zimmern und war überhaupt in allem sehr geschickt.

Mein Vater beschloß damals, irgendwohin auf den Bau zu gehen, um die Familie zu retten. Es war die sogenannte Industrialisierungsperiode, und er wußte, daß im benachbarten Permer Gebiet auf der Baustelle des Kalikombinats in Beresniki Bauarbeiter gebraucht wurden. Sie warfen das, was sie noch besaßen, auf den Leiterwagen, spannten sich selbst davor, und auf ging's zum 32 Kilometer entfernten Bahnhof.

In Beresniki verdingte sich der Vater als Arbeiter auf der Baustelle. Wir wurden in einer Baracke einquartiert, die typisch für die damalige Zeit war und sich hier und da bis heute erhalten hat: eine Bretterbaracke, in der es überall zog. Ein gemeinsamer Gang und zwanzig kleine Zimmer, natürlich ohne jeden Komfort und das Klo im Freien; auch das Wasser mußte man draußen vom Brunnen holen. Man gab uns ein paar Sachen, und wir kauften eine Ziege. Mein Bruder und meine Schwester waren schon auf der Welt. So schliefen wir alle sechs, zusammen mit der Ziege, eng aneinandergeschmiegt auf dem Fußboden. Von meinem sechsten Lebensjahr an machte ich den ganzen Haushalt. Ich mußte die jüngeren Geschwister hüten, das Schwesterchen in der Wiege schaukeln und aufpassen, daß der Bruder nichts anstellte, Kartoffeln kochen, Geschirr spülen, Wasser holen ...

Meine Mutter, die schon als Kind Nähen gelernt hatte, arbeitete als Näherin. Sie hatte einen sanften, gütigen Charakter, half allen und nähte für alle, hier einen Rock, da ein Kleid für Verwandte oder Nachbarn. Auch nachts setzte sie sich hin und nähte. Für ihre Arbeit nahm sie kein Geld. Nur wenn einer mal ein halbes Brötchen oder sonst etwas zu essen brachte, dann nahm sie es dafür. Mein Vater dagegen hatte wie mein Großvater einen harten Charakter. Wahrscheinlich habe ich ihn geerbt.

Wegen mir gab es zwischen meinen Eltern ständig Streit. Das Haupterziehungsmittel meines Vaters war der Riemen. Hatte ich etwas ausgefressen, so bestrafte er mich nach Kräften. Wenn irgendwo etwas vorgefallen war, wenn dem Nachbarn der Apfelbaum geplündert, in der Schule der Deutschlehrerin übel mitgespielt oder sonst etwas angestellt worden war, dann griff er wortlos nach dem Riemen. Das geschah immer schweigend, nur meine Mutter weinte und rief: »Rühr ihn nicht an!« Mein Vater aber sagte nur zu mir: »Leg dich hin!« Ich biß natürlich die Zähne zusammen und gab keinen Ton von mir, was ihn erboste. Dann stürzte Mutter herbei, nahm ihm den Riemen weg und stellte sich zwischen uns. Sie war meine Beschützerin, immer.

Mein Vater erfand ständig irgend etwas. Er träumte zum Beispiel von einer Maschine, die Ziegel setzt, machte eine Skizze, fertigte eine technische Zeichnung an, grübelte nach, rechnete und zeichnete wieder. Es war sein ewiger Traum. Bis jetzt hat leider noch niemand so eine Maschine erfunden, obwohl sich auch heute ganze Institute den Kopf darüber zerbrechen. Er erzählte mir immer, was das für eine Maschine werden und wie sie arbeiten sollte: Ziegel setzen, den Mörtel aufbringen und verstreichen, weiterrücken, alles hatte er sich ausgedacht und auf einem Konstruktionsplan eingezeichnet. Seine Idee in die Tat umzusetzen gelang ihm jedoch nicht.

Mein Vater starb mit 72 Jahren, obwohl alle meine Großväter und Urgroßväter über neunzig geworden waren. Meine Mutter ist jetzt 83 Jahre alt und lebt bei meinem Bruder in Swerdlowsk.

Dieses Barackendasein fristeten wir zehn Jahre lang. So

merkwürdig es auch ist, die Leute verhielten sich unter diesen schwierigen Bedingungen doch freundschaftlich zueinander. Man bedenke nur die nicht existente Schallisolierung! Wenn in irgendeinem Zimmer ein Namenstag, eine Hochzeit oder sonst etwas gefeiert wurde, stellte man das Grammophon an und legte die zwei oder drei Platten auf, die es in der ganzen Baracke gab. Gespräche, Streitereien, Skandale, Geheimnisse und Gelächter, die ganze Baracke hörte alles und wußte alles.

Vielleicht sind mir diese Baracken deshalb so verhaßt, weil ich mich bis heute erinnere, wie schwer das Leben dort war. Besonders im Winter, wenn wir nicht wußten, wohin vor Kälte, denn wir hatten keine warme Kleidung. Die Ziege rettete uns: Wir schmiegten uns an sie, sie war warm wie ein Ofen. Sie rettete uns auch während der Kriegsjahre, in denen sie zwar wenig, aber immerhin etwas Milch gab.

Natürlich verdienten wir Kinder damals schon dazu. Im Sommer fuhr Mutter mit uns auf eine nahe Kolchose. Wir bekamen ein paar Hektar Wiese, wo wir das Gras mähten und Heuschober aufrichteten, die eine Hälfte für die Kolchose, die andere für uns. Unsere Hälfte verkauften wir dann, um einen Laib Brot zu kaufen.

So verging meine Kindheit. Sie war ziemlich freudlos. Von Süßigkeiten, Leckereien oder dergleichen konnte keine Rede sein. Es ging nur ums nackte Überleben.

In der Schule hob ich mich durch meine quirlige Art von den anderen Kindern ab, und ich wurde von der ersten bis zur letzten Klasse immer zum Klassensprecher gewählt, obwohl ich verschiedene Schulen besuchte. In den Lernfächern war immer alles bestens, aber das Betragen!

Nicht nur einmal stand ich kurz davor, die Schule unfreiwillig zu verlassen. All die Jahre hindurch war ich der Anführer, der immer etwas ausheckte.
Neben harmlosen Sachen kamen dabei auch, ich will es offen sagen, richtig böse Streiche vor. Wir lernten damals zwar Deutsch in der Schule, wurden aber ziemlich gegen die Deutschen aufgehetzt. Unsere Deutschlehrerin hatte deshalb oft zu leiden. Später, als ich größer wurde, schämte ich mich für die Streiche, die wir dieser netten, klugen Lehrerin spielten. Wir schlugen zum Beispiel Grammophonnadeln von unten in den Stuhl. Die Lehrerin setzte sich, ein Schrei. Wir hatten zwar darauf geachtet, daß die Nadeln nur ganz wenig herausragten, aber trotzdem konnte man sich natürlich nicht draufsetzen.
Oder anderer Unsinn, den wir anstellten: Es gab da ein Flüßchen, die Syrjanka. Im Frühling trat sie über die Ufer und wurde ein richtiger Fluß, auf dem man Holz flößte. Wir hatten uns das Spiel ausgedacht, wer auf dem schwimmenden Holz ans andere Ufer käme. Die Stämme trieben dicht an dicht vorbei. Wenn man es genau berechnete, hatte man durchaus die Chance, das andere Ufer zu erreichen. Allerdings brauchte man dafür erhebliche Geschicklichkeit. Man trat auf einen Stamm, der sich natürlich drehte, und wenn man auch nur eine Sekunde zögerte, so verschwand man unter Wasser. Man mußte also von einem Stamm zum anderen springen und balancieren, um ganz schnell ans andere Ufer zu gelangen. Hatte man sich nur ein wenig verschätzt, so purzelte man ins eiskalte Wasser, geriet zwischen die Stämme und glaubte kaum noch, daß man sich retten könnte. Das waren unsere Spiele!

Außerdem gab es bei uns Schlachten, Viertel gegen Viertel. 60 bis 100 Leute schlugen mit Stöcken, Knüppeln und Fäusten aufeinander ein. Aber auch wenn wir uns mit großer Leidenschaft prügelten, hielten wir uns doch an gewisse Spielregeln. Es war eher ein sportlicher Wettkampf, nur unter sehr harten Bedingungen.

Einmal flog ich trotzdem von der Schule. Das war nach Abschluß der siebten Klasse. Im Saal hatten sich etwa 600 Menschen eingefunden — Eltern, Lehrer und Schüler. Die Stimmung war andächtig, jeder bekam feierlich sein Zeugnis überreicht, alles verlief wie gewohnt. Bis ich plötzlich ums Wort bat, fast wie später auf dem Oktoberplenum des ZK. Keiner zweifelte daran, daß ich vortreten und die üblichen Dankesworte sprechen werde. Ich hatte ja alle Prüfungen ausgezeichnet bestanden und nur Einser im Zeugnis. Deshalb ließ man mich auch sofort auf die Bühne. Ich sagte natürlich den Lehrern, die uns wirklich allerhand Nützliches fürs Leben gelehrt hatten, freundliche Worte. Dann aber erklärte ich, daß unsere Klassenleiterin nicht das Recht hätte, Lehrerin und Erzieherin von Kindern zu sein, da sie sie schikaniere.

Diese Lehrerin war ein Alptraum. Sie schlug einen mit einem schweren Lineal, stellte einen in die Ecke, erniedrigte Jungen und Mädchen, ließ Schüler bei sich zu Hause aufräumen — kurz, auf dieser feierlichen Versammlung berichtete ich, wie sie die Schüler mißhandelte, die Würde der Kinder mit Füßen trat und alles tat, um sie zu demütigen. Ich belegte das mit anschaulichen Beispielen und zog insgesamt sehr scharf über sie her. Es gab einen großen Tumult.

Am nächsten Tag trat der pädagogische Rat zusammen.

Man ließ meinen Vater kommen und sagte ihm, daß mir mein Zeugnis abgenommen und ein sogenannter »Wolfspaß« ausgehändigt werde. Das ist ein kleiner weißer Zettel, auf dem oben steht, daß man sieben Klassen besucht hat, und unten: »Er hat kein Recht, in die achte Klasse einzutreten.« Mein Vater kam zornig nach Hause und griff, wie so häufig, zum Riemen. Da packte ich zum ersten Mal seine Hand und sagte: »Schluß! Von jetzt ab erziehe ich mich selbst.« Nie mehr drosch er mit dem Riemen auf mich ein.

Natürlich akzeptierte ich die Entscheidung des pädagogischen Rates nicht und klapperte sämtliche Ämter ab: das Bezirks-Volksbildungsamt, das Städtische Volksbildungsamt ... Damals erfuhr ich wohl zum ersten Mal, was das Stadtkomitee der Partei ist. Ich setzte durch, daß eine Kommission gebildet wurde, die den Unterricht der Klassenleiterin prüfte und sie aus dem Schuldienst entließ. Ihr wurde untersagt, mit Kindern zu arbeiten. Und ich bekam mein Zeugnis doch, in dem allerdings unter all den Einsern eine »Sechs« für Betragen prangte.

Damals begann ich, aktiv Sport zu treiben. Meine ganze Leidenschaft galt dem Volleyballspiel, ich hätte es tagelang spielen können. Gleichzeitig machte ich Langlauf, Gymnastik, Leichtathletik, Zehnkampf, Boxen und Ringkampf. Ich wollte alles lernen und alles konnen. Doch zu guter Letzt siegte das Volleyballspiel, das ich nun sehr ernsthaft betrieb. Den Ball hatte ich ständig bei mir. Ich legte ihn sogar unter mein Kissen und schlief ein, die Hand immer noch auf dem Ball. Kaum war ich aufgewacht, begann ich sofort zu trainieren, drehte den Ball auf einem Finger, schlug ihn gegen die Wand oder auf den Boden. An der linken Hand fehlen mir zwei Finger, weshalb ich Schwierigkeiten hatte, den Ball zu fangen. Ich entwickelte einen besonderen Trick, und die Art, wie ich den Ball fange, ist sehr eigenwillig und gar nicht klassisch.

Die zwei Finger hatte ich bei folgendem Abenteuer verloren: Es war Krieg, und alle Jungs wollten an die Front, aber natürlich ließ man uns nicht. Wir bastelten Pistolen, Gewehre und sogar eine Kanone. Einmal beschlossen wir, Granaten zu suchen und sie auseinanderzunehmen, um sie von innen zu untersuchen. Ich übernahm es, in die Kirche einzudringen, in der sich ein Militärlager befand. In der Nacht kroch ich durch drei Stacheldrahtzäune, sägte das Fenstergitter durch, kletterte hinein, schnappte zwei Granaten mit Zündern und arbeitete mich glücklich wieder hinaus, während der Posten auf der anderen Seite Wache stand. Wir fuhren in den Wald, wo wir die Granaten auseinandernehmen wollten. Immerhin war ich so klug, die anderen zu überreden, hundert Meter wegzugehen. Ich legte die Granate auf einen Stein und schlug mit einem Hammer auf sie ein. Aus Unwissenheit hatte ich vergessen, den Zünder herauszunehmen. Die Granate explodierte und zerriß mir die Finger. Den anderen Jungs war nichts passiert. Auf dem Weg zur Stadt verlor ich mehrmals das Bewußtsein. Im Krankenhaus wurde ich mit Zustimmung meines Vaters operiert, und man amputierte die Finger.

Jeden Sommer arbeitete ich, um etwas zu verdienen. Außerdem organisierte ich in den Sommerferien immer eine Tour für unsere Gruppe. Wir dachten uns stets etwas Besonderes aus: die Quelle eines Flusses suchen, den fast 1500 Meter hohen Deneschkin Kamen im Nordural besteigen oder andere rauhe Unternehmungen. Es waren immer mehrere hundert Kilometer Fußwanderung mit dem Rucksack und wochenlanges Leben in der Taiga. Nach der neunten Klasse beschlossen wir, den Ursprung der Jaiwa zu suchen. Wir gingen weit in die Taiga hinein, denn aus der Karte wußten wir, daß sich die Quelle der Jaiwa in der Gegend des Uralgebirges befand. Was wir an Vorräten mitgenommen hatten, war bald aufgegessen. Wir ernährten uns von dem, was wir im Wald und in der Taiga fanden, sammelten Nüsse, brieten Pilze und aßen Beeren. Wir marschierten lange, stießen manchmal auf ein Jagdhüttchen und übernachteten darin, meistens bauten wir uns jedoch eine Hütte aus Laub oder schliefen unter freiem Himmel.

Wir fanden den Ursprung des Flusses, eine schwefelhaltige Quelle, und freuten uns. Jetzt konnten wir umkehren. Wir gingen ein paar Kilometer nach Süden bis zum ersten Dörfchen. Bis hierher waren wir schon ganz schön abgekämpft. Wir legten zusammen, was jeder entbehren konnte, traten in eine Hütte, gaben es den Leuten und erbaten uns dafür ein kleines Boot. Auf diesem Kahn ging es dann den Fluß hinunter, bis wir oben in den Bergen eine Höhle sahen. Wir beschlossen, sie zu erkunden, kletterten hinein und gingen immer weiter, bis wir plötzlich irgendwo tief in der Taiga wieder herauskamen. Wir hatten keine Ahnung, wo wir waren, und unser Boot verloren. Fast eine Woche strichen wir durch die Taiga, ohne alles Gepäck. Die Gegend war sehr sumpfig, doch der junge Wald gab immerhin ein wenig, wovon wir uns ernähren konnten, aber es gab überhaupt kein

Wasser. Wir schöpften deshalb die Moorbrühe mitsamt dem Moos ins Hemd, preßten es aus und tranken die Brühe, die aus dem Hemd tropfte.
Schließlich kamen wir doch wieder an den Fluß und fanden unser Boot. Von dem schmutzigen Wasser aber bekamen wir alle Typhus. Wir hatten über 40 Fieber, doch ich in meiner Rolle als Organisator hielt mich aufrecht. Ich schleppte die Jungs ins Boot und strengte mich mit aller Kraft an, nicht das Bewußtsein zu verlieren, um das Boot noch irgendwie zu steuern. Es trieb mit der Strömung flußab. Ich war nur noch fähig, den Freunden Wasser aus dem Fluß zu geben und sie damit zu bespritzen. Alles glühte im Fieber. Sie verloren das Bewußtsein, und bald war auch mir eine Ohnmacht nahe. An einer Eisenbahnbrücke dachte ich mir, daß man uns hier bemerken würde, legte am Ufer an und brach zusammen. Wir wurden tatsächlich entdeckt und in die Stadt gebracht.
Fast drei Monate lagen wir im Krankenhaus. Es gab dort keine speziellen Medikamente gegen Typhus. Ich war ja nun eigentlich in der zehnten und letzten Klasse, hatte jedoch noch nicht einmal auf der Schulbank gesessen. Erst Mitte des Schuljahrs, vielmehr im letzten Viertel, begann ich wieder zu lernen. Ich nahm mir den Lehrplan der zehnten Klasse vor und las und lernte buchstäblich Tag und Nacht. Als die Abschlußprüfungen begannen, ging ich in die Schule, um die Prüfungen abzulegen. Da sagte man mir, daß dies nicht ginge, da in der Abschlußklasse keine externen Schüler zugelassen seien. Wieder mußte ich den Weg gehen, den ich schon so gut kannte: Bezirks-Volksbildungsamt, Städtisches Volksbildungsamt, Vollzugsausschuß des Stadtsowjet, Stadtkomitee. Damals

spielte ich schon in der Volleyball-Auswahlmannschaft der Stadt, und man kannte mich zum Glück, da ich in verschiedenen Sportarten Stadtmeister und im Volleyball Gebietsmeister der Schülerliga war. In kurzer Zeit hatte ich die Erlaubnis, die Prüfungen als Externer abzulegen. Freilich schaffte ich nicht überall Einser, in zwei Fächern bekam ich eine Zwei. Damit sollte ich mich an der Hochschule einschreiben.
Als Jugendlicher hatte ich davon geträumt, ans Institut für Schiffsbau zu gehen. Ich hatte Lehrbücher über Schiffsbau studiert, um zu verstehen, wie Schiffe gebaut werden. Aber mit der Zeit fand ich den Beruf eines Bauingenieurs interessanter, wahrscheinlich, weil ich schon auf dem Bau gearbeitet hatte und mein Vater Bauarbeiter war.
Bevor ich mich an der Fakultät für Bauwesen der Polytechnischen Hochschule des Ural einschrieb, mußte ich allerdings noch eine Prüfung ablegen. Sie bestand darin, daß ich zu meinem Großvater fuhr, der schon über siebzig Jahre alt war. Er war ein eindrucksvoller alter Mann, mit Bart und gesundem Menschenverstand. Der sagte zu mir: »Ich werde dich nicht zu den Bauleuten lassen, wenn du nicht selbst, mit deinen eigenen Händen, irgend etwas baust. Du wirst mir eine Badehütte bauen. Eine kleine im Hof, mit einer Umkleidekabine.«
Obwohl das ja eine Tradition im alten Rußland ist, hatten wir selbst nie eine solche Badehütte gehabt. Der Großvater fuhr fort: »Du mußt alles allein machen, den Blockbau und das Dach, von Anfang bis Ende alles allein. Ich werde nur mit dem Holzbetrieb absprechen, daß sie dir die Parzelle anweisen, dann wirst du wieder al-

les selbst tun — die Kiefern fällen, das Moos zum Abdichten säubern und trocknen. Alle Stämme wirst du die drei Kilometer selber hierher rüberschleifen, zu meinem Häuschen. An der Stelle, wo die Badehütte stehen soll, muß das Fundament gelegt und der Blockbau bis zum obersten Kranz gezimmert werden. Ich werde nicht mal in deine Nähe kommen.« Und tatsächlich, näher als zehn Meter kam er nicht heran, er rührte keinen Finger, um mir zu helfen, obwohl ich mich natürlich schrecklich abquälte, besonders als die obersten Balken hochgehoben werden mußten. Den ganzen Sommer schuftete ich, die Zeit reichte gerade noch, um von dort nach Swerdlowsk zur Aufnahmeprüfung zu fahren. Zum Schluß sagte mir der Großvater ganz ernsthaft, ich hätte die Prüfung bestanden und könne mich nun mit Fug und Recht an der Fakultät für Bauwesen einschreiben.
Obwohl ich mich nicht eigens vorbereitet hatte, schaffte ich die Aufnahmeprüfung relativ leicht. Jetzt begann das Studentenleben, das stürmisch und interessant war. Vom ersten Studienjahr an stürzte ich mich in die Vereinsarbeit. Ich war Vorsitzender des Büros für Hochschulsport und mußte sämtliche Sportveranstaltungen organisieren. Volleyball spielte ich damals auf ziemlich hoher Ebene, nämlich in der Swerdlowsker Auswahlmannschaft. Im Jahr darauf nahm ich als Mitglied dieser Mannschaft an den Spielen der Spitzenliga teil, die von den zwölf besten Mannschaften bestritten wurden. Die ganzen fünf Jahre hindurch, die ich an der Hochschule studierte, trainierte ich und reiste zu Spielen im Land herum.
Jeden Tag gingen etwa sechs Stunden für Volleyball drauf, weil ich nicht nur spielte, sondern später auch vier

Mannschaften trainierte. Lernen konnte ich nur spät abends oder nachts. Schon damals gewöhnte ich mich daran, wenig zu schlafen, was ich bis heute — ich schlafe etwa dreieinhalb bis vier Stunden — beibehalten habe.

Vor meinem Studium war ich nie gereist, hatte nie das Meer gesehen und war überhaupt nirgendwo gewesen. Gleich nach dem ersten Studienjahr beschloß ich, eine Reise durch Rußland zu machen. Ohne eine Kopeke und mit einem Minimum an Kleidung, nämlich Sporthose, Sportschuhe, Hemd und Strohhut, verließ ich Swerdlowsk. Ich bot sicher einen recht exotischen Anblick. Zuerst begleitete mich noch ein Kommilitone, doch nach einem Tag war ihm klargeworden, daß unser Unternehmen wohl über seine Kräfte ging. Er kehrte um, und ich fuhr allein weiter.

Meist reiste ich auf dem Dach eines Eisenbahnwaggons, manchmal auch auf der Plattform, auf dem Trittbrett oder auch auf einem Lastwagen. Die Miliz schnappte mich natürlich nicht nur einmal. Auf die Frage, wohin ich wollte, sagte ich: »Nach Simferopol, zu meiner Großmutter.« — »In welcher Straße wohnt sie?« Da ich wußte, daß es in jeder Stadt eine Leninstraße gibt, stimmte diese Antwort immer, und sie ließen mich wieder laufen.

Mein Tagesablauf sah so aus: Nachts war ich unterwegs, und nach der Ankunft in irgendeiner größeren Stadt verbrachte ich einen, manchmal auch zwei Tage mit der Besichtigung. Dann eine Übernachtung im Park oder im Bahnhof und wieder weiter auf dem Dach eines Waggons. Aus jeder Stadt schrieb ich meinen Freunden von der Hochschule einen Brief.

Meine Route verlief von Swerdlowsk über Kasan, Moskau, Leningrad, wieder Moskau, Minsk, Kiew, Saporoschje, Simferopol, Jewpatorija, Jalta, Noworossijsk, Sotschi, Suchumi, Batumi, Rostow am Don, Wolgograd, Saratow, Kuibyschew, Slatoust, Tscheljabinsk und dann wieder nach Swerdlowsk zurück. Diese Reise dauerte gut zwei Monate. Als ich zurückkam, war ich völlig abgerissen. Die Sportschuhe hatten keine Sohlen mehr, der Hut war ebenfalls völlig kaputt, und die Sporthose war auch recht dünn und durchscheinend geworden. Als ich losfuhr, hatte ich noch eine Uhr besessen, eine uralte, große Armbanduhr, die mir mein Großvater geschenkt hatte. Diese Uhr hatte ich wie auch meine gesamte Kleidung beim Kartenspiel verspielt, und zwar gleich in den ersten Tagen meiner Reise.

Das kam so: Im ganzen Land fand damals eine Amnestie statt, und die Häftlinge kehrten auf den Dächern der Waggons zurück. Einmal rückten mir mehrere Männer auf den Leib und sagten: »Los, spielen wir Karten.« Ich hatte keine Ahnung vom Kartenspielen, hatte nie Karten gespielt und kann es bis heute nicht leiden. Sie sagten: »Spielen wir um die Klamotten.« Schon sehr bald hatten sie mich bis auf die Unterhose ausgezogen. Sie gewannen immer, und zum Schluß hieß es dann: »Jetzt spielen wir um dein Leben. Wenn du verlierst, schmeißen wir dich vom fahrenden Zug. Aber wenn du gewinnst, geben wir dir alles zurück.« Was weiter passierte, kann ich bis heute nicht begreifen. Entweder hatte ich angefangen, irgend etwas von diesem Spiel zu verstehen oder sie hatten plötzlich Mitleid mit mir, jedenfalls gewann ich.

Sie gaben mir alles bis auf die Uhr zurück. Nach diesem Spiel rührten sie mich nicht mehr an und behandelten mich sogar respektvoll.
Ich erinnere mich, daß ich in Saporoschje, als ich schon völlig ausgehungert war, zufällig einen Oberst traf, der mir anvertraute: »Ich muß die Aufnahmeprüfung für die Hochschule machen, habe aber keinen blassen Dunst von Mathematik. Du könntest mir doch soviel Mathematik beibringen, daß ich die Prüfung bestehe, oder?« Er hatte den Krieg mitgemacht und nach dem Sieg offenbar allerhand ergattert, denn seine kleine Wohnung war für einen Oberst reich eingerichtet. Ich stellte ihm zur Bedingung, daß er zwanzig Stunden am Tag arbeiten müsse. Ich meinerseits wollte verköstigt werden, und zwar gut. Seine Frau arbeitete nicht und gab sich größte Mühe, mich gut zu verpflegen. Er erfüllte treulich unsere Absprache. Zum ersten Mal in dieser Zeit aß ich mich richtig satt und nahm sogar etwas zu. Der Oberst erwies sich als beharrlicher Mann mit Charakter und hielt das Unterrichtstempo durch, das ich ihm vorgegeben hatte. Später erfuhr ich, daß er die Prüfung in Mathematik geschafft hatte und in die Hochschule eingetreten war.
Nach dieser Reise nahm mein Studium wieder seinen Gang. Ich bestand die Prüfungen alle mit Eins, obwohl das Volleyballtraining und die Reisen zu den Wettkämpfen viel Zeit erforderten. Damals bekam ich im Gegensatz zur heutigen Praxis keinerlei Vergünstigung für sportliche Erfolge. Im Gegenteil, manche Professoren prüften mich strenger als die anderen, wohl aus Neid auf meine sportlichen Erfolge und weil sie meinten, das Vol-

leyballspielen lenke mich zu sehr von der ernsthaften Wissenschaft ab.

Einmal brachte mich mein geliebtes Volleyball beinahe ins Grab. Ich hatte mich offensichtlich überanstrengt, als ich täglich sechs bis acht Stunden trainierte und nachts büffelte, weil ich im Zeugnis nur die Note Eins haben wollte. Wie zum Trotz bekam ich Angina. Ich hatte vierzig Grad Fieber, ging aber dennoch zum Training. Das hielt mein Herz nicht aus, mein Puls lag bei 150, ich bekam einen Schwächeanfall, und man brachte mich ins Krankenhaus. Mir wurde strikte Bettruhe verordnet, für mindestens vier Monate, dann bestünde die Chance, daß sich mein Herz wieder erholte; andernfalls behielte ich einen Herzfehler. Schon nach wenigen Tagen riß ich aus dem Krankenhaus aus. Meine Freunde hatten mir aus Bettüchern eine Art Seil gemacht, an dem ich mich aus dem obersten Stockwerk herunterließ. Dann fuhr ich zu meinen Eltern nach Beresniki. Dort kam ich langsam wieder auf die Beine. Anfangs taumelte ich schon, wenn ich nur ein wenig aufstand. Aber nach kurzer Zeit machte ich mich doch wieder zur Sporthalle auf, ging wenige Minuten aufs Spielfeld, fing ein paar Bälle und brach zusammen. Die Kameraden schleppten mich auf eine Bank, und ich geriet richtig in Panik und dachte, jetzt packe ich's nicht mehr, das Herz ist kaputt und mit dem Sport ist es aus. Aber ich wollte trotzdem weitermachen. Zu Anfang ging ich nur eine Minute aufs Spielfeld, dann zwei, dann fünf, und nach einem Monat konnte ich das ganze Spiel durchhalten. Nach Swerdlowsk zurückgekehrt, ging ich zur Ärztin, die mir sagte: »Na ja, obwohl Sie ausgerissen sind, merkt man doch, daß Sie die ganze Zeit gelegen haben. Ihr Herz ist völlig in Ordnung.«

Die Diplomarbeit mußte ich statt in fünf Monaten in einem Monat schreiben, da ich ständig unterwegs war. Die sowjetischen Meisterschaftsspiele wurden ausgetragen, und als es um die Entscheidung ging, reiste unsere Mannschaft von einer Stadt zur anderen. Als ich wieder in Swerdlowsk war, hatte ich noch einen Monat Zeit für meine Arbeit. Das Thema meiner Diplomarbeit lautete: »Ein Fernsehturm«. Damals gab es noch kaum solche Konstruktionen, deshalb mußte man alle Lösungen selbst finden. Außerdem konnte mir auf diesem neuen, unerforschten Gebiet niemand sonderlich helfen; alles mußte man selbst zeichnen und selbst berechnen, von Anfang bis Ende. Und trotzdem schaffte ich das Diplom mit Eins.

Damit war mein Studentenleben vorbei. In meiner Freundesgruppe, die sehr stark zusammenhielt, vereinbarten wir, alle fünf Jahre unseren Urlaub gemeinsam zu verbringen. Seit 1955, als wir unser Studium abschlossen, sind 34 Jahre vergangen, und wir haben kein einziges Mal mit dieser Tradition gebrochen: Einmal trafen wir uns sogar mit den Kindern und brachten es auf 87 Leute! Nie wollten wir einfach Badeurlaub machen, sondern immer auf Abenteuer ausziehen. Wir wanderten in der Taiga, im Ural und den »Goldenen Ring«, den Fernwanderweg von Moskau bis Wladimir, entlang. Einmal fuhren wir mit dem Schiff die Kama und die Wolga hinab. Ein anderes Mal zelteten wir in Gelendschik direkt am Meer, wieder ein anderes Mal fuhren wir den Jennisej bis zur Dickson-Insel hinunter. Immer dachten wir uns neue

Unternehmungen aus. Bis heute sind wir sehr gut befreundet, und 1990 planen wir unseren nächsten gemeinsamen Urlaub.

Ich möchte erwähnen, daß sie sich alle in jenen dramatischen Tagen nach dem Oktoberplenum des ZK 1987 meldeten, um mir Beistand zu leisten. Es sind wahre Freunde.

3

19. Februar 1989

— Wahltagebuch —

Der Anfang ist gemacht. Es ist mir gelungen, durch den Filter, den die Bezirksversammlungen darstellen, durchzukommen. Jetzt hängt es nur noch vom Volk ab, ob ich gewählt werde. Das ist bereits ein Sieg, zwar noch kein endgültiger, aber ein Beinahe-Sieg.

Ich wurde in fast zweihundert Wahlbezirken aufgestellt. Die Bezirksversammlungen, die der Apparat organisiert, durchführt und kontrolliert, sind eine Möglichkeit, sich jedes mißliebigen Kandidaten zu entledigen. Die meisten dieser Versammlungen setzten sich aus sogenannten Vertretern der Arbeitskollektive zusammen. In der Hauptsache waren es Parteisekretäre, ihre Stellvertreter und andere, bis zur Einschüchterung instruierte Mitglieder der Kollektive. Diese Auditorien zu lenken bereitete natürlich überhaupt keine Mühe. Aus allen Ecken der Sowjetunion kamen Proteste an die Zentrale Wahlkommission, in denen es hieß, die Bezirksversammlungen beraubten das Volk seines Rechtes auf echte Wahlen. Die Veranstalter des

»Wahl der Volksdeputierten der UdSSR« genannten Spektakels rieben sich jedoch die Hände und freuten sich, wie trefflich ihre ausgeklügelten Pläne realisiert wurden. Dennoch hatten sie sich verrechnet, denn nicht überall konnten sie sich durchsetzen.

Die erste Bezirksversammlung, an der ich nach reiflicher Überlegung teilnahm, fand in Beresniki im Gebiet Perm statt. In dieser Stadt hatte ich früher einmal gewohnt, und es gab Menschen, die sich an mich und an den Namen Jelzin erinnerten. Ein paar Betriebskollektive hatten mich als Kandidaten aufgestellt. Die Chance, hier durchzukommen, war groß, sofern es den Parteiorganen nicht gelang, die Bezirksversammlung mundtot zu machen.

Ich hatte mir einen etwas ungewöhnlichen Schachzug ausgedacht. Nachdem in Moskau das letzte Flugzeug nach Perm ohne mich gestartet war, flog ich nach Leningrad, wo meine Freunde schon zitternd und bibbernd auf mich warteten und mich zum Militärflugplatz brachten. Dort hatte ich ebenfalls treu ergebene Helfer. In einem Transportflugzeug mit Propeller, in dem es so dröhnte, daß ich fast taub wurde, flog ich nach Perm. Hier erwarteten mich am frühen Morgen wiederum Vertrauensleute, und in kurzer Zeit war ich pünktlich zu Beginn der Bezirksversammlung an Ort und Stelle. Mein Erscheinen versetzte den Organisatoren einen Schock: Die Leute aus dem Gebietskomitee der Partei hatten es nämlich nicht geschafft, rechtzeitig zu kommen. In meiner Rede erläuterte ich mein Programm und beantwortete Fragen aus dem Publikum. Alles lief bestens, und als die Abstimmung begann, machte ich mir schon keine Sorgen mehr. Die ganze Atmosphäre verriet mir, daß es mir gelingen würde, diese erste Hürde auf dem Weg zur Wahl zu überwinden. Ich erhielt auch tatsächlich die überwältigende Stimmenmehrheit und kehrte nach Moskau zurück.

Danach begannen die Bezirksversammlungen in der Hauptstadt. Trotz meines Sieges in Beresniki beschloß ich, auch an den Bezirksversammlungen des Moskauer Stadtgebietes teilzunehmen. Aber ich verzichtete überall dort auf eine Kandidatur, wo sie sich mit der eines von mir geschätzten Mannes überschnitt. Im Bezirk Oktjabr zum Beispiel kandidierte Andrej Sacharow. Ich rief ihn an uns sagte ihm, daß ich ihm zuliebe auf meine Kandidatur verzichten wolle. Er wurde freilich letzten Endes über die Akademie der Wissenschaften der UdSSR gewählt, die als öffentliche Organisation ihre Abgeordneten direkt in den Kongreß schickt.

In jeder Bezirksversammlung gewann ich neue Erfahrung. Ein Musterbeispiel dafür war die Bezirksversammlung im Bezirk Gagarin. Unter den Teilnehmern waren sehr starke Kandidaten, darunter der Schriftsteller und Publizist Jurij Tschernitschenko, der Militärhistoriker General Dmitrij Wolkogonow, der Filmregisseur Eldar Rjasanow und der Raumfahrer Alexej Leonow. Insgesamt waren es zehn Kandidaten. Jeder bat die Versammlung in seiner Rede, alle zehn Kandidaten auf die Liste zu setzen, damit das Volk bei der Wahl selbst entscheiden könnte, wen es wählen wollte.

Da alle Reden sehr emotional und überzeugend waren, löste sich die rigide Haltung des Publikums, und zum Schluß mochte fast keiner mehr an seinem Recht festhalten, mißliebige Kandidaten auszusieben.

Aber da ging es dann los! Das Präsidium dachte sich eine Finte nach der anderen aus, damit der Beschluß, alle Kandidaten auf der Liste zu lassen, nicht durchging! Der immer fröhliche, zufriedene und optimistische Eldar Rjasanow wäre am liebsten vor Zorn zersprungen, die Wahlmänner rannten ans Mikrophon und beschimpften das Präsidium, das Publikum forderte fast skandierend, daß alle Kandidaten auf die Liste gesetzt würden. Die Manipulationen einerseits und der Kampf gegen die vorprogrammierte Versammlungsführung andererseits dauerten bis zwei Uhr nachts. Zum Schluß hatte das Publikum gesiegt, alle Kandidaten wurden auf den Wahlschein gesetzt. Ich verließ diese Bezirksversammlung erleichtert, weil der gesunde Menschenverstand triumphiert hatte, und zugleich auch entsetzt. Was war das für eine furchtbare Machtmaschinerie über uns, diese raffinierte, ungeheuerliche Konstruktion Stalins und seiner Satrapen!

»Stimmt es, daß Sie nach dem Studium als Arbeiter auf dem Bau gearbeitet haben? Warum haben Sie das gemacht?«

»Es heißt, Sie hätten in Swerdlowsk vor Gericht gestanden. Erzählen Sie, wie das war.«

Fragen Moskauer Bürger

Bereits eine Stunde nach meinem Diplomexamen saß ich im Zug und fuhr nach Tiflis zu den nationalen Meisterschaftsspielen. Den ganzen Sommer reiste ich dann von Wettkampf zu Wettkampf, hier zu einer Landesmeisterschaft, dort zu einem Hochschulturnier in Leningrad oder zu einem Pokalspiel in Riga. Am 6. September kam ich zurück und meldete mich bei meiner Arbeitsstelle, der ich zugeteilt worden war, nämlich im Kombinat »Uraltjaschtrubstroj«.

Wie jedem Hochschulabsolventen bot man mir die Stelle eines Meisters im Industriebau an. Ich sagte, ich wolle vorläufig noch nicht als Meister arbeiten. Während meines Studiums war ich zu dem Schluß gekommen, daß die Professoren an der Polytechnischen Hochschule zwar im allgemeinen sehr gut waren, aber daß manche von ihnen und einige Dozenten, die keinen Kontakt zur Produktion hatten, ihre Fächer doch zu akademisch lehrten und sie nicht mit der Wirklichkeit auf dem Bau in Verbindung brachten. Deshalb hielt ich es für einen großen Fehler, gleich einen Bau zu leiten,

ohne erst einmal alles mit eigener Hand ausgeführt zu haben.
Ich hatte mir deshalb vorgenommen, ein Jahr zu opfern, um mir die handwerkliche Fertigkeit in zwölf Arbeitsbereichen auf dem Bau anzueignen, jeweils einen in einem Monat. Einen Monat lang arbeitete ich also mit den Arbeitern der Maurerbrigade und zog Ziegelmauern hoch, zuerst einfache, dann kompliziertere. Außerdem arbeitete ich nicht nur in einer Schicht, sondern in eineinhalb, um schneller Routine zu bekommen. Die Arbeiter machten sich zwar über den eifrigen jungen Bauingenieur, der sozusagen unters Volk gegangen war, lustig, halfen ihm aber doch, ermutigten ihn und unterstützten ihn.
Bald war ich als Maurer und Betonierer anerkannt. Übrigens fiel mir gerade das Betonieren besonders schwer. Obwohl ich körperlich kräftig genug war, war es doch sehr schwierig, mit der Schubkarre voll flüssigem Beton rasch über die schmalen Bretter hoch oben auf den Gerüsten zu laufen. Wenn man die Schubkarre nur leicht schief hielt, verschob sich der Schwerpunkt, und ein paarmal fiel ich mitsamt der Schubkarre etwa drei Meter in die Tiefe. Zum Glück passierte nichts, und zu guter Letzt konnte ich das auch. Dann wurde ich Zimmermann. Einen Monat lang fuhr ich mit dem Kipplader Beton. Bei einer dieser Fahrten, als ich noch gar keinen Führerschein hatte, gab dieser Laster, der mit über dreißigtausend auf dem Tacho nicht mehr nagelneu war, ausgerechnet auf einem Bahnübergang den Geist auf. Ich horchte: Der Zug kam, zudem mit ziemlich hoher Geschwindigkeit. Der Übergang war unbeschrankt und ohne Wärter.

Im nächsten Augenblick mußte der Zug dasein und den Laster über den Haufen fahren und mich dazu. Da fiel mir zum Glück der Anlasser ein. Schaltete man den ein, dann ruckelte der Wagen vorwärts. Ein paar dieser fieberhaften Rucke, aber schon pfeift der Zug, seine Bremsen kreischen und quietschen; aber ich spüre, daß er nicht mehr bremsen kann — schon kommt er mit seiner ganzen Wucht und Masse auf mich zu. Ich betätige ständig den Anlasser und lasse den Laster vorwärtsruckeln, bis er endlich um wenige Zentimeter von den Schienen runter ist und der Zug, mich nur ganz sacht streifend, vorüberbraust.

Ich stieg aus, setzte mich an den Straßenrand und konnte mich einige Zeit nicht erholen. Dann brachte ich den Beton doch irgendwie an Ort und Stelle und erzählte meinen Kollegen, daß ich um Haaresbreite im Sarg gelandet wäre. Ich hätte zwar rausspringen können, aber dann hätte ich für den Wagen aufkommen müssen. Der war teuer, und ich besaß überhaupt keine Ersparnisse. Ich besitze übrigens bis heute noch keine. Fünf Rubel liegen seit meinen Studentenjahren symbolisch auf meinem Sparbuch, das ist alles.

Danach arbeitete ich als Zimmermann, Schreiner, Glaser, Stukkateur und Maler; das alles zu lernen war natürlich schwer, aber ich sah keine andere Möglichkeit.

Als ich den Turmkran bediente, erlebte ich noch eine Geschichte, die mich sehr viel Nerven kostete. Wir bauten ein Wohngebäude für das Werk »Uralchimmasch«. Als ich die Baustelle nach der Arbeit verließ, glaubte ich, alles überprüft und die Stromzufuhr unterbrochen zu haben. Aber etwas hatte ich vergessen: Der Kran mußte nach Arbeitsschluß unbedingt mit besonderen Haken an den Schienen befestigt werden. Wir wohnten neben der Baustelle. In der Nacht gab es plötzlich einen heftigen Windstoß, es stürmte und regnete. Ich schaute aus dem Fenster und sah, daß sich der Turmkran ganz langsam in Bewegung setzte. So, wie ich war, wahrscheinlich nur in Unterhosen, rannte ich raus und rüber zum Kran, suchte im Dunkeln den Hebelschalter und schaltete den Strom ein. In rasender Eile kletterte ich dann die schmale Leiter ins Führerhaus hoch. Der Kran glitt jedoch weiter aufs Ende der Schienen zu, wo er restlos zerschellen würde. Im Führerhaus war es auch dunkel. Ich konnte nichts sehen und überlegte fieberhaft, daß ich die Blockierung des Kranarms lösen müßte. Und richtig, er drehte sich sofort nach dem Wind und bildete kein Segel mehr, doch der Kran bewegte sich immer noch weiter. Da legte ich den Rückwärtsgang ein und fuhr Höchstgeschwindigkeit. Und siehe da, der Kran wurde langsamer und blieb ein paar Zentimeter vor dem Schienenende stehen. Ein schauriger Augenblick. Meine Frau war aus dem Haus gestürzt und schrie: »Komm runter, der Kran fällt um!« Aber ich wollte den Kran retten. Ich hielt dieses Ungetüm an, kletterte hinunter und befestigte die Haken. Einschlafen konnten wir in dieser Nacht natürlich nicht mehr. Ich träumte noch lange, daß ich auf den Turmkran klettere und mit ihm zusammen umstürze.

So also arbeitete ich ein Jahr lang und lernte zwölf verschiedene Bautätigkeiten. Ich ging zu meinem Abschnittsleiter und sagte, nun sei ich bereit, als Meister zu arbeiten. Sie setzten mich auf verschiedenen Projekten ein. Ich baute die Industrieanlagen von »Uralchimmasch«, ein Eisenbetonwerk, die Werkhallen der Fabrik von Werch-Isetskoje, Behelfsbauten, Wohnheime, Wohnungen, einen Kulturpalast, Kindergärten, Schulen, Internate.

Als Meister hatte ich es bei der Arbeit recht leicht, obwohl es natürlich auch Zwischenfälle gab. Ich mußte gegen Materialverschwendung kämpfen, die immer noch schwer auszurotten ist, weil sich die Bauunternehmen daran gewöhnt haben. Als ich begann, genau zu berechnen, wie viele Ziegel, wieviel Beton und anderes Material verbraucht worden waren, bekam ich Schwierigkeiten. Mit der Zeit regelte sich dieses Problem jedoch, da die Leute einsahen, daß ich recht hatte.

In meiner Zeit als Meister gab es allerhand lustige, aber auch schwierige Situationen. Wir arbeiteten zum Beispiel mit Lagerhäftlingen. Ich brach sofort mit der Tradition, daß ihnen der Lohn angewiesen wurde, den sie angaben, in Wirklichkeit aber nicht erarbeitet hatten. Als der erste Monat vorbei war, rechnete ich das Arbeitsvolumen nach, das jeder geschafft hatte, und bestimmte den Lohn. Der fiel um gut die Hälfte niedriger aus, als sie es gewöhnt waren. Da kommt dann einer mit einem Beil in der Hand in mein winziges Büro, hebt es über mich hoch und sagt: »Unterschreibst du den Tagesabschluß, wie sich's gehört und wie's alle vor dir gemacht haben, du Grünschnabel?« — »Nein.« — »Na, ich hab' ja nichts zu verlieren. Wenn ich zuschlage, gibst du keinen Mucks mehr von dir.« Ich sah es seinen Augen an, daß er mir seelenruhig und ohne mit der Wimper zu zucken den Schädel einschlagen würde. Ich hätte natürlich klein beigeben oder versuchen können, ihn zu überwältigen. Aber ich griff zu einer Überraschungstaktik, schaute ihn scharf an und brüllte mit aller Kraft: »Raus!« Da ließ er verblüfft das Beil sinken, drehte sich um und ging schweigend mit krummem Buckel hinaus.

Als Abschnittsleiter wurde ich dann bei einem einzigartigen Objekt, dem Kammgarn-Kombinat, eingesetzt. Es war ein gewaltiges, siebengeschossiges Gebäude aus fertig montierten Metallteilen, das an ein Skelett erinnerte. Es stand schon lange und war ganz verrostet. Dann kam die Resolution über die Entwicklung der Leichtindustrie, und man beschloß, den Bau zu vollenden. Die komplizierte Aufgabe wurde mir anvertraut.

Bis zu tausend Mann arbeiteten an diesem Objekt; als die Stadt später mithalf, waren es zweitausend. Die Arbeit ging praktisch rund um die Uhr. Im Winter wurde der Wasserturm gebaut, und zwar aus Beton, was ganz einmalig war, noch dazu mit einem Hochbehälter. Ganze Tage verbrachte ich bei diesem Wasserturm. Bis zur Abnahme arbeitete ich an diesem Kammgarn-Kombinat. Als alles fertig war und die Anlagen in Betrieb gingen, begann der Bau plötzlich zu wackeln; dieses Metallungetüm mit seinen Geschoßdecken aus Stahlbetonplatten wanderte, und zwar nach einer Seite. Die Maschinen mußten angehalten werden. Ich eilte sofort zu Professor Bytschkow von der Polytechnischen Hochschule. Gemeinsam berechneten wir sämtliche Konstruktionen und kamen zu dem Schluß, daß der Plan einen Fehler enthielt. Die Auflager der Deckenplatten waren völlig unzureichend für die Standfestigkeit des Gebäudes. Wir fanden auch noch einen zweiten Grund. Die Spinnmaschinen waren alle in der gleichen Richtung aufgestellt.

Wenn man sie einschaltete, fiel ihre Schwingungsamplitude mit der des Gebäudes zusammen, das dadurch ins Schaukeln kam. Die Lösung dieses Problems war recht einfach: Die Maschinen wurden umgestellt. Mit der Verstärkung der Auflager aber hatten wir unsere liebe Not. Man mußte die Fugen freilegen, mit Stahl armieren, betonieren — es war eine ziemliche Schinderei.

Danach wurde ich Chefingenieur der Verwaltung Nr. 13. Ihr Direktor war Nikolaj Iwanowitsch Sitnikow, ein — milde ausgedrückt — origineller Mann, hartnäckig und bösartig. Seine Hartnäckigkeit grenzte manchmal an Starrsinn. Zwischen uns entstand ein merkwürdiges Verhältnis. Er kam zum Beispiel und schlug Krach. Fühlte ich mich im Recht, so gab ich nicht nach und arbeitete einfach weiter. Das brachte ihn zur Weißglut. Fuhr ich mit ihm im Auto und stritt mit ihm, dann hielt er den Wagen irgendwo unterwegs an und befahl: »Aussteigen!« — »Nein, fahren Sie mich zur Straßenbahnhaltestelle!« Wir standen eine halbe oder ganze Stunde, schließlich hielt er es nicht mehr aus, schlug die Tür zu und fuhr mich zur Haltestelle. Oder er ließ mich zu sich kommen und beschimpfte mich mit den übelsten Wörtern.

Ein paarmal beantragte er beim Stadtkomitee meine Entlassung. Ich war jedoch bereits Verwaltungsleiter, meine Zusammenarbeit mit der Belegschaft war gut, und so stimmte das Stadtkomitee meiner Entlassung nicht zu. Zweiter Sekretär war damals Fjodor Michailowitsch Morschtschakow, ein kluger, interessanter Mann, der mir mehr als einmal aus der Klemme half.

In einem Jahr erteilte mir der Direktor siebzehn Verweise — es war ein Rekord. Am 31. Dezember nahm ich alle

Verweise, ging zu ihm hin, knallte sie ihm auf den Tisch und sagte: »Beim ersten Verweis im neuen Jahr mache ich Ihnen einen Skandal. Denken Sie dran.« Am 2. Januar hatte ich bereits einen Verweis dafür, daß wir an Neujahr nicht gearbeitet hatten. Trotz des Feiertags hätten wir nach Meinung des Direktors arbeiten sollen. Ich beschloß, gegen diesen Verweis zu protestieren, und klapperte sämtliche Instanzen ab. Er wurde zurückgenommen. Danach war der Direktor vorsichtiger.

Eine Weile später strengte er ein Gerichtsverfahren gegen mich an, wegen angeblicher Unkorrektheiten bei der Buchführung. Als Kläger von seiten des Kombinats fungierte der Chefbuchhalter. Ich saß auf der Anklagebank des Bezirksgerichts und wies nach, daß es nichts gab, womit ich mich strafbar gemacht hatte. Der Richter war zum Glück ein kluger Mann, Anfang Vierzig. In seinem Schlußwort, mit dem er die Entscheidung des Gerichts verkündete, sagte er wörtlich: »Jedes Handeln eines leitenden Angestellten schließt notwendig ein gewisses Risiko ein. Die Hauptsache ist, daß dieses Risiko gerechtfertigt ist. Das trifft im vorliegenden Fall zu — das Risiko bei Jelzins Vorgehen war gerechtfertigt. Das Gericht hat deshalb entschieden, Jelzin vollständig freizusprechen. Die Gerichtskosten trägt der Kläger, das heißt das Kombinat ›Juschgorstroj‹.« Das war ein harter Schlag für den Chefbuchhalter wie auch für den Direktor. Der Chefbuchhalter vergaß allerdings diese Niederlage vor Gericht nicht. Als ich in die Partei aufgenommen werden sollte, versuchte er mir in seiner Eigenschaft als Mitglied des Parteikomitees im Kombinat eins auszuwischen.

Auf der Sitzung des Parteikomitees stellte er mir unter

anderem diese Frage: »In welchem Band und auf welcher Seite des *Kapitals* spricht Marx von Ware-Geld-Beziehungen?« Ich wußte ganz genau, daß er Marx keineswegs gründlich gelesen hatte und natürlich weder wußte, in welchem Band noch auf welcher Seite die Rede von Ware-Geld-Beziehungen war, noch was das überhaupt war. So antwortete ich halb im Spaß, halb im Ernst, aber wie aus der Pistole geschossen: »Band II, Seite 387.« Darauf meinte er tiefsinnig: »Alle Achtung, du kennst Marx gut.« Ich wurde also aufgenommen.

Das Verhalten des Direktors änderte sich erst, als ich zum Chefingenieur eines Großkombinats ernannt wurde, das bedeutender als sein Kombinat war.

In diesen Zusammenhang gehört wohl auch der strenge Verweis, der in meinen Personalbogen anläßlich einer Sitzung des Büros des Stadtkomitees eingetragen wurde. Ich war gerade Leiter der Baudirektion geworden. Mein Vorgänger war ein Faulpelz und Trunkenbold gewesen; alles, was man verschlampen konnte, hatte er verschlampt, darunter auch den Bau einer Internatsschule. Als ich im September seinen Posten übernahm, wurde gerade das Parterre aufgemauert; es sollte aber schon der dritte Stock sein. Selbst bei größter Anstrengung hätte man es bis zum Jahresende nicht fertigstellen können. Als ich zum Jahresbeginn im Bezirkskomitee in die Partei aufgenommen wurde, überreichte man mir feierlich mein Parteibuch. Am nächsten Tag hörte ich in einer Sitzung des Stadtkomitees über die Ergebnisse des vergangenen Jahres: »Als Abschreckung für die anderen werden wir Jelzin einen strengen Verweis mit Eintragung in seinen Personalbogen erteilen.«

Ich ging ans Rednerpult und sagte: »Genossen Mitglieder des Stadtkomiteebüros, erst gestern wurde mir mein Parteibuch ausgehändigt, noch ganz warm. Und heute schlagen Sie vor, mir, der gerade erst einen Tag lang Parteimitglied ist, einen strengen Verweis mit Eintragung in meinen Personalbogen zu erteilen, weil das Internat nicht abgenommen werden konnte. Hier sind Baufachleute, die bestätigen können, daß das einfach unmöglich war.« Aber sie beharrten darauf, wegen des Abschreckungseffektes. Sitnikow hatte hier offenbar auch seine Hand im Spiel. Es war ein harter Schlag für mich, denn ich glaubte aufrichtig an das Ideal der Gerechtigkeit, das die Partei verwirklicht, und war ebenso aufrichtig überzeugt in die Partei eingetreten, hatte Satzung, Programm und die Klassiker gründlich studiert und Lenins, Marx' und Engels' Schriften noch einmal gelesen. Ein Jahr später wurde der strenge Verweis gelöscht, der Vermerk im Personalbogen blieb aber stehen, bis meine Parteipapiere umgetauscht wurden. Erst dann war mein Personalbogen wieder sauber.

Im übrigen haben wir ja erst in letzter Zeit angefangen, über die negative Wirkung der Einmischung der Partei in Wirtschaftsangelegenheiten nachzudenken. Damals war das für Wirtschafts- wie Parteifunktionäre völlig in Ordnung, auch für mich. Es war für mich ganz selbstverständlich, wenn ich zu Versammlungen mehrerer Bezirkskomitees gleichzeitig eingeladen wurde. Ich versuchte mich zwar vor all diesen Sitzungen zu drücken, aber daß sie abgehalten wurden und daß dort durch Ausübung von Druck, Verweise und ähnliches zahlreiche wirtschaftliche und andere Probleme gelöst wurden, das

war ein Kernstück des Systems und rief keinerlei Fragen oder Proteste hervor. Die Hauptsache war, daß man es nicht mit einem lästigen Apparatschik zu tun bekam, der einem mit seiner Ahnungslosigkeit und seinem Größenwahn das Leben schwermachte.
Ich erinnere mich, daß ich mit dem Ersten Sekretär des Bezirkskomitees, Babykin, in Konflikt geriet. Es war jener Babykin, der später Erster Sekretär des Swerdlowsker Gebietskomitees wurde und auf der 19. Parteikonferenz einen unsinnigen Vorwurf gegen den Swerdlowsker Wolkow erhob, der mich öffentlich verteidigt hatte. Ich bekam also eine telefonische Nachricht von Babykin, in der ich aufgefordert wurde, dann und dann auf der Versammlung zu erscheinen. Ich wunderte mich über den herrisch bis groben Ton und antwortete nicht darauf. Ich hatte einmal nachgerechnet, daß ich von 22 Organisationen gleichzeitig eingeladen werden konnte, angefangen bei sieben Bezirkskomitees und Bezirksvollzugsausschüssen, in deren Einzugsbereich wir Objekte bauten, bis hin zum Gebietskomitee. Natürlich konnte ich nicht überall erscheinen, und so verschob ich telefonisch da einen Termin oder schickte dort einen Stellvertreter hin. Und hier auf einmal dieser Befehlston, dann ein Telegramm, ein zweites und ein drittes. Schließlich rief er mich persönlich an: »Bitte, erklären Sie, weshalb Sie auf den Versammlungen nicht erscheinen, die der Erste Sekretär des Bezirkskomitees der Partei abhält.« Darauf ich: »Weshalb soll ich eigentlich ausgerechnet auf Ihren Versammlungen erscheinen, wenn ich zur gleichen Zeit ebensolche Versammlungen in anderen Bezirkskomitees habe. Warum soll ich ausgerechnet Ihnen den Vorzug geben und

nicht einem anderen?« Er brauste auf. »Ich werde durchsetzen, daß Sie trotzdem kommen.« Ich: »Jetzt werden Sie mich erst recht nie auf einer Ihrer Versammlungen sehen.«

Im Anschluß an diese Stelle als Verwaltungsleiter wurde mir der Posten des Chefingenieurs in einem neu errichteten großen Wohnungsbaukombinat angeboten. Ein großes Werk mit einer Belegschaft von mehreren tausend Mann gehörte dazu, die später noch anwuchs. Bald danach wurde der Chef des Kombinats in Pension geschickt, und ich erhielt seinen Posten. So stand ich mit 32 Jahren an der Spitze eines riesengroßen Kombinats.

Es war ein schwieriger Lebensabschnitt. Das neue Werk mußte seine Produktionskapazität erreichen, gleichzeitig mußten neue Technologien und die Schnellbauweise im Fließbandverfahren eingeführt werden. Damals machten wir das Experiment, ein fünfgeschossiges Haus in fünf Tagen zu bauen, und es gelang uns. Danach beschlossen wir ein anderes Experiment: Beim Bau eines neuen Wohnungsviertels wurden die Gleise von einer Baustelle zur nächsten verlängert, so daß die Kräne einfach weiterfahren konnten und nicht mehr ab- und wieder aufgebaut werden mußten. Dadurch wurde sehr viel Zeit eingespart. Das Kombinat begann zuverlässig seinen Plan zu erfüllen. Individuelle Arbeitskleidung in verschiedenen Größen mit dem Zeichen des Wohnungsbaukombinats wurde genäht, so daß jeder Arbeiter und jede Arbeiterin passende Kleidung erhielt. Das gefiel den Leuten, sie waren stolz auf ihren Betrieb.

Am Jahres- oder Quartalsende, wenn praktisch rund um die Uhr gearbeitet werden mußte, um den Plan zu erfüllen, kam ich kaum nach Hause. Meinen Arbeitsstil bezeichnete man im allgemeinen als hart. Das stimmte auch. Ich verlangte von den Leuten strikte Disziplin und Einhaltung von Zusagen. Meine Hauptargumente im Kampf um die Disziplin waren mein eigener vollständiger Arbeitseinsatz, ständige Leistungsanforderung und -kontrolle sowie der Glaube der Arbeiter an die Gerechtigkeit meiner Handlungen: Wer besser arbeitet, lebt besser und wird besser bewertet. Eine gute, professionelle Arbeit bleibt nicht unbemerkt, Murks und Schlamperei auch nicht. Hast du dein Wort gegeben, dann halte es. Hast du es nicht gehalten, mußt du dich vor der Belegschaft verantworten. Diese klaren, verständlichen Richtlinien schufen, wie mir schien, ein vertrauensvolles, humanes Betriebsklima.

Michailischin zum Beispiel war ein vortrefflicher Zimmermann. Ich sagte zu ihm: »Helfen Sie uns, Wassilij Michailowitsch, wir haben nur noch eine Nacht, morgen nimmt die Staatskommission das Haus ab. Die Türen sind zwar gestrichen, aber man muß sie ummontieren. Die Scharniere sind im Werk aus Schlamperei verkehrt herum angebracht worden. Diese Murkser nehme ich mir später vor. Aber jetzt müssen wir die Abnahme retten. Die Fußböden sind auch schon gestrichen, die dürfen nichts abkriegen. Weder die Türen noch die Böden dürfen verschmutzt werden. Alles muß so gemacht werden, daß man morgen früh die Scharniere nur noch ein bißchen nachstreichen muß.« So ließ ich ihn die Nacht über arbeiten. Um sechs Uhr morgens ging ich wieder zu ihm. Er machte gerade die letzte Tür am Hauseingang fertig. Ich hatte mein Transistorradio mitgebracht und

schenkte es ihm. Wir umarmten uns, Worte waren nicht nötig. Fühlte er etwa jetzt noch Bitterkeit oder Kränkung darüber, daß ich ihn die ganze Nacht arbeiten ließ?
Oder eine andere Situation: Als das Kammgarn-Kombinat abgenommen werden sollte, stellte sich plötzlich, praktisch einen Tag vorher, heraus, daß wieder aus Schlamperei fünfzig Meter eines unterirdischen Verbindungsganges zwischen zwei Gebäuden nicht gebaut worden waren. Für diesen Verbindungsgang hatte es eine eigene Zeichnung gegeben, die verlorengegangen war. Im letzten Moment nun entdeckte man, daß man diesen Gang vergessen hatte! Es war ein Riesenobjekt, das von großer Bedeutung für die Stadt und für das ganze Land war. Dieses Kombinat sollte jährlich sechs Millionen Meter Stoff ausstoßen. Die Spitzenleute unseres Bauunternehmens setzten sich sofort zusammen und entwarfen innerhalb einer halben Stunde einen exakten Arbeitsplan. Alle Arbeiten waren auf die Minute genau berechnet, die Erdarbeiten bis dann und dann, das Betonieren, die Nachbearbeitung. Erst wurde die eine Brigade eingesetzt, dann die andere. Der eine Bagger begann den Graben auszuheben, hinter ihm fuhr der nächste, dem folgte der dritte. Ich verließ die Baustelle nicht einen Augenblick. Jeder trug für seinen Abschnitt die Verantwortung, es gab keine unnötige Hetzerei, alles war aufs genaueste berechnet... Morgens um sechs wurde der Verbindungsgang asphaltiert, alles war fertig, wir hatten es geschafft.
Oder ein anderer Punkt, der vielleicht banal wirkt: In der Nachtschicht eine Frauenbrigade besuchen, ein we-

nig mit den Arbeiterinnen plaudern, ein bißchen mitarbeiten, zum Beispiel Tapeten aufkleben oder Fenster streichen, das verbesserte die Stimmung sehr und war äußerst aufschlußreich. Ich erfuhr Einzelheiten, scheinbar ganz kleine Probleme, die sich aber zu großen, unlösbaren Problemen auswachsen können, wenn der Chef nicht informiert ist. Spiegel in den Aufenthaltsräumen der Frauen, Stoff für ein Kleid als Prämie für gute Arbeit, irgendwelche anderen Geschenke, die aus der Gewerkschaftskasse und manchmal auch aus meiner eigenen bezahlt wurden — all das schuf eine ganz andere Atmosphäre zwischen Chef und Untergebenen.
Vierzehn Jahre lang hatte ich in der Produktion gearbeitet, als ich plötzlich das Angebot bekam, die Abteilung Bauwesen im Gebietskomitee zu übernehmen. Ich wunderte mich nicht sehr über dieses Angebot, da ich ja ständig gesellschaftliche Arbeit geleistet hatte, doch ich stimmte auch ohne besondere Freude zu. Ich war mit meinem Posten als Kombinatschef zufrieden: Die Belegschaft erfüllte den Plan, es ließ sich gut arbeiten, und ich verdiente ein anständiges Gehalt. Jetzt im Obersten Sowjet verdiene ich weniger als dort vor zwanzig Jahren. Trotzdem nahm ich das Angebot an, denn es reizte mich, diese neue Aufgabe zu übernehmen, und bis heute weiß ich noch immer nicht recht, was am Ende dieses Weges steht.

4

21. Februar 1989

— Wahltagebuch —

Ich kann noch immer nicht glauben: Boris Jelzin ist als Kandidat für den Moskauer Stadtbezirk Nr. 1 eingetragen. Was die Führung des Apparates so wenig wollte und wogegen sie so verzweifelt ankämpfte, ist geschehen. Auf dem Wahlschein wird außer meinem Namen auch der von Jurij Brakow, dem Generaldirektor der SIL-Werke, stehen.

Doch alles der Reihe nach! Auf der Bezirksversammlung sollte ich durchfallen. Im Saal waren tausend Menschen. Zweihundert von ihnen stellten die zehn Kandidaten vor, die übrigen achthundert waren sorgfältig ausgesuchte, gehorsame Wahlmänner mit klaren Instruktionen. Jeder wußte, wie die Bezirksversammlung enden sollte. Der Apparat hatte zwei Kandidaten vorgesehen: Brakow und den Kosmonauten Georgij Gretschko. Meine einzige Hoffnung bestand darin, daß das Publikum von der vorgefaßten Entscheidung abweichen und alle zehn Kandidaten auf den Wahlschein setzen würde. Dann hätte ich

eine reelle Chance. Vor Beginn der Versammlung hatten alle Bewerber auf meine Initiative hin einen Brief mit der Bitte unterschrieben, alle Abgeordnetenkandidaten auf den Wahlschein zu setzen. Sie unterschrieben übrigens alle gern, denn niemand wollte in einem Stück mitspielen, dessen Ende bereits in allen Einzelheiten festgelegt war. Die Stimmung im Saal verriet mir, daß es diesmal anders laufen würde. Allen hatte man die zwei Namen »Gretschko und Brakow« eingehämmert, da man aus der Erfahrung früherer Bezirksversammlungen gelernt hatte. Auf die Rede jedes Kandidaten, in der er sein Programm erläuterte, folgte laut Vorschrift die Beantwortung von Fragen. Für schriftlich formulierte Fragen hatte man fünf, für mündliche sieben Minuten Zeit. Mir stellte man über hundert schriftliche Fragen. Da ich wußte, daß im Saal Leute mit fertig formulierten provozierenden Fragen saßen und daß sie nur auf das Signal der Organisatoren dieser Show warteten, um »in Aktion zu treten«, wandte ich eine Überraschungstaktik an: Normalerweise sucht man sich die vorteilhaften Fragen zur Beantwortung aus. Ich tat nun genau das Gegenteil — aus allen Fragen, die mir präsentiert wurden, pickte ich die ungerechtesten, unangenehmsten und beleidigendsten heraus.
Ich beantwortete Fragen wie »Weshalb verrieten Sie die Moskauer Parteiorganisation und bekamen plötzlich Angst vor Schwierigkeiten?« oder »Aus welchem Grund zog Ihre Tochter in eine neue Wohnung um?«, und es fehlte nur noch, daß man sich nach polizeilichen Vorladungen oder anrüchigen Beziehungen erkundigte! Mit meinen Antworten brachte ich die Pläne der Veranstaltungsleiter völlig durcheinander. Fast alle negativen Fragen,

die man hatte mündlich stellen wollen, waren schon zur Sprache gekommen. Die Fragen, die jetzt gestellt wurden, beantwortete ich leicht und ruhig. Ich sah, daß das Publikum allmählich auftaute, und schöpfte Hoffnung.
Aber wir hatten noch eine Überraschung vorbereitet. Vor der Versammlung war Georgij Gretschko zu mir gekommen und hatte gesagt, er wolle seine Kandidatur zurückziehen, weil er es für richtig halte, daß ich als Abgeordnetenkandidat aufgestellt würde. Und überhaupt, er wolle nicht gegen mich antreten... Ich wehrte sein Ansinnen natürlich ab, aber er bestand darauf: »Ich bin fest entschlossen.« Da bat ich ihn, seinen Rücktritt erst unmittelbar vor der Abstimmung zu erklären. Gretschko machte alles fabelhaft, in ihm ist ein großartiger Schauspieler verlorengegangen. Während der Versammlung schwitzte er vor Nervosität. Unmittelbar vor der Abstimmung erhielt jeder noch einmal eine Minute Redezeit, sozusagen das letzte Wort. Als die Reihe an Gretschko kam, ging er ruhig ans Rednerpult und sagte: »Ich bitte um Aufhebung meiner Kandidatur.«
Das war natürlich der stärkste Schlag für die Organisatoren. Alle, denen man eingetrichtert hatte, für Brakow und Gretschko zu stimmen, hatten nun gewissermaßen freie Wahl. Jetzt konnte man mir beinahe reinen Gewissens seine Stimme geben, sofern die Abstimmung geheim wäre. Dies wurde durchgesetzt. Und so geschah es, daß ich mehr als die Hälfte der Stimmen erhielt. Alle Kandidaten gratulierten mir herzlich. Unter uns allen herrschte eine freundschaftliche Atmosphäre, was auch das Wahlergebnis beeinflußte.
Nun begann ein neuer Abschnitt der Wahlkampagne.

Weil meine Siegeschancen mit Überwindung jeder Barriere zunahmen, nahm auch der Widerstand jener zu, für die meine Wahl eine wahre Katastrophe und die Zerstörung des Glaubens an die Unerschütterlichkeit der alten Ordnung bedeutet hätte. Daß diese Ordnung längst brüchig geworden war, beunruhigte sie nicht. Hauptsache, Jelzin kam nicht durch. Doch es war wohl schon zu spät …

»Welche Fehler wurden in der Zeit gemacht, als Sie Erster Sekretär des Gebietskomitees waren?«

»Gab es Kritik an Ihnen als Erstem Sekretär des Gebietskomitees, und wie haben Sie darauf reagiert?«

»Ihre fruchtbarsten Jahre als Erster Sekretär des Gebietskomitees fielen in die Zeit der Stagnation. Wie stehen Sie heute dazu?«

Fragen Moskauer Bürger

Fast sieben Jahre war ich Leiter der Abteilung Bauwesen, als ich zum Sekretär des Gebietskomitees gewählt wurde. Etwa ein Jahr später schickte man mich zu einem einmonatigen Kurs in der Akademie für Gesellschaftswissenschaften beim ZK der KPdSU nach Moskau. Zwei Wochen nach Kursbeginn fand ein Plenum des ZK statt, auf dem Rjabow, der Erste Sekretär des Swerdlowsker Gebietskomitees, zum ZK-Sekretär gewählt wurde. Am Tag darauf ging der Kursleiter Koroljow während des Unterrichts ans Mikrophon und gab bekannt, Jelzin solle um 11 Uhr im ZK erscheinen. Die übrigen Kursteilnehmer waren alles alte Hasen, die mich sofort umringten und alles mögliche von mir wissen wollten. Obwohl ich nicht wußte, warum ich ins ZK gebeten wurde, spürte ich innerlich, worum sich das Gespräch drehen würde. Aber ich verdrängte dieses Gefühl lieber.

Ich fuhr also ins ZK. Zunächst verwies man mich dort an Kapitonow, den für Organisationsfragen zuständigen ZK-Sekretär. Er erkundigte sich nach diesem und jenem, nach meinem Studium und nach meinen Beziehungen zu den Mitgliedern des Gebietsparteibüros. Ich antwortete, daß alles ganz normal sei. Mehr sagte er mir nicht und erklärte auch nicht, weshalb ich ins ZK gebeten worden war, sondern schickte mich zu Kirilenko. Wieder ein allgemeines Gespräch, das ebenfalls zu nichts führte. Weiter zu Suslow. Diesmal war das Gespräch etwas subtiler. Ob ich mich stark genug fühle, ob ich die Parteiorganisationen meines Gebiets gut kenne, aber auch diesmal keine Erklärung. Dann hieß es, daß Breschnew mich sehen wollte. Ich mußte in den Kreml fahren. Die beiden ZK-Sekretäre Kapitonow und Rjabow begleiteten mich. Als wir die Eingangshalle betraten, hieß es: »Kommen Sie herein, Sie werden schon erwartet.« Ich ging voran, die beiden anderen hinter mir. Breschnew saß an der Stirnseite des Konferenztisches. Als ich auf ihn zuging, stand er auf und begrüßte mich. Dann fragte er meine Begleiter: »Hat er also beschlossen, im Gebiet Swerdlowsk die Macht zu übernehmen?« Kapitonow erklärte ihm, ich sei noch nicht informiert. »Wieso weiß er nichts, wenn er doch beschlossen hat, die Macht zu übernehmen?« So begann dieses Gespräch. Breschnew sagte, das Politbüro sei zusammengetreten und habe mich für das Amt des Ersten Sekretärs des Swerdlowsker Gebietskomitees empfohlen.

Da damals Korowin der Zweite Sekretär des Swerdlowsker Gebietskomitees war, hatte man also gegen die übliche Versetzungspraxis gehandelt. Ganz objektiv gesehen eignete sich Korowin auch nicht zum Ersten Sekretär. Das war allen klar.

»Na, wie sieht's aus?« fragte Breschnew. Das kam natürlich alles sehr überraschend für mich. Das Gebiet war riesig, und auch die Parteiorganisation war sehr groß, aber ich sagte, daß ich, wenn es mir das Politbüro und die Parteimitglieder des Gebiets zutrauten, meine ganze Kraft einsetzen wollte. Wir erhoben uns gerade, als er plötzlich sagte: »Sie können nur noch nicht ZK-Mitglied werden, da der Parteitag gerade vorbei ist und die Wahlen abgeschlossen sind.« Sein Ton klang aus irgendeinem Grund rechtfertigend, als er das sagte. Dann schaute er mich an und bemerkte, daß ich das Abgeordnetenzeichen des Obersten Sowjet nicht besaß. »Sind Sie kein Abgeordneter?« — »Doch.« Er blickte die beiden Sekretäre verwundert an. »Wieso sind Sie Abgeordneter?« Ich antwortete ganz ernsthaft: »Des Gebietssowjet.« Das rief große Erheiterung hervor, weil der Abgeordnete eines Gebietssowjet auf dieser Ebene überhaupt nicht als Abgeordneter zählte. Dann trennten wir uns. »Schieben Sie das Plenum nicht zu lang hinaus«, meinte Breschnew noch.

Wenige Tage später, am 2. November 1976, fand auch tatsächlich das Plenum des Swerdlowsker Gebietskomitees statt. Rasumow, der Erste Stellvertreter des Leiters der ZK-Organisationsabteilung, war auf diesem Plenum anwesend. Alles verlief normal. Rasumow teilte mit, daß im Zusammenhang mit Rjabows Wahl zum Sekretär des ZK der KPdSU Jelzin für das Amt des Ersten Sekretärs des Swerdlowsker Gebietskomitees empfohlen werde.

Ich notierte mir unterdessen die Punkte einer kurzen Rede auf einem Zettel. Wie immer wurde einstimmig abgestimmt. Man beglückwünschte mich, und ich erbat das Wort für eine kurze Rede mit Stichpunkten meines Programms. Mein Hauptgedanke war ganz einfach: Man muß sich vor allem um die Menschen kümmern, denn auf Gutes reagieren sie immer mit erhöhtem Einsatz. Dieses Credo habe ich mir bis heute bewahrt.

Es mußte entschieden werden, was mit dem Zweiten Sekretär geschehen sollte, weil es für Korowin in dieser Situation schwer war, auf seinem Posten weiterzuarbeiten. Nach einer Weile wurde ihm auf einer Sitzung des Gebietskomiteebüros das Amt des Vorsitzenden des Gebietsgewerkschaftsrats angeboten, das er gerne annahm. Alle Umbesetzungen der führenden Positionen fielen mir sehr schwer. Die Spitzenfunktionäre im Gebiet, vor allem in den Schlüsselpositionen, mußten unbedingt durch frische Kräfte abgelöst werden.

So schlug ich zum Beispiel dem Vorsitzenden des Gebietsvollzugsausschusses, Borissow, vor, in Pension zu gehen. Die Rolle, die der Gebietsvollzugsausschuß unter seiner Führung im Leben des Gebiets spielte, war alles andere als zufriedenstellend. Die Räte mußten sich in Zukunft mit dem gesamten Bereich der Volkswirtschaft und dem Bauwesen befassen, damit sich die Parteiorgane mehr mit politischen Fragen beschäftigen konnten. Borissow war einverstanden und ging in Pension. Ich brauchte einen starken, klugen Mann auf diesem Posten. Als ich die Spitzenleute in meinem Kopf Revue passieren ließ, tauchte die Gestalt Anatolij Alexandrowitsch Mechrenzews vor mir auf. Er war Generaldirektor der Mos-

kauer SIK-Werke, Held der sozialistischen Arbeit, Kandidat der Wissenschaften, Preisträger — ein Mann also, der schon allerhand Titel besaß, aber noch relativ jung war. Ich wußte von seinen hervorragenden menschlichen Eigenschaften, seiner Bildung und seiner Fähigkeit, eine Situation rasch zu erfassen und nie den Kopf zu verlieren. Ich bot ihm dieses Amt an. Zuerst lehnte er ab, aber dann versprach er, es sich zu überlegen. Ich bekniete ihn immer weiter, und schließlich nahm er an. Nach und nach bekam er Routine und wurde zum stärksten Vollzugsausschußvorsitzenden sämtlicher Gebiete unserer Republik.
So formierte sich allmählich meine Mannschaft. Sie war gut und kreativ. Für alle Hauptbereiche arbeiteten wir sehr detaillierte Programme aus. Jedes Programm wurde auf einer Sitzung des Gebietskomiteebüros angehört und in Kraft gesetzt. Wir veranstalteten offene und geschlossene Sitzungen. Auf den geschlossenen war es üblich, daß jeder die Beanstandungen, die er hatte, aussprach, auch die an mir. Ich hatte bewußt diese sachliche, offene Atmosphäre geschaffen, damit kritische Bemerkungen mir gegenüber zur normalen Sache innerhalb der gemeinsamen Arbeit würden. Allerdings war ich nicht immer mit der Kritik einverstanden, und sie setzte mir durchaus zu, aber ich bemühte mich, objektiv zu bleiben.
Eine stürmische Arbeitsperiode begann, und wie immer schonte ich mich selbst am wenigsten. Allmählich legten auch die anderen zu, näherten sich dem vorgegebenen Tempo oder hielten sogar mit wie Mechrenzew. Manche jedoch vertrugen dieses Tempo nicht und übernahmen weniger. Diese Leute kritisierte ich nicht besonders; das

Wichtigste war mir, daß sie sich einsetzten und Ergebnisse erzielten. Ständig gab es heftige Diskussionen, aber sie waren immer sachlich und konstruktiv. Wir trafen uns mit unseren Ehefrauen und feierten Feste zusammen. Diese neue Art privater Begegnungen förderte auch die Arbeit. Das Gebiet Swerdlowsk umfaßt 45 Städte, in Stadt und Land gibt es insgesamt 63 Bezirks- und Stadtorganisationen der Partei. Ich hatte mir fest vorgenommen, jede mindestens einmal im Jahr zu besuchen, was ich auch einhielt. Meine Reisen waren aber keine Ausflüge, sondern ernsthafte Arbeit. Ich traf mich mit Parteimitgliedern, Experten, Arbeitern, Kolchosbauern oder Dorfbewohnern.

Eine dieser traditionellen Reisen unternahm ich bewußt an meinem Geburtstag. An diesem Tag versteckte ich mich immer vor den zahlreichen Gratulanten. Natürlich verkroch ich mich nicht zu Hause oder im Büro, wo man mich ja doch gefunden hätte, sondern fuhr in irgendeinen entlegenen Bezirk und traf mich dort mit Leuten auf einem Hof oder auf dem Feld. Ich mag das traditionelle Geburtstagsfeiern nicht, wo man am Tisch sitzt und von allen Huldigungen empfängt. Ich fühle mich dann immer unbehaglich. Damals fuhr ich lieber aus der Stadt hinaus, half den Leuten und entschied schon unterwegs irgend etwas; das empfand ich dann als viel befriedigender, der Tag war nicht nutzlos vergangen, und ich hatte mir auf diese Weise selbst ein Geschenk gemacht.

Ich dachte mir ständig irgendwelche Versammlungen, Jahrmärkte, Veranstaltungen und Feste aus, damit die Bewohner ein Gefühl der Identität mit ihrer Stadt entwickeln und stolz auf ihr heimatliches Swerdlowsk,

Nischnij Tagil oder eine andere Stadt im Gebiet sein konnten. Anatolij Karpow hatte in seinem Buch »Und morgen wieder in den Kampf« das Gebiet Swerdlowsk mit Recht kritisiert. Er rügte, daß selbst so große Gebiete wie das unsere nicht einmal einen Schachklub hätten. Da rief ich ihn an und forderte ihn auf, mir zu sagen, an welchem Tag welchen Monats er nach Swerdlowsk käme; es gäbe dann hier einen Schachklub. Wir machten einen Termin aus, und die Arbeit begann. Ein altes Haus wurde geräumt und von Grund auf renoviert. Wir bauten einen großen Saal mit Nebenräumen an und hatten einen schönen Schachklub. Ich teilte Karpow telegrafisch mit, daß ich ihn an dem und dem Tag erwarte. Er kam nicht allein, sondern mit dem Kosmonauten Sewastjanow, dem Vorsitzenden des sowjetischen Schachverbandes. Viele Leute erschienen zur Eröffnung. Ich bat Anatolij Karpow, das Band durchzuschneiden, denn »Sie sind der Initiator«. Dann ging das Fest im Schachsaal weiter. Zuvor hatte ich unseren lokalen Schachspielern gesagt, sie sollten Karpows Rüge, es gebe im Gebiet Swerdlowsk keinen Schachklub, Wort für Wort auf ein großes Blatt Papier schreiben. Als Karpow seine Rede hielt, brachte man ihm dieses Blatt und forderte ihn auf, es in Stücke zu reißen und außerdem sein Wort zu geben, daß er diesen Satz in der neuen Auflage seines Buches streichen würde, damit keine solche Schmach mehr auf unserem Gebiet läge. Unter dem begeisterten Applaus aller Anwesenden zerriß er bereitwillig das Papier.
Privaten Sport trieb ich zwar nicht mehr und spielte natürlich auch für keine Mannschaft mehr, aber ich organisierte aus Mitgliedern des Gebietskomiteebüros zwei

Volleyballmannschaften. Wir spielten zweimal in der Woche, Mittwochabend und Sonntag. Ganze Familien spielten in den Mannschaften mit. Besonders gut waren Nelja Schetenewa und Lida Petrowa, die Frauen der Sekretäre. Die Spiele verliefen sehr temperamentvoll. Die Teilnehmer zeigten zwar mehr Leidenschaft als Technik, aber es machte trotzdem Spaß und wirkte entspannend.

Von Anfang an hatte ich regelmäßig Versammlungen mit Werktätigen aller Hierarchieebenen durchgeführt. Es trafen sich Schuldirektoren, Lehrer oder Beschäftigte im Gesundheitswesen, Studenten, Pionierleiter, Meister, Unternehmensdirektoren, Chefingenieure, Sekretäre der Bezirkskomitees der Partei, junge Parteifunktionäre. Ich versammelte aber auch sehr erfahrene Kräfte wie die Vorsitzenden der Bezirksvollzugsausschüsse oder Künstler und Schriftsteller, Soziologen und Wissenschaftler. Während der Stagnationsperiode waren solche Versammlungen in der Sowjetunion eher die Ausnahme als die Regel. Damals war es üblich, auf heikle Fragen nicht zu antworten. Hielt man Versammlungen oder Konferenzen ab, dann zu Ehren eines großen Schriftstellers, Marschalls oder Medaillenträgers.

Breschnew kümmerte sich damals immer weniger um das Land. Andere ZK-Sekretäre folgten seinem Beispiel. So kam es, daß wir praktisch vollkommen selbständig arbeiteten. Wir erhielten zwar Weisungen und Resolutionen vom Zentralkomitee, aber nur für den Rechenschaftsbericht. Fuhr man nach Moskau, um eine Entscheidung durchzusetzen, die zu treffen wir auf Gebietsebene nicht befugt waren, dann wandte man sich an den für unser Gebiet zuständigen ZK-Mitarbeiter, den Bereichsleiter Pawel Wassiljewitsch Simonow, und damit hatte es sich. Er war übrigens ein prächtiger Mensch, arbeitete nach der Devise der Nichteinmischung in die Angelegenheiten unserer Parteiorganisation und war doch zugleich immer im Bilde und kannte unsere Probleme. Ab und zu rief er an und las uns halb im Scherz die Leviten. Wir hatten ein gutes Verhältnis zueinander.

Kurz nachdem ich mein Amt als Erster Sekretär angetreten hatte, erteilte er mir eine vorzügliche und sehr einprägsame Lehre. In unserer Stadt fand eine Ausstellung von Propagandaplakaten statt. Ich ging zur Eröffnung und wurde beim Eintritt in den Saal fotografiert. Dieses Foto erschien in der Gebietsparteizeitung. Am nächsten Tag rief mich Simonow an und begann, mich, ohne die Stimme zu heben, nach Strich und Faden zu verspotten. »Wie gut Sie auf dem Foto herausgekommen sind, wirklich sehr gut. Überhaupt sind Sie ja sehr photogen, und jetzt wird das ganze Gebiet endlich wissen, wie gut Sie sich auf einem Foto machen.« Er konnte einem mit seiner Kritik tief unter die Haut gehen, ohne ein scharfes Wort zu benützen. Es war eine sehr nützliche Lehre, die ich mein Leben lang behielt. Nie mehr erschien ein Foto von mir in der Gebietszeitung.

Aber solche Leute sind im ZK die Ausnahme. Normalerweise fuhr ich nur der Ordnung halber hin. Die ZK-Sekretäre suchte ich rein aus Höflichkeit auf. Die tatsächlichen Probleme mußten mit dem Ministerrat geregelt werden. Zu den Ministern hatte ich ein ganz gutes Verhältnis, meine Beziehung zum Vorsitzenden Tichonow war ebenfalls normal und sachlich. Ryschkow kannte ich noch aus Swerdlowsk. Nach seiner Er-

nennung zum Vorsitzenden des Ministerrats bemühte ich mich, unsere alte Bekanntschaft nicht zu mißbrauchen.
Hier noch ein Beispiel für die Art und Weise, wie unser Land in jener Zeit geführt wurde. Wir mußten den Bau der Metro durchsetzen; immerhin hatte Swerdlowsk bereits 1,2 Millionen Einwohner. Dafür brauchten wir aber die Entscheidung des Politbüros. Ich beschloß also, zu Breschnew zu gehen, und rief ihn an. Er sagte nur, ich solle kommen. Da ich seinen Arbeitsstil in jener Periode kannte, bereitete ich in seinem Namen ein Schreiben vor, unter das er nur noch seinen Entscheidungsvermerk setzen mußte. Ich kam zu ihm, und wir sprachen rund fünf Minuten miteinander. Es war Donnerstag und damit gewöhnlich sein letzter Arbeitstag in der Woche, da er in der Regel am Freitag in sein heimatliches Sawidowo fuhr und bis zum Sonntagabend dort blieb. Deshalb beeilte er sich donnerstags, möglichst rasch alles zu erledigen. Den Vermerk konnte er nicht selbst formulieren. Er sagte zu mir: »Na, diktier schon, was ich schreiben soll.« Ich diktierte ihm: »Dem Politbüro zur Kenntnisnahme vorlegen, Resolution des Politbüros über den Bau der Metro in Swerdlowsk vorbereiten.« Er schrieb, was ich ihm sagte, unterzeichnete und gab mir das Papier. Da ich wußte, daß sogar hier Dokumente gelegentlich irgendwo verlorengingen, bat ich ihn, einen Assistenten zu rufen. Er rief ihn, und ich sagte, er solle ihm die Anweisung geben, das Dokument eintragen zu lassen, und den Auftrag, es im Politbüro zirkulieren zu lassen, offiziell zu erfüllen. Schweigend tat er alles, was ich verlangt hatte, der Assistent nahm die Papiere, wir verabschiedeten uns, und bald dar-

auf erhielt Swerdlowsk die Entscheidung des Politbüros über den Bau der Metro.

Dieses Beispiel ist typisch. Breschnew verstand in seinen letzten Lebensjahren überhaupt nicht mehr, was er sagte, unterschrieb und tat. Auch dieses Dokument über die Swerdlowsker Metro unterschrieb er, ohne über den Sinn dessen nachgedacht zu haben, was ich ihm diktiert hatte. In diesem Fall diente es einer guten Sache, aber wie viele Gauner, Halunken und schließlich regelrechte Verbrecher umgaben Breschnew und benützten ihn für ihre schmutzigen Zwecke! Wieviel Vermerke schrieb er gedankenlos aufs Papier, die dem einen Reichtum und dem anderen Not und Leid brachten. Eine schreckliche Vorstellung!

Weder Freunde noch Verwandte, noch nahe oder entfernte Bekannte versuchten je, sich mit der Bitte um Hilfe in einer persönlichen Angelegenheit an mich, den Ersten Sekretär des Gebietskomitees, zu wenden. Heute weiß man, welches Ausmaß Protektionismus und Korruption in den Jahren der Stagnation erreicht hatten; sie durchsetzten das gesamte System. Die Meinung des Ersten Sekretärs ist Gesetz, kaum einer wird es wagen, seine Bitte oder seinen Auftrag nicht zu erfüllen, und gewissenlose Parteifunktionäre und ihre Umgebung bedienten sich unkontrolliert dieser Macht.

Es stimmt, daß die Macht des Ersten Sekretärs praktisch unbegrenzt ist, doch wenn man diese Macht für das Ziel einsetzt, bessere Lebensbedingungen für die Menschen zu schaffen, dann erweist sie sich als unzureichend. Sie ist zu gering, um die Menschen des Gebiets anständig mit Nahrungsmitteln zu versorgen und allen Einwoh-

nern anständige Wohnungen zu geben. Sie reicht aber durchaus, um seine engere Umgebung mit Gütern zu beschenken, jemandem einen guten Posten zu verschaffen oder eine schöne Wohnung anzuweisen.
Damals war der Erste Sekretär des Gebietskomitees der Partei natürlich ein Gott, ein Zar, der Herr des Gebiets. Die Meinung des Ersten Sekretärs zu jeder beliebigen Frage war praktisch eine endgültige Entscheidung. Ich machte von dieser Macht Gebrauch, aber nur im Namen der Menschen, niemals für mich selbst. Ich sorgte dafür, daß sich die Räder der Wirtschaftsmaschinerie schneller drehten. Man ordnete sich mir unter und hörte auf mich, und dadurch arbeiteten die Unternehmen besser, wie mir schien.
Worin ich mich niemals einmischte, waren juristische Angelegenheiten, Maßnahmen der Staatsanwaltschaft und der Gerichte — mit einer Ausnahme: Einmal mußte ich dem Direktor einer Kugellagerfabrik beistehen. Man hatte ihn wegen überhöhten Materialverbrauchs zur Verantwortung gezogen. Ich trat für ihn ein, weil mir der junge Direktor leid tat; zudem war ich ja selbst einmal Betriebschef gewesen und kannte diese zahlreichen Instruktionen, die alle Aktivitäten nur behindern. Er war ein guter Mann, und es wäre schade gewesen, ihn zu verlieren. Er hatte nicht eigennützig gehandelt, manches hatte man ihm untergeschoben, an anderem war er selbst schuld, aber das war keinesfalls ein strafbares Verbrechen, sondern höchstens ein Dienstvergehen. Ich bat um sorgfältige Untersuchung seines Falles, und der Direktor blieb auf freiem Fuß.
Auf den 26. Parteitag bereitete ich mich gründlich vor.

Ich wollte diesen Sumpf der Stagnation, der in unserem Land entstanden war, anprangern. Meine Rede war zwar kämpferisch und hob sich von dem sonst an Breschnew gerichteten Redeschwulst ab, aber mir fehlte es damals, wie ich später auf dem 27. Parteitag sagte, sowohl an Erfahrung als vor allem auch an politischem Mut, unserem verrottenden Partei- und Bürokratiesystem entschlossen den Kampf anzusagen. Außerdem kannte ich die Mitglieder des ZK zu wenig, um ernsthaft auf die Dinge Einfluß zu nehmen.

Wir begrüßten es begeistert, als Gorbatschow das Amt des ZK-Sekretärs für Landwirtschaft übernahm, und dachten, daß nun dort die Dinge vorwärtskommen würden. Das war nicht der Fall; er hatte offenbar wesentliche Punkte nicht erkannt, und seine Versuche, die Dinge im Handstreich zu verbessern, führten zu keinen bedeutsamen Fortschritten in der Landwirtschaft.

Gorbatschow und ich hatten uns kennengelernt, als wir beide als Erste Sekretäre arbeiteten, er im Regionalkomitee von Stawropol und ich im Gebietskomitee von Swerdlowsk. Es war zunächst eine Telefonbekanntschaft. Es kam öfter vor, daß wir einander helfen mußten. Aus dem Ural brauchte er Metall und Holz, aus Stawropol benötigten wir Lebensmittel.

Als er zum ZK-Sekretär gewählt worden war, ging ich zu ihm, schüttelte ihm die Hand und gratulierte ihm. Ich war später mehrmals bei ihm, weil die Landwirtschaft im Gebiet Swerdlowsk mit klimatischen Schwierigkeiten zu kämpfen hat und nicht recht gedeiht. Obwohl ich mich persönlich viel mit den Problemen unserer Landwirtschaft befaßte, konnten wir keine dauerhaften Verbesserungen erreichen. Immerhin stieg die landwirtschaftliche Produktion etwas an.

Wenn ich in sein Büro kam, begrüßten wir uns mit einer herzlichen Umarmung, wir hatten ein gutes Verhältnis zueinander. Ich glaubte, daß er sich verändert hatte, seitdem er im ZK arbeitete, daß er offener und aufrichtiger geworden war. Es lag ihm sehr viel daran, die Situation in der Landwirtschaft zu verbessern. Er arbeitete viel und hielt zu den Unionsrepubliken und Gebieten guten Kontakt.

Damals ereignete sich ein Vorfall, der vielleicht der Anlaß für eine gewisse Abkühlung in unserem Verhältnis war.

Wieder einmal kam eine der vielen ZK-Kommissionen nach Swerdlowsk. Diese überprüfte die Situation auf dem Land und fand neben positiven Erscheinungen selbstverständlich auch allerhand Mängel, die es zweifellos gab. Im Bericht standen dann aber offenkundige Verdrehungen. Das ZK-Sekretariat verabschiedete eine kurze Resolution, noch dazu ohne mich beizuziehen. Wir erhielten sie einfach übermittelt. Etwas später kam Kapustjan, der stellvertretende Leiter der Abteilung Landwirtschaft des ZK. Das Parteiaktiv wurde zusammengerufen, und Kapustjan sprach im Sinne der vom ZK-Sekretariat verabschiedeten Resolution. Danach sprach ich. Im allgemeinen stimmte ich den Folgerungen der Kommission zu, vertrat aber zu einigen Punkten der Resolution, die ich aufzählte, eine abweichende Meinung. Das Publikum wußte, was es bedeutete, einem solchen Dokument nicht zuzustimmen. Alle hielten sich bedeckt. Kapustjan sprach noch einmal, und ich äußerte mich noch schärfer. Einige Zeit danach wurde ich nach Moskau zitiert.

Diese Kommission setzte mir sehr zu. Nachts grübelte ich, ob es richtig war, auf meinem Standpunkt zu beharren. Damals bereitete Kapustjan zusammen mit Rasumow, dem Stellvertreter des Leiters der ZK-Organisationsabteilung, ein Schreiben an das Zentralkomitee vor, in dem sie mitteilten, Genosse Jelzin habe die Mängel in seinem Gebiet nicht objektiv eingeschätzt, einigen Folgerungen der Kommission nicht zugestimmt, sich gegen einige Punkte der vom Sekretariat des ZK der KPdSU verabschiedeten Resolution ausgesprochen und damit gegen die Disziplin verstoßen.
In Moskau wurde mir die Existenz dieses Schreibens bestätigt; als ich im ZK erschien, hörte ich ohne Verwunderung, daß Kapitonow mich erwarte. In entschuldigendem Ton begann er: »Boris Nikolajewitsch, wir haben im Zentralkomitee von zwei Abteilungen ein Schreiben bekommen. Man hat mich gebeten, es Ihnen zur Einsicht vorzulegen.« Er gab mir dieses Schreiben, und ich las es durch. Dann wiederholte ich, was ich schon auf dem Gebietsparteiplenum gesagt hatte, nämlich daß ich mit einer Reihe von Behauptungen in diesem Schreiben an das ZK nicht einverstanden sei. Er dehnte unser Gespräch nicht weiter aus, und wir trennten uns.
Anschließend war ich auch kurz bei Gorbatschow. Er begrüßte mich, als sei nichts geschehen. Wir unterhielten uns eine Weile, und erst als ich ging, fragte er mich: »Hast du das Schreiben gelesen?« Aus seinem Ton hörte ich die Mißbilligung meiner Handlungsweise heraus. Ich bejahte, und Gorbatschow sagte trocken und hart: »Man muß die Konsequenzen ziehen!« Ich erwiderte: »Aus der Resolution müssen Konsequenzen gezogen werden, und man

wird sie ziehen. Aber aus den in dem Schreiben nicht objektiv dargestellten Tatsachen habe ich keine Konsequenzen zu ziehen.« — »Nein? Na, dann wart mal ab!« Er war übrigens mit allen per du, absolut mit allen. Ich bin keinem Menschen begegnet, den er mit »Sie« angeredet hätte. Auch die Mitglieder des Politbüros, die älter waren als er, also Gromyko, Schtscherbizkij, Worotnikow, duzte er. Ob es ein Mangel an Umgangsformen war oder nur so eine Angewohnheit, weiß ich nicht. Aber wenn er mich duzte, empfand ich sofort ein gewisses Unbehagen, weil ich mich innerlich gegen diese Anrede wehrte, was ich ihm aber nicht sagte.

Wir führten in unserem Gebiet aktive Propagandaarbeit durch. In meinen Berichten vor dem Plenum analysierte ich die Situation äußerst offen und unverblümt. Mich rettete, daß meine Reden nicht zur Führungsspitze gelangten und der Kurator Simonow, der manches bemerkte, alles still im Archiv ablegte. Bei uns im Ural gab es keine Spur von dieser unsinnigen Breschnew-Lobhudelei, die damals in der ganzen Sowjetunion lauthals betrieben wurde. Es gab allerhand Spott, bei manchen Verwunderung, bei den meisten aber einfach Mißmut über die Zustände. Wir sahen natürlich, wohin das Land trieb, und versuchten, durch hohen Arbeitseinsatz dieser Entwicklung Einhalt zu gebieten. In einem Gespräch sagte mir Fidel Castro, zu dem ich ein vertrauensvolles Verhältnis gewonnen hatte: »Du machst dir umsonst Vorwürfe und quälst dich. Die Dinge sind einfach noch nicht so reif, daß man handeln könnte. Das ist es. Euer starkes Zentrum hält wie ein Panzer alles in Schach.«

Gut waren auch die Kontakte zu den Mitgliedern des Militärrats des Bezirks Ural, Siltschenko, Tjagunow, Gaschkow und anderen. Ich besuchte die Truppen häufig, traf mich mit gemeinen Soldaten und Offizieren und nahm an Übungen teil. Mitglieder des Gebietskomiteebüros begleiteten mich, lenkten selbst Panzer und studierten Flugzeuge. Wir halfen den Militärs beim Ausbau ihrer Garnisonsorte. Das war dringend notwendig, weil die Lebensbedingungen in manchen Militärorten einfach furchtbar waren. Das Verteidigungsministerium hält die Soldaten überhaupt für Leute, die überhaupt nichts zu sagen haben. Als ich zum ersten Mal auf einer Divisionsversammlung fragte, warum es keine Kritik von unten gebe, warum die Soldaten schwiegen, ob sie denn nichts zu sagen hätten, erregte das Befremden. Die Sache wurde natürlich nach oben weitergetragen, aber es kam keine Reaktion. Ich dagegen verfolgte diese Linie weiter. Allmählich kam etwas in Bewegung, wenigstens in den Komsomol- und Parteizellen. Die Komsomolzen entwickelten etwas mehr Selbstbewußtsein, und schließlich konnte man bei Reden auf Parteiversammlungen und anderen Treffen mit Militärangehörigen Kritik an der militärischen Führung hören. Ich hielt diesen Prozeß für notwendig.

Zur Gebietsverwaltung des KGB hatte ich ebenfalls ein recht gutes Verhältnis. Der Leiter J. I. Kornilow nahm an den Sitzungen des Gebietskomiteebüros teil, dessen Kandidat er war. Ich war oft in seiner Behörde, erbat Informationen über die Arbeit des KGB, studierte dessen Hierarchie und besichtigte jede Abteilung. Natürlich wußte ich, daß es Dinge gab, in die er mir keinen Einblick gewährte. Dennoch hatte ich mir über Struktur und System des KGB hinlänglich Klarheit verschafft. Meine Rede auf der Sitzung des Obersten Sowjet der UdSSR im Sommer 1989 anläßlich der Bestätigung Wladimir Krjutschkows im Amt des KGB-Vorsitzenden war deshalb nicht aus der Luft gegriffen, sondern gründete auf meiner Kenntnis dieser allen verschlossenen Behörde.

Anläßlich eines Unglücksfalles kam einmal Piroschkow, der Stellvertreter des KGB-Vorsitzenden, zur Untersuchung und Klärung der Umstände nach Swerdlowsk. Es war in den ersten Jahren meiner Amtszeit. Piroschkow, Kornilow und ich saßen zu dritt in meinem Arbeitszimmer, unterhielten uns, und Kornilow erwähnte beiläufig, die KGB-Verwaltung arbeite mit dem Gebietskomitee der Partei Hand in Hand. Plötzlich bellte Piroschkow: »General Kornilow, auf!« Der sprang auf und stand stramm. Ich war sehr erstaunt. Piroschkow sagte in zackigem Ton: »Schreiben Sie es sich hinter die Ohren, General, daß Sie in Ihrer Tätigkeit nicht Hand in Hand mit den Parteiorganen arbeiten dürfen, sondern nur unter ihrer Führung.«

In den ganzen zehn Jahren meiner Amtszeit als Erster Sekretär fanden wir übrigens keinen einzigen Spion, sosehr wir uns auch bemühten. Kornilow war darüber sehr bekümmert, denn offenbar arbeiteten wir schlecht. »In einem Gebiet wie diesem müßte doch wenigstens ein Spion auftauchen, aber hier gibt es keinen einzigen.«

Es gab auch höchst dramatische Situationen, zum Beispiel der Unfall im Belojarsker Atomkraftwerk in der Nacht vom 31. Dezember auf 1. Januar 1979, als die Temperatur auf −57 Grad absank. In unserem Gebiet ereigneten sich mehrere große Unfälle gleichzeitig. Im Belojarsker Atomkraftwerk hielten die Metallkonstruktionen in der Maschinenhalle nicht stand. Als sie umstürzten, schlugen sie Funken, das Öl entzündete sich und löste einen Brand aus. Die Feuerwehrleute vollbrachten wahre Heldentaten. In wenigen Stunden waren sämtliche Feuerwehren aus Swerdlowsk an der Unglücksstelle. Sie konnten nur mit Gasmasken arbeiten, da das brennende Plastik schwarzen, beißenden Rauch erzeugte. Man mußte verhindern, daß das Feuer auf die Reaktorhalle übergriff. Hunderte von Bussen waren für die Evakuierung der Ortsbevölkerung bereitgestellt, doch die Feuerwehrleute siegten gemeinsam mit anderen Spezialisten in diesem Kampf, retteten das Kraftwerk, vor allem aber die Menschen. Es hätte katastrophale Folgen geben können, denn das Gebiet Swerdlowsk ist voller Rüstungsunternehmen.

Während des Krieges waren 437 große Fabriken aus den von Hitlerdeutschland besetzten Teilen der Sowjetunion hierher verlegt worden. Damals wurden die Maschinen buchstäblich unter freiem Himmel aufgestellt und in Gang gesetzt, damit die Produktion für die Front sofort aufgenommen werden konnte. Die Arbeiter hausten in Baracken und Erdhütten. Deshalb hatten wir in unserem Gebiet fast die meisten Baracken.

Da ich selbst knapp zehn Jahre meines Lebens in einer Baracke verbracht hatte, weckt die Erinnerung an diese fürchterlichen Bretterbuden für zehn bis zwanzig Familien noch heute heftigen Abscheu in mir. So kann ein Mensch im 20. Jahrhundert nicht leben. Als ich die Führung des Gebiets Swerdlowsk übernahm, hausten hier einige zehntausend Familien in Baracken. Kurze Zeit danach wurde eine Resolution auf Unionsebene verabschiedet, der zufolge die Baracken innerhalb von zehn Jahren beseitigt werden sollten. Aber so lange hielt es niemand mehr in diesen Behelfswohnungen aus. Wir mußten die Baracken schon vor Ablauf dieser Frist ein für allemal aus der Welt schaffen.

Ich ließ Berechnungen anfertigen, und es stellte sich heraus, daß wir etwa zwei Millionen Quadratmeter Wohnraum schaffen müßten, bevor alle Menschen aus den Baracken umgesiedelt werden könnten. Zwei Millionen Quadratmeter, das war unmöglich. Soviel wurden gerade im ganzen Gebiet gebaut. Auf der Warteliste aber standen Behinderte und Kranke, kinderreiche Familien, Veteranen und andere, die längst eine Wohnung beantragt hatten.

So mußte ich also wieder einmal eine schwere Entscheidung treffen: War es besser, die Menschen aus den Baracken zu holen und für die Wohnungssuchenden auf der Warteliste ein Jahr lang überhaupt nichts bereitzustellen, oder, die Menschen weitere zehn Jahre in menschenunwürdigen Behausungen wohnen zu lassen und dafür die Ansprüche der Wohnungssuchenden auf der Warteliste zu befriedigen?

Im Gebietskomiteebüro entschieden wir uns für die erste Lösung. Nur die Menschen, die in Baracken wohnten, sollten eine neue Wohnung bekommen, denn sie lebten am schlechtesten von allen. Es war nicht leicht, den Betroffenen diesen Beschluß zu erklären; man mußte sie immer wieder besuchen und um ihr Verständnis werben. Dafür protestierten dann die Direktoren der Unternehmen. Wir nahmen ihre Baukapazität in Anspruch, sie erhielten aber nichts dafür. Moralische Argumente ließen sie nicht gelten. Ich verstand sie gut, da ich ja selbst einmal auf einem solchen Posten war und wußte, was ein neues Haus für die Belegschaft bedeutete und wie sehnlich man darauf wartet. Jetzt sollte man dieses Haus fremden Menschen abgeben.

Um die Situation zu retten, unternahm ich eine Reise nach Moskau. Ich war bei Kirilenko und erklärte ihm die Lage. Wenn er Beschwerden über mich bekommen sollte, weil ich keinen Wohnraum freigäbe, sollte er sie bitte in der Schublade ablegen. Ich müsse erst die Baracken beseitigen. Er war einverstanden. Danach ging ich zu Kossygin und erläuterte ihm ebenfalls die Situation. Ich bat ihn weder um zusätzliches Baumaterial noch um Arbeitskräfte, sondern nur um moralische Unterstützung. Alexej Nikolajewitsch gab mir seine Zustimmung. Wir vereinbarten, daß er im Ministerrat die Minister aller Wirtschaftszweige bitten würde, die Beschwerden der Direktoren aus dem Gebiet Swerdlowsk nicht zu beachten.

Genauso kam es. Die Direktoren beschwerten sich über mich in zahlreichen Briefen, wir hingegen rissen eine Baracke nach der anderen ab. Nach Ablauf eines Jahres zogen alle ehemaligen Barackenbewohner in neue, komfortable Wohnungen um.

Heute redet man viel über das Ipatjewhaus, in dessen Keller der Zar mit seiner Familie erschossen wurde. Die Rückkehr zu den Quellen unserer von Lüge entstellten Geschichte ist ein normaler Prozeß. Unser Land will die Wahrheit, auch die schlimme Wahrheit, über seine Vergangenheit wissen. Die Tragödie der Familie Romanow ist ein Teil unserer Geschichte, den man gern verschweigt.

In meiner Zeit als Erster Sekretär des Gebietskomitees wurde das Ipatjewhaus zerstört. Es war immer eine Art Wallfahrtsziel für die Menschen gewesen, obwohl es sich äußerlich kaum von den alten Nachbarhäusern unterschied. Es beherbergte irgendwelche kleinen Büros. Die Menschen zog es wegen der schrecklichen Tragödie, die sich 1918 hier ereignet hatte, zu diesem Haus. Sie blieben davor stehen, warfen einen Blick durch die Fenster und betrachteten es schweigend.

Bekanntlich wurde die Familie Romanow auf den Beschluß des Gebietskomitees des Ural erschossen. Ich ging wiederholt ins Gebietsarchiv und las die Dokumente aus der damaligen Zeit. Noch vor kurzem kannte praktisch niemand den genauen Hergang dieses Verbrechens. Es gab nur die gefälschte Lesart im Geiste des »Kleinen Lehrgangs der sowjetischen Geschichte«; man kann sich deshalb leicht vorstellen, mit welcher Wißbegier ich mich in diese Unterlagen aus dem Jahr 1918 vertiefte. Erst in jüngster Zeit erschienen einige Beiträge über die letzten Tage der Zarenfamilie in unserer Presse. Damals aber war ich einer der wenigen, die an das Geheimnis der Erschießung des Zaren und seiner Familie gerührt hatten. Die Lektüre dieser Dokumente machte mich tief betroffen.

Wieder jährte sich ein Tag, der im Leben des letzten russischen Zaren eine besondere Rolle gespielt hatte. Wie immer erschienen in der westlichen Presse neue Forschungsberichte. Westliche Sender hatten manches von diesem Archivmaterial zugespielt bekommen. Das stei-

Mit meinen Eltern

Mit Eltern und Bruder, 1939

Mit meiner Schwester, 1952

Aus der Studentenzeit

Der Volleyball-Trainer

Provinzler in Moskau, Anfang der 50er Jahre

Bei der Parade am 1. Mai 1960 mit Tochter Lena *(rechts)*

Der Parteisekretär des Zentralkomitees auf der Baustelle, 1985

Der Erste Sekretär beim Kartoffelernten im Gebiet Swerdlowsk

gerte das Interesse für das Ipatjewhaus. Sogar aus anderen Städten reisten nun Menschen an, um es zu sehen. Ich betrachtete dieses Interesse ganz gelassen, denn mir war klar, daß es nicht von monarchistischen Gefühlen und nicht vom Wunsch nach einem neuen Zaren herrührte. Ganz andere Motive steckten dahinter, nämlich Neugier und Mitleid, also ganz normale menschliche Gefühle.
Doch durch irgendwelche Kanäle war die Information über die vielen Pilger, die das Ipatjewhaus aufsuchten, nach Moskau gelangt. Ich weiß nicht, was die Information da auslöste, wovor unsere Ideologen erschraken oder welche Versammlungen abgehalten wurden; jedenfalls erhielt ich eines Tages eine geheime Mitteilung aus Moskau. Als ich sie las, traute ich meinen Augen nicht: Es war eine Anordnung des Politbüros über den Abriß des Ipatjewhauses in Swerdlowsk. Da diese Anordnung geheim war, mußte das Gebietsparteikomitee die ganze Verantwortung für diese sinnlose Entscheidung übernehmen.
Schon in der ersten Sitzung des Gebietskomiteebüros stieß ich auf schroffe Ablehnung des Befehls aus Moskau. Doch eine Anordnung des Politbüros mußten wir ausführen. Ein paar Tage später fuhren schwere Geräte nachts vor dem Ipatjewhaus auf, und am anderen Morgen war nichts mehr davon zu sehen. Später asphaltierte man die Stelle, wo es gestanden hatte.
Dies war eine weitere traurige Episode aus der Zeit der Stagnation. Schon damals fühlte ich, daß wir uns eines Tages dieser Barbarei schämen würden, aber dann würde man nichts mehr rückgängig machen können.
Ich möchte übrigens gerne wissen, wann das ZK den Be-

schluß fassen wird, alle Resolutionen des Politbüros — geheime und nicht geheime — zu veröffentlichen. Meiner Meinung nach ist die Zeit reif dafür, und vieles würde sich dann erklären, was bisher unerklärlich war.
Ich verspürte nie den besonderen Wunsch, meine Erfolge als Erster Sekretär nachzuzählen, nicht einmal nach Ligatschows Rede auf der 19. Parteikonferenz, in der er behauptete, ich hätte in Swerdlowsk schlechte Arbeit geleistet. Meiner Meinung nach mußte allen klar sein, daß dies eine Lüge war. Ich hielt es einfach für entwürdigend, mich in eine Diskussion darüber einzulassen und das Gegenteil zu beweisen.
Aber zufrieden war ich doch, daß die Versorgung besser geworden war und wir die Straße Swerdlowsk—Serow gebaut hatten. Ich kann übrigens bis heute nicht begreifen, wie wir diese gewaltige Aufgabe geschafft haben — gewaltig, was ihre Mühe und ihre Bedeutung für das Gebiet Swerdlowsk betraf.
Das Gebiet sieht auf der Karte wie ein umgedrehtes Herz aus. Von Norden nach Süden sind es tausend Kilometer, von Westen nach Osten fünfhundert. Historisch hatte es sich so ergeben, daß keine der großen Städte im Norden durch eine Straße mit dem Zentrum, nämlich Swerdlowsk und Nischnij Tagil, verbunden waren. Der Norden ist aber reich an Bauxit, Erz und Edelmetallen, dort ist die Metallurgie, dort ist die Kohle von Karpinsk und Tura. Um mit der Eisenbahn aus Karpinsk, Serow, Sewerouralsk oder Krasnoturjinsk nach Swerdlowsk zu kommen, brauchte man vierundzwanzig Stunden. Die Menschen dort oben waren fast vom normalen Leben abgeschnitten. Schon längst gab es den Gedanken, diese Städte

durch eine Schnellstraße mit dem Zentrum zu verbinden, doch diese Aufgabe war extrem schwierig. Die Straße mußte durch Sümpfe, über Schluchten, Berge und etliche Flüsse geführt werden. Ihre Länge betrug 350 Kilometer. In Anbetracht des schwierigen Geländes kostete ein Kilometer eine Million Rubel. Irgendwo mußte man also 350 Millionen Rubel auftreiben. Man mußte Baugelder lockermachen, Menschen und Maschinen bereitstellen, doch woher das alles nehmen? Aber die Notwendigkeit für diese Straße spürte man von Jahr zu Jahr stärker.

Wir baten die zentralen Planungsbehörden, uns Mittel zuzuteilen, und erhielten umgehend eine Abfuhr. Da riefen wir die Ersten Sekretäre der Bezirks- und Stadtkomitees, die Vorsitzenden der städtischen Bezirksvollzugsausschüsse und die führenden Persönlichkeiten des Gebiets zusammen, um zu beraten, was zu tun sei. Könnten wir mit vereinten Kräften die Straße ohne Hilfe aus Moskau bauen? Wir diskutierten lange und beschlossen dann ihren Bau in eigener Regie. Die Schnellstraße wurde in einzelne Abschnitte unterteilt, und jeder Abschnitt wurde bestimmten Städten zugewiesen. In diesen Städten sollten die Unternehmen und Organisationen Bautrupps zusammenstellen, die mit Baggern, Planierraupen und anderen Maschinen ausgerüstet waren und den Bau des betreffenden Abschnitts durchführten.

Dieses Mammutprojekt konnte man nur mit präziser Arbeitsorganisation, Disziplin und ständiger Kontrolle auf allerhöchster Ebene verwirklichen. Ein eigens dafür gebildeter Stab überwachte laufend die Arbeit; wenn man auf andere Weise nicht hinkommen konnte, besichtigten wir die einzelnen Abschnitte per Auto oder Hubschrauber. Der Bau der Straße wurde sehr erschwert durch große Sumpfgebiete, Torflager und Felsen. Die Natur hatte alles getan, um uns aufzuhalten. Und dennoch wurde die Straße mit einem mehrschichtigen Belag solide gebaut, damit sie viele Jahre ihren Dienst leisten konnte.

Etwa ein Jahr vor ihrer voraussichtlichen Fertigstellung bestimmten wir das Datum und sogar die Uhrzeit der feierlichen Eröffnung. In gemieteten Bussen sollten sich dann die führenden Leute aus Partei und Räten jener Bezirke, durch die die Straße führte, zusammen auf den Weg machen. Genauso geschah es. Seither findet man auf der Karte dieses Werk aller Einwohner unseres Gebiets, die neue Straße von Swerdlowsk nach Serow.

Heute sagt man mir natürlich, damals sei der berüchtigte autoritär-bürokratische Stil angewendet worden. Aber was sollten wir tun, damals wirkte er. Ich bin in diesem System groß geworden, es hat mich geprägt. Alles war von autoritär-bürokratischen Führungsmethoden durchdrungen, und auch ich verhielt mich entsprechend. Ob ich nun Konferenzen durchführte, Sitzungen des Komiteebüros leitete, meine Berichte auf dem Plenum verlas — alles mündete in harten Druck. Damals hatten diese Methoden Erfolg, besonders, wenn der Chef Durchsetzungsvermögen und starken Willen besaß. Mit der Zeit merkte ich bei der Kontrolle jedoch immer mehr, daß gute und richtige Anordnungen des Gebietskomiteebüros nicht durchgeführt waren; immer häufiger hatten der Erste Sekretär eines Bezirks- oder Stadtkomitees, der Vorsitzende des Vollzugsausschusses oder ein Unternehmensführer ihre Zusagen nicht eingehalten. Das System begann sichtlich zu »stottern«.

Gegen Ende des Jahrzehnts, als wir anscheinend alle Kräfte verbraucht hatten, war es natürlich schwieriger, neue Ansätze zu finden. Dabei versammelten sich die Mitglieder des Komiteebüros Anfang Januar wie jedes Jahr zu einer Sondersitzung, um neue Arbeitsformen zu finden, die Leben in die anderen Parteiorganisationen des Gebiets bringen sollten. Trotzdem spürte ich, daß ich nicht mehr so zufrieden war, obwohl ich es niemandem eingestand. Die Arbeitsformen und -methoden, die uns zur Verfügung standen, waren ausgeschöpft. Bei diesem Gefühl der Ausweglosigkeit und der inneren Müdigkeit ertappte ich mich immer öfter.
Dabei liefen die Dinge nicht schlechter als früher.

5

22. Februar 1989

— Wahltagebuch —

Etwa um drei Uhr morgens war die Bezirksversammlung im Moskauer Stadtbezirk Nr. 1 zu Ende. Drei Stunden später saß ich im Flugzeug und flog in meine Heimatstadt Swerdlowsk. Meinen Vertrauensleuten hatte ich aufgetragen, den Bezirken, die mich als Kandidaten aufgestellt hatten, telegrafisch zu danken und meinen Entschluß mitzuteilen, daß ich in einem anderen Bezirk kandidieren wollte, den ich einstweilen jedoch nicht nannte. Nach Swerdlowsk flog ich, weil ich es einfach nicht fertigbrachte, meinen Landsleuten nur telegrafisch abzusagen.

Meinen Entschluß, in jenen Bezirken auf meine Kandidatur zu verzichten, wo meine Chancen praktisch hundertprozentig waren, und dafür in Moskau zu bleiben, bezeichneten viele, Gegner wie Anhänger, als großen Fehler, als Snobismus, Gemeinheit, Anmaßung. Was sollte ich darauf antworten? Das Risiko, in Moskau nicht zum Volksdeputierten gewählt zu werden, war sehr groß. Ich konnte mich damit meiner letzten und einzigen Chance berauben, aus meiner politischen Isolierung herauszukommen. Nachdem ich mühsam die Haupthindernisse auf diesem Weg überwunden hatte, schuf ich mir plötzlich selbst ein neues. Es war schon merkwürdig.

Trotzdem, ich mußte es im Bezirk Moskau, dem wichtigsten der Sowjetunion, versuchen. Nicht Größenwahn oder Eitelkeit bewog mich dazu, sondern ich mußte sowohl mir selbst als auch all denen, die mich unterstützten, beweisen, daß andere Zeiten angebrochen waren, Zeiten, in denen wir unser Schicksal selbst bestimmen und trotz Drucks von oben, trotz der Ränke des Apparats unsere Wahl treffen konnten.

Wenn ich in Moskau auf meine Kandidatur verzichtet und in Swerdlowsk kandidiert hätte, wäre meine Wahlkampagne praktisch zu Ende gewesen. Ich hätte nur auf den 26. März, den Wahltag, warten und dann am nächsten Morgen aufwachen brauchen, um die genauen Ergebnisse meines Sieges zur Kenntnis zu nehmen. Die große Mehrheit der Swerdlowsker hätte zweifellos für mich gestimmt.

Die Wahlkampagne in der Hauptstadt, wo ich meine Chancen auf 50 bis 60 Prozent einschätzte, war die Fortsetzung meiner Rede auf dem Oktoberplenum des ZK. Nur war ich damals allein gewesen und hatte die gesamte Spitze des erbosten Partei- und Bürokratiesystems gegen mich. Jetzt war die Situation ganz anders. Ich hatte zwar immer noch dieselben Leute gegen mich, nur stand ich jetzt nicht mehr als Einzelkämpfer da: Millionen Menschen in Moskau waren auf meiner Seite.

Am Morgen war ich in Swerdlowsk angekommen. Obwohl ich keine Minute geschlafen hatte, war mit der Ankunft in meiner Heimatstadt alle Müdigkeit und Anspannung der letzten Tage wie weggewischt. Vom Flughafen fuhr ich direkt zu einer Versammlung mit Swerdlowsker Bürgern, die drei Stunden dauerte. In einer kurzen Pause herzliche Begrüßung der Freunde, und schon war ich unterwegs zur zweiten Versammlung im Veranstaltungssaal einer großen Fabrik. Dort erwarteten mich rund 1500 Menschen und etwa 500 schriftliche Fragen. In jeder zweiten stand der Satz: »Boris Nikolajewitsch, verzichten Sie auf Moskau! Dort wird man Sie abschlachten, die Moskauer könnten Sie reinlegen.«

Erst gegen ein Uhr nachts war diese Versammlung zu Ende. Ich erklärte meinen Landsleuten so gut ich konnte, daß ich trotz allem meine Wahlkampagne in Moskau starten müßte. Offenbar verstanden sie mich, denn sie sagten, wenn ich am 26. März im Moskauer Bezirk durchfallen würde, sollte ich mir keine Sorgen machen. Sie würden an diesem Tag in jedem Fall sämtliche Kandidaten durchfallen lassen, damit ich die Chance hätte, bei der Wiederholungswahl im Swerdlowsker Bezirk durchzukommen. Sie fügten noch hinzu, daß sich am Wahltag jeder, der dazu die geringste Möglichkeit hätte, von der Wahl in Swerdlowsk abmelden und nach Moskau fliegen würde, um mir dort seine Stimme zu geben. Das sind meine Landsleute!

Ich konnte leider mit keinem meiner Freunde zusammensitzen und plaudern, sondern mußte gleich wieder abreisen. Ich schaute noch kurz bei meiner Mutter hinein, umarmte sie und fuhr zurück.

»Wollten Sie unbedingt nach Moskau, oder war es Zufall, daß Sie dorthin kamen?«

»Wie haben Sie Ihre Wohnung in Moskau gefunden?«

Fragen Moskauer Bürger

Am 3. April 1985 saßen wir in einer Sitzung des Swerdlowsker Gebietskomiteebüros zusammen und diskutierten heftig die mit der Aussaat in unserem Gebiet verbundenen Probleme. Die Witterungsverhältnisse waren extrem: Es hatte wenig geschneit, und es gab deshalb kaum Feuchtigkeit, und alle Fachleute meinten, man sollte mit der Aussaat noch abwarten. Wir stimmten zu, beschlossen aber doch, in die Bezirke des Gebiets hinauszufahren und mit den Fachleuten vor Ort zu sprechen. Am Abend fuhr ich die Geschäfte ab; ich wußte natürlich über die Versorgungslage Bescheid, wollte mich jedoch mit eigenen Augen vom Angebot überzeugen. Mit den Lebensmitteln schien es besser geworden zu sein, denn es gab verschiedene Sorten Geflügel, Käse, Eier und Wurst. Trotzdem wollte sich keine Zufriedenheit bei mir einstellen.

Im Auto bekam ich einen Anruf aus Moskau: »Politbüro-Kandidat und ZK-Sekretär Genosse Dolgich möchte Sie sprechen.« Wladimir Iwanowitsch Dolgich begrüßte mich, fragte aus Höflichkeit, wie es mir gehe, und sagte dann, er habe vom Politbüro den Auftrag, mir den Posten des Leiters der Abteilung Bauwesen im ZK der

KPdSU in Moskau anzubieten. Ich überlegte nur wenige Sekunden und lehnte dann das Angebot ab.

Ich erwähnte Dolgich gegenüber nicht, was mir dabei durch den Kopf ging: Hier bin ich geboren, hier habe ich gelebt, studiert und gearbeitet. Meine Arbeit gefällt mir. Es gibt zwar nur kleine Fortschritte, aber immerhin. Vor allem aber habe ich hier gute Kontakte zu Menschen geknüpft, für die ich mehrere Jahre gebraucht habe. Ich hielt es für ausgeschlossen, damit noch einmal woanders völlig neu anzufangen. Außerdem hatte ich meine Aufgaben hier nicht erledigt. Aber es gab noch einen anderen Grund für meine Ablehnung, den ich mir allerdings in dem Augenblick noch nicht klarmachte. Im Unterbewußtsein hatte ich offenbar den Gedanken, daß es nicht logisch wäre, meinen Posten als ZK-Mitglied und Erster Sekretär des Gebietskomitees mit einer Amtszeit von neuneinhalb Jahren gegen den des Leiters der Abteilung Bauwesen im ZK zu tauschen. Ich sagte bereits, daß das Gebiet Swerdlowsk in der Sowjetunion an dritter Stelle steht, was die Produktion betrifft, und der Erste Sekretär dieses Gebietskomitees mit seiner einzigartigen Erfahrung und seinen Kenntnissen hätte effektiver eingesetzt werden können. Es war ja auch Tradition: Der Erste Sekretär des Gebietskomitees Kirilenko war als ZK-Sekretär gegangen, Rjabow ebenfalls, und mich ernannte man nur zum Abteilungsleiter. Auf Dolgichs eindringliche Argumente antwortete ich also mit Ablehnung. Damit war unser Gespräch zu Ende.

Anschließend grübelte ich die ganze Nacht über die Zukunft nach. Ich wußte, daß die Sache mit diesem Anruf nicht erledigt war. Tatsächlich rief mich am nächsten Tag

Politbüro-Mitglied und ZK-Sekretär Ligatschow an. Er wußte von Dolgichs Vorgespräch mit mir und schlug gleich einen energischeren Ton an. Dennoch lehnte ich hartnäckig ab und sagte, ich müsse unbedingt hier bleiben. Da führte Ligatschow ein bombensicheres Argument an: die Parteidisziplin! Das Politbüro habe entschieden, und ich als Kommunist habe mich dieser Entscheidung zu fügen und nach Moskau zu kommen. Mir blieb nichts anderes übrig, als zu sagen: »Na, dann komme ich eben«, und am 12. April trat ich meine Arbeit an.

Der Abschied von Swerdlowsk fiel mir schwer. Hier ließ ich meine Freunde und Parteigenossen zurück, hier war die vertraute Polytechnische Hochschule, hier hatte ich in der Produktion gearbeitet, hier hatte ich meine Arbeit als Kombinatsleiter gegen die Parteiarbeit getauscht. Mein ganzes Leben war hier verlaufen. Ich hatte hier geheiratet, meine beiden Töchter und sogar eine Enkelin waren hier auf die Welt gekommen. Zudem war ich jetzt 54, also auch nicht mehr so jung, zumindest, wenn man seine ganze Arbeitsweise und Arbeitsrichtung ändern muß.

In unserem Land gibt es ein Moskausyndrom. Es äußert sich auf sehr merkwürdige Weise, nämlich in Feindseligkeit den Moskauern gegenüber und zugleich im leidenschaftlichen Wunsch, selbst nach Moskau zu ziehen und Moskauer zu werden. Die Gründe und Ursachen für das eine und das andere sind klar: Sie liegen nicht bei den Menschen, sondern sind auf die angespannte soziale und wirtschaftliche Situation, die in der Sowjetunion entstanden ist, zurückzuführen. Und an der ewigen Neigung, Potemkinsche Dörfer zu bauen. Als Reiseziel für

Touristen muß Moskau wenigstens äußerlich attraktiv aussehen, hier muß es Lebensmittel geben, und hier gibt es Dinge und Waren, deren Existenz man in der Provinz schon ganz vergessen hat. So fahren die Bewohner anderer Städte nach Moskau, stellen sich stundenlang nach importierten Stiefeln oder Wurst an und ärgern sich über die Moskauer, die es im Leben so gut getroffen haben, weil es hier alles gibt. Die Moskauer ihrerseits fluchen auf die Fremden, die alle Geschäfte verstopfen und wegen denen man überhaupt nichts kaufen kann. Die Provinz drängt sich danach, die erwachsenen Kinder nach Moskau zu schicken, egal, unter welchen Bedingungen und Demütigungen sie dort leben müssen. Es gibt sogar ein neues Wort für sie: Limitschik. Limitschiki sind junge Männer und Frauen, die in der Hoffnung, sich nach einigen Jahren mit Dauerwohnsitz in Moskau registrieren zu lassen und damit vollwertige Moskauer zu werden, meist irgendeine unqualifizierte Arbeit übernehmen.

Ich gebe es ehrlich zu, daß auch ich den Moskauern gegenüber Vorurteile hatte. Natürlich hatte ich auf meinen Dienstreisen aus Swerdlowsk keine Gelegenheit, sie näher kennenzulernen, da ich mich hauptsächlich mit verschiedenen Unions- und Republikspitzenleuten traf. Doch auch von diesen Begegnungen habe ich einen bitteren Nachgeschmack behalten, denn man machte kein Hehl aus seiner snobistischen Überheblichkeit gegenüber der Provinz.

Außerdem hatte ich nie den Wunsch, in Moskau zu arbeiten. Ich hatte wiederholt Ämter abgelehnt, die mir angeboten worden waren, darunter auch das eines Mini-

sters. Ich liebte Swerdlowsk und liebe es bis heute, hielt es nicht für »Provinz« und hatte auch keine Minderwertigkeitsgefühle dabei.
Trotzdem war ich nun in Moskau. Man zeigte mir eine Wohnung, und da ich schlechte Laune hatte und mir alles egal war, akzeptierte ich, was man mir anbot: die Wohnung am Weißrussischen Bahnhof, Twerskaja-Jamskaja-Str. 2. Es war ein lautes, schmutziges Viertel. Unsere Parteioberen ziehen gewöhnlich nach Kunzewo, wo es ruhig, sauber und gemütlich ist.
Ich legte gleich kräftig los, und die Abteilung arbeitete aktiv mit. Ich kam um zwölf, halb eins nach Hause und war um acht Uhr morgens schon wieder bei der Arbeit. Von den anderen verlangte ich das nicht, aber meine Mitarbeiter, insbesondere meine Stellvertreter, versuchten mitzuhalten.
Ich empfand keinen heiligen Schauer, als ich die Schwelle des ZK-Gebäudes am Alten Platz überschritt und meine Stelle antrat. Dabei ist gerade dieses Gebäude die Zitadelle der Macht in unserem Land, wo der ganze, gewaltige Apparat konzentriert ist. Von hier gehen Ideen, Befehle und Ernennungen ins Land. Grandiose, aber unerfüllbare Programme, Fortschrittsparolen, schlichte Hochstapeleien und richtige Verbrechen haben hier ihren Ausgangspunkt. Hier wurden in wenigen Minuten Entscheidungen getroffen, die dann Jahre hindurch die ganze Welt erschütterten, wie der Befehl zum Einmarsch sowjetischer Truppen in Afghanistan.
Ich ging an meine Arbeit, ohne darüber nachzudenken. Meine Aufgabe war, die Baubranche zu beleben. Mein Leben gestaltete sich so, daß ich praktisch nie eine unter-

geordnete Position innehatte. Ich arbeitete nie als Stellvertreter und war deshalb gewohnt, immer selbst Entscheidungen zu treffen und die Verantwortung nicht auf jemand anderen abzuschieben. Hier im Zentralkomitee war der Mechanismus der Unterordnung, die strenge Parteihierarchie ad absurdum getrieben. Alle waren beflissen und zuvorkommend, und für mich mit meinem unabhängigen, ehrgeizigen Charakter war dieser kalte, bürokratische Rahmen eine schwere Prüfung.
Die Abteilung Bauwesen unterstand dem ZK-Sekretär Dolgich, und er bekam meinen Drang nach Selbständigkeit als erster zu spüren. Ich erinnere mich, daß er eine Konferenz mit den Leitern der Abteilung Bauwesen in den Gebietskomitees durchführte. Es war das erste Mal, daß ich ein derartiges Gespräch miterlebte. Dolgich hielt einen Vortrag und erzählte irgend etwas. Ich sah verwundert, daß alle mit dicken Notizblöcken erschienen waren und eifrig jedes Wort mitschrieben. Ich hörte zu und notierte mir nur die grundsätzlichen Dinge in Stichworten. Dolgich, der offenbar gewohnt war, daß man fast jedes seiner Worte mitschrieb, blickte mich mit unverhohlener Mißbilligung an. Er sprach sie freilich nicht aus, fragte mich aber beim nächsten Mal ausdrücklich: »Haben Sie irgendwelche Fragen? Vielleicht erinnern Sie sich an etwas nicht mehr, fragen Sie nur.« — »Nein«, sagte ich, »ich erinnere mich an alles.« Er wußte natürlich, daß meine gegenwärtige Position vorübergehend war und mein Status sich rasch ändern konnte. Ich hatte mit ihm keinerlei Konflikte oder Probleme.
Es gab ungeheuer viel Arbeit. Heute bedaure ich es nicht, daß ich in dieser Abteilung gearbeitet habe. Ich

lernte die Situation im Land kennen und nahm Kontakt zu den Republiken und vielen großen Gebieten auf. Ich hatte auch manches mit dem Generalsekretär zu besprechen, aber nur telefonisch. Ich gebe ehrlich zu, daß es mich wunderte, daß er mich nicht sehen und mit mir reden wollte. Zum einen standen wir auf recht gutem Fuß miteinander, zum anderen hatte ja Gorbatschow selbst genau wie ich das Amt des Ersten Sekretärs eines Regionalkomitees gegen einen Posten im ZK getauscht. Zudem kam er aus einer Region mit einem erheblich niedrigeren Wirtschaftspotential als das Swerdlowsker Gebiet, war aber sofort ZK-Sekretär geworden.

Eine Weile später kam auch meine Frau zusammen mit unserer Tochter, deren Mann und unseren Enkelinnen nach Moskau. Unsere jüngere Tochter wohnte bereits hier. Es ist höchste Zeit, daß ich einmal von meinem Leben in Partei und Produktion abschweife und von den Menschen erzähle, die mir am nächsten stehen, gerade in diesem Kapitel, in dem ich von der Übersiedelung nach Moskau berichte. Meine Familie besteht aus meiner Frau, zwei Töchtern, deren Männern, einem Enkel und zwei Enkelinnen. Es ist ihnen gar nicht leichtgefallen, sich hier einzugewöhnen: eine unbekannte Stadt, ein neuer Rhythmus, andere Beziehungen. Normalerweise hilft das Familienoberhaupt beim Einleben in eine neue Umgebung, aber ich hatte weder Zeit noch Kraft, um mich um die häuslichen Dinge zu kümmern. Ich ging vollständig in meiner Arbeit auf und hatte meine Familie in Swerdlowsk wohl sogar noch häufiger gesehen als jetzt hier.

Doch alles der Reihe nach, denn auch dafür muß ich in

die unbeschwerten Studienjahre zurückkehren. Während meines stürmischen Studentenlebens hatte sich ein Freundeskreis aus sechs Jungen und sechs Mädchen gebildet. Wir wohnten in zwei benachbarten großen Zimmern und hockten beinahe jeden Abend zusammen. Es ergab sich von selbst, daß sich einer in ein Mädchen verliebte, und mir gefiel auch die eine oder andere. In unserer großen, freundschaftlichen Studentenfamilie beachtete ich aber ein Mädchen immer mehr: Naja Girina. Sie stammte aus dem Gebiet Orenburg und hatte bei der Geburt den Namen Anastasia bekommen. Aber ihre Eltern und alle anderen hatten sie später in der Schule und Hochschule Naja oder Naïna genannt. Deshalb hatte sie sich an ihren eigentlichen Namen nicht gewöhnt, und als man sie dann an der Arbeitsstelle mit ihrem richtigen Namen und Vatersnamen anredete, störte es sie. Sie ging also zum Standesamt und ließ ihren Vornamen im Paß ändern. Nun hieß sie offiziell Naïna. Mir gefiel jedoch der Name Anastasia besser.

Sie war immer bescheiden, freundlich und sanft. Das paßte sehr zu meinem ziemlich ungebärdigen Charakter. Allmählich wuchs unsere Zuneigung, aber wir ließen es uns nicht anmerken; wenn ich sie küßte, dann wie alle anderen Mädchen auf die Backe. So war unsere Beziehung lange platonisch, obwohl ich innerlich wußte, daß ich verliebt war, und zwar heftig. Zum ersten Mal gestanden wir uns unsere Liebe im zweiten Studienjahr auf der Galerie des Foyers vor der Aula. Ich küßte sie neben einer der Säulen, und diesmal richtig.

Im letzten Studienjahr verreiste ich dann einige Monate zu Wettkämpfen und stürzte mich nach meiner Rück-

kehr wie ein Verrückter in meine Diplomarbeit. Ich legte die Prüfung ab, fuhr wieder zu Wettkämpfen und interessierte mich nicht einmal dafür, wo ich zur Arbeit eingesetzt würde. Als ich zurückkam, erfuhr ich, daß ich in Swerdlowsk bleiben sollte und sie nach Orenburg geschickt worden war. Normalerweise werden zwei junge Leute in derselben Stadt eingesetzt, wenn sie die Heiratsurkunde vorweisen können. Wir hatten aber nur unsere Liebeserklärung. So beschlossen wir also, unsere Liebe zu erproben, und vereinbarten, daß sie nach Orenburg gehen und ich in Swerdlowsk bleiben sollte. In genau einem Jahr wollten wir uns auf neutralem Boden, also weder in Orenburg noch in Swerdlowsk, sondern in Kujbyschew treffen. Dann würden wir endgültig wissen, ob unsere Gefühle in dieser Zeit kälter oder im Gegenteil intensiver geworden wären. Und so geschah es auch.
Ich erzählte schon, daß dieses Jahr sehr anstrengend für mich war. Ich mußte mir zwölf handwerkliche Fertigkeiten aneignen und in der städtischen Auswahlmannschaft Volleyball spielen. Es traf sich, daß genau ein Jahr später regionale Wettkämpfe in Kujbyschew stattfanden. Wir telefonierten miteinander. Sie war sehr aufgeregt, während ich zwar auch mitgenommen, aber fröhlich gestimmt war. Wir verabredeten ein Treffen auf dem Hauptplatz der Stadt.
An diesem Platz lag das Hotel, in dem wir während der Wettkämpfe wohnten. Als ich aus dem Hotel trat, sah ich sie, und mein Herz hätte zerspringen mögen. Ich blickte sie an, und mir war klar: Jetzt werden wir unser Leben lang zusammenbleiben. Wir gingen den ganzen Abend und die ganze Nacht spazieren und redeten. Es gab so vie-

les zu erzählen — Erinnerungen an die Studentenzeit, die Ereignisse des letzten Jahres. Ich wollte ihr immer nur zuhören, sie Tag und Nacht ansehen, einfach schweigen, weil auch ohne Worte alles klar war.
Im ganzen weiteren Leben zeigte sich, daß dies Schicksal war. Es war genau die richtige Wahl! Naja nahm mich und liebte mich so, wie ich war, nämlich eigensinnig und stachelig. Ganz leicht hatte sie es mit mir natürlich nicht.
Wir fuhren nach Swerdlowsk, luden unsere Freunde in mein Zimmerchen im Wohnheim ein und verkündeten, wir hätten geheiratet. Zuvor waren wir beim Standesamt des Bezirks Werch-Isetsk gewesen. Damals mußte man kein Aufgebot bestellen — wir gingen mit unseren Papieren hin, heirateten und gingen wieder nach Hause.
In den letzten Jahren hatte es an der Hochschule viele Hochzeiten gegeben. Ich war einer der Hauptorganisatoren dieser sogenannten Komsomolzen-Hochzeiten gewesen, die gewöhnlich laut und fröhlich im Speisesaal des Wohnheims gefeiert wurden. Ich stand also gewissermaßen am Ursprung vieler Familien; jetzt taten sich meine Freunde zusammen und beschlossen, sich zu »rächen«. Sie bereiteten uns eine sehr fröhliche Komsomolzen-Hochzeit. Aus der ganzen Sowjetunion reisten unsere Freunde und Freundinnen an, denn viele arbeiteten ja schon in anderen Städten. Es war eine richtig schöne Hochzeit mit ungefähr hundertfünfzig Gästen und dauerte die ganze Nacht lang. Doch wie sich herausstellte, war das noch nicht alles. Meine Verwandten verlangten noch eine Hochzeit, weil sich bei der ersten hauptsächlich die Jugend versammelt hatte. Wir veranstalteten

also eine Hochzeit für meine Verwandtschaft. Dann fuhren wir nach Orenburg, und dort forderten Najas Verwandte ebenfalls eine Hochzeit, die dritte, bei der auch etwa dreißig Leute feierten. Sie stammte aus einer echten Bauersfamilie, die die alten Traditionen pflegte. Najas Eltern hatten ein eigenes kleines Häuschen mit einem Gemüsegarten mitten in der Stadt. Nach der Hochzeit geleitete man uns zum Nachbarhäuschen, wo wir übernachteten. Am anderen Morgen waren wir noch nicht aufgewacht, als schon alles schrie: »Das Laken!« Einem alten Brauch zufolge mußte man nach der Hochzeitsnacht das Laken aus dem Fenster hängen. Aber dies war ja schon unsere dritte Hochzeit gewesen! Wir mußten also auf das Vortreppchen hinausgehen und den dort versammelten Gästen alles lang und breit erklären.

Ein paar Tage blieben wir dann in Najas Elternhaus, saßen abends auf der Vortreppe, unterhielten uns und träumten von unserem zukünftigen Leben. Danach kehrte sie mit mir nach Swerdlowsk zurück und trat ihre Stelle im Institut »Wodokanalprojekt« an. Sie arbeitete fast dreißig Jahre in dieser Organisation, war technische Projektleiterin und hatte eine Gruppe unter sich. Ihr fiel die Arbeit mit anderen irgendwie leichter als mir, oder zumindest schien mir das so.

Noch bevor das Jahr um war, brachte ich meine Frau ins Entbindungsheim. Ich wollte natürlich einen Jungen, aber wir bekamen eine Tochter und nannten sie Lena. Ich zog mit meinen Freunden vor die Klinik, wo wir Blumen durchs Fenster warfen. Dann kehrten wir ins Wohnheim zurück und feierten das Ereignis mit einem fröhlichen Abendessen. Gut zwei Jahre später brachte ich Naja wieder ins Entbindungsheim. Obwohl ich nicht abergläubisch bin, führte ich alle Rituale aus, die die Kundigen von mir verlangten: Ich legte ein Beil und eine Mütze unters Kopfkissen. Meine Freunde, die sich in den alten Bräuchen auskannten, versicherten mir, jetzt werde es bestimmt ein Junge. Doch es half alles nichts, es kam wieder eine Tochter auf die Welt — Tatjana, ein sehr liebes, freundliches Kind, das im Charakter mehr der Mutter glich. Die ältere kam mehr nach mir.

Wenn ich ehrlich bin, erinnere ich mich nicht mehr an Einzelheiten aus jener Zeit, nur daran, wie sie laufen lernten, wie sie zu sprechen anfingen und wie ich sie gelegentlich zu erziehen versuchte. Diese Momente waren jedoch sehr selten, da ich fast rund um die Uhr arbeitete. Nur am Sonntagnachmittag saßen wir alle beim gemeinsamen Essen zusammen. Als die Töchter größer wurden, gingen wir manchmal mit ihnen ins Restaurant, was für sie immer eine riesige Freude war.

Meine beiden Töchterchen begegneten mir immer besonders zärtlich und liebevoll. Sie wollten alles so machen, daß ich zufrieden war. Beide waren Einser-Schülerinnen. Als sie in die Schule kamen, sagte ich ihnen gleich am Anfang, eine Zwei sei keine Note. Beide strengten sich an, und wir hatten keine besonderen Sorgen bei ihrer Erziehung. Es gab natürlich die üblichen Schwierigkeiten, mal fehlte dies, mal jenes, und wenn eines der Kinder krank war, gab es schlaflose Nächte, aber das gehörte zum Leben dazu.

Den Urlaub verbrachte ich immer mit meiner Frau zusammen. Nur einmal fuhr ich allein nach Kislowodsk. Die Töchter waren noch zu klein, um sie mitzunehmen, und Naja blieb deshalb mit ihnen zu Hause. Schon nach fünf Tagen telegrafierte ich: »Komm sofort, ich halte es nicht aus.« Naja brachte die Mädchen irgendwie unter und flog zu mir. Ich wurde sofort ruhig, während ich vorher nicht gewußt hatte, wohin vor Unruhe. Wir mieteten eine Wohnung und waren wieder ständig zusammen. Als die Töchter sechs und acht waren, verbrachten wir den Urlaub zu viert im Wald. Wir schliefen im Zelt am Ufer eines Sees. Das war wohl der schönste Urlaub und der, der mir am lebhaftesten in Erinnerung ist.

Als die Kinder schon etwas älter waren, fuhren wir mit dem Motorschiff die Kama und die Wolga hinunter. In Gelendschik gingen wir an Land und bauten unsere Zelte auf. Man sagt, ich lächle selten, und vielleicht stimmt es, obwohl ich von Natur aus ein Optimist bin. Doch bis heute erinnere ich mich, daß damals in diesem »wilden« Urlaub von morgens bis abends gelacht wurde. Wir dachten uns immerzu irgendwelche lustigen Spiele aus. Das war richtige Erholung und psychische Entspannung, ganz und gar nicht so wie heute, wo ich fast vom ersten Urlaubstag an ständig an die Arbeit und immer nur an die Arbeit denke.

Während der Schulzeit unserer Kinder war ich kein einziges Mal bei einem Elternabend. Nach der Schule trat Lena in die Fußstapfen ihres Vaters und schrieb sich an der Fakultät Bauwesen der Polytechnischen Hochschule des Ural ein. Jetzt, nach Abschluß ihres Studiums, arbeitet sie auf einer Bau-Ausstellung. Die jüngere, Tanja, träumte von Mathematik und Kybernetik. Nach der Schule beschloß sie, nach Moskau zu gehen und sich an der Fakultät für Mathematik und Kybernetik der Mos-

kauer Universität einzuschreiben. Ich redete es ihr nicht aus, obwohl meine Frau heftig litt. Sie weinte sogar und meinte, allein werde es Tanja in Moskau sehr schwer haben. Doch Tanja blieb trotz ihres sanften Charakters standhaft und hartnäckig. Sie schaffte es, an die Universität zu kommen, und wohnte in einem Studentenwohnheim. Ich reiste ziemlich oft nach Moskau und stieg im Hotel ab. Jedesmal trafen wir uns. Einmal brachte ich ihr und ihren Freunden eine Schachtel Geschirr mit und lernte dabei ihren ganze Kreis kennen. Auch nach ihrem Studium blieb Tatjana in Moskau. Sie arbeitet jetzt an Großrechnern in einem Unternehmen, schreibt Programme und löst schwierige Aufgaben. So ist ihr Traum in Erfüllung gegangen, und ich glaube, sie ist zufrieden.
Sie begann, sich häufiger mit einem jungen Mann zu treffen, und lud ihn zu uns nach Hause ein, damit wir ihn auch kennenlernten. Hinterher fragte mich Naïna natürlich: »Na, was sagst du dazu?« Ich meinte, nicht ich, sondern unsere Tochter wolle schließlich heiraten und müsse entscheiden.
Lena heiratete Walerij Okulow, einen Piloten aus Swerdlowsk und Tatjana Leschja Djatschenko. Beide Schwiegersöhne sind prächtige Burschen. Wir sind jetzt alle zusammen eine große Familie. In beiden jungen Familien achten sich die Partner und gehen liebevoll miteinander um. Mir scheint, man kann sie ehrlich beneiden. Lena bekam zuerst ein Kind, meine Enkelin Katja. Dann brachte Tanja ihren Boris zur Welt. Dieser Enkel erhielt auch meinen Nachnamen, so daß es jetzt zwei Boris Jelzins auf der Welt gibt.
Dann bekam Lena noch eine Tochter, Maschenka. Sie ist

ein liebes, sanftes Kind. Katja dagegen ist lebhaft, forsch und schlagfertig. Boris ist ebenfalls forsch und hat früh angefangen, Sport zu treiben. Schon mit sieben Jahren begann er, Tennis zu spielen; jetzt spielt er im Sportclub »Dynamo« und geht außerdem zum Judo.

Wir leben mit Tanjas Familie in einer Wohnung zusammen, während unsere ältere Tochter mit ihrer Familie eine eigene nicht weit von uns hat. Sie besuchen uns oft und essen mit uns Abendbrot. Ich komme allerdings immer erst spät nach Hause und kann alle nur am Sonntag sehen. Wenn sich die ganze große Familie versammelt, ist das für mich ein Fest. Sie sind alle sehr aufmerksam und um mich besorgt, weil ich ja ständig irgendwelche Probleme und Schwierigkeiten habe, ständig mit irgend jemand kämpfe, oft nächtelang gar nicht und auch sonst nur wenig schlafe. Ohne diese Unterstützung hätte ich es wohl kaum geschafft, die schwersten Augenblicke meines Lebens zu überstehen.

Aber zurück zur Arbeit: Einige Zeit später, genauer gesagt im Juni, wurde ich auf dem Plenum zum ZK-Sekretär für den Bausektor gewählt. Ehrlich gesagt, ich empfand dabei gar nichts Besonderes mehr und hielt das für den natürlichen Lauf der Dinge, denn dieses Amt entsprach meinem Können und meiner Erfahrung. Ich bekam ein neues Arbeitszimmer und einen neuen Rang zugewiesen. Jetzt sah ich, wie die Riege der Mächtigen in unserem Land lebt. Stand mir als Abteilungsleiter ein kleines Sommerhäuschen zu, das ich mir mit Lukjanow, der damals auch Leiter einer ZK-Abteilung war, teilte, so bot man mir jetzt die Datscha an, aus der Gorbatschow ausgezogen war. Er selber hatte

eine Datscha bezogen, die eigens für ihn gebaut worden war.
Ich hatte große Pläne für Reisen in die einzelnen Republiken und Gebiete: ins Gebiet Moskau und Leningrad, in den Fernen Osten, nach Turkmenien und Armenien, ins Gebiet Tjumen und in etliche andere Gegenden der Sowjetunion.
Über eine dieser Reisen möchte ich etwas ausführlicher berichten. Ich war für einige Tage nach Taschkent zum Plenum des ZK der Partei Usbekistans gekommen. Viele in der Stadt hatten von meiner Ankunft erfahren, und bald war mein Hotel von Menschen umlagert, die unbedingt mir mir sprechen wollten. Man wollte sie natürlich vertreiben, aber ich sagte, ich würde an zwei Tagen alle empfangen, die ein Gespräch mit mir wollten. Meinen Leibwächter wies ich an, aufzupassen, daß auch wirklich alle zu mir gelassen wurden.
Als erster kam ein KGB-Beamter zu mir und erzählte von der schrecklichen Korruption, die hier allenthalben blühe. Nach Raschidow habe sich im wesentlichen nichts geändert, der neue Erste Sekretär der KP Usbekistans kassiere mit dem gleichen Erfolg Schmiergelder wie sein Vorgänger. Dieser KGB-Beamte brachte einige belastende Unterlagen mit, die Usmanchodschajews Tätigkeit betrafen, und bat um Hilfe. Nur Moskau könne etwas unternehmen, sagte er. Jegliche Versuche, hier am Ort etwas zu tun, stießen auf den Widerstand des korrupten Apparates. Ich versprach ihm, die Unterlagen sorgfältig zu lesen und die Führungsspitze zu unterrichten, wenn sie sich tatsächlich als belastend erwiesen.
Dann kam der zweite Besucher, der dritte, der vierte –

zwei Tage hintereinander hörte ich scheinbar unglaubliche, in Wirklichkeit jedoch überaus wahre Geschichten über Bestechungen auf der höchsten Parteiebene der Republik. Aus diesen Berichten fügte sich ein komplettes System der Bestechung aller Amtspersonen von unten bis oben zusammen. Ein ehrlicher Mensch mußte da wahrhaft Mut besitzen, um nicht plötzlich selbst ein Glied in der Kette der Bestechlichen zu werden. Diese Leute waren es vor allem, die zu mir kamen.

Heute ist dies alles hinlänglich bekannt, aber damals schockierte mich das Bild, das sich mir enthüllte. Nach meiner Ankunft in Moskau wollte ich Gorbatschow unbedingt über alles informieren.

Als ich abfuhr, ereignete sich eine weitere bezeichnende Sache. Ich bat um die Hotelrechnung für das, was ich verzehrt hatte. Da sagte man mir, es sei schon alles bezahlt. Ich trug meinem Oberleibwächter auf, er solle den freundlichen Gastgebern erklären, daß ich keinen Scherz mache; die Rechnung solle unverzüglich geschrieben werden. Er kam ganz geknickt zurück und sagte, er habe es überprüft, es gebe keine Rechnung, da alle Speisen gemäß einer Sonderbestimmung der Verwaltung der ZK-Angelegenheiten der Republik bezahlt worden seien. Da platzte mir der Kragen, und ich verlangte fast schreiend meine Rechnung.

In Moskau studierte ich dann sorgfältig die Unterlagen, die man mir gegeben hatte, und ging damit zu Gorbatschow. Ich berichtete ihm ausführlich, was ich erfahren hatte, und sagte zum Abschluß, man müsse unverzüglich energische Maßnahmen ergreifen. Vor allem aber müsse man den Fall Usmanchodschajew entscheiden. Da brauste Gorbatschow plötzlich auf und warf mir vor, ich verstünde überhaupt nichts von der Sache, Usmanchodschajew sei ein ehrlicher Kommunist und einfach gezwungen, gegen die alte Raschidow-Mafia zu kämpfen, die ihn fälschlich denunziere und Verleumdungen über ihn ausstreue. Ich sagte: »Michail Sergejewitsch, ich komme doch gerade von dort! Usmanchodschajew hat sich bestens in das Raschidowsche System eingefügt und profitiert hervorragend von dieser Struktur, die er nicht einmal selbst geschaffen hat.« Gorbatschow antwortete, man habe mich in die Irre geführt, und überhaupt bürge Jegor Kusmitsch Ligatschow für Usmanchodschajew. Darauf hatte ich nichts mehr zu erwidern. Die Bürgschaft des zweiten Mannes der Partei hatte mehr Gewicht. Abschließend bat ich Gorbatschow noch einmal, diese ernste Angelegenheit sorgfältig zu prüfen. So endete unser Gespräch. Was später, nach meinem Rücktritt, geschah, ist wohl bekannt. Usmanchodschajew wurde seines Amtes enthoben, verhaftet und schließlich verurteilt.

Aber ich greife voraus. Das alles geschah erst später. Noch arbeitete ich als ZK-Sekretär und versuchte, ein realistisches Programm zu entwerfen, mit dem sich der Bausektor aus der Krise führen ließe. Ich ahnte nicht, daß mein Schicksal schon entschieden war. In meinem Arbeitszimmer klingelte das Telefon: Ich wurde dringend ins Politbüro gerufen.

6

6. März 1989

— Wahltagebuch —

Als ich so sah, wie meine Gegner im Kampf gegen mich einen Fehler nach dem anderen machten, dachte ich manchmal, was ich wohl getan hätte, wenn ich die Schlacht gegen den Abgeordnetenkandidaten Jelzin zu führen gehabt hätte.

Ich weiß ganz genau, daß ich mir solche Dummheiten nicht geleistet hätte. Erstens hätte ich die strenge Geheimhaltung über diesem Namen gelüftet, womit er ein normaler Kandidat wie Petrow oder Sidorow geworden wäre. Ich hätte der Presse sofort erlaubt, ja sämtliche Zeitungen und Zeitschriften sogar angewiesen, Interviews mit ihm zu machen. Schon nach einem Monat hätte man seinen Namen kaum noch lesen können. Das Fernsehen hätte ihn natürlich oft zeigen müssen, und zwar bevorzugt zum falschen Zeitpunkt, in Sendungen wie »Die Landstunde«, »Ich diene der Sowjetunion«, »Der Blick«, »Die Zeit«, »Der musikalische Kiosk« und auf allen Kanälen, damit man seine Ideen und Gedanken endgültig

leid geworden wäre. So hätte man eine Chance gehabt, daß dieser unbequeme Jelzin durchgefallen wäre.
In Wirklichkeit aber tat man alles, damit der Märtyrernimbus um meinen Namen mit jedem Tag heller strahlte. Die offizielle Presse schwieg mich tot, Interviews mit mir konnte man nur über westliche Sender hören. Jeder neue Schritt, der gegen mich unternommen wurde, brachte die Moskauer nur noch mehr auf, und da es sehr viele solcher Schritte gab, taten gerade diejenigen, die mich bekämpften, zu guter Letzt alles, damit das Volk Jelzin im Moskauer Wahlbezirk wählte.
Viele fragten mich, ob nicht vielleicht der Erste Sekretär des Moskauer Stadtkomitees, L. Saikow, mein heimlicher elfter Vertrauensmann sei. Jedenfalls rieten mir alle, ihn, wenn die Wahl stattgefunden habe und alles erfolgreich verlaufen sei, unbedingt anzurufen und ihm für die enorme »Unterstützung und Hilfe« zu danken, die er mir ungewollt während der Wahlkampagne geleistet hatte!
Westliche Korrespondenten stellen mir oft die Frage, ob ich eine bestimmte Wahlkampftaktik hätte, sozusagen ein Geheimrezept für den Sieg. Wie banal es auch klingen mag — ich habe nur eine Taktik, nämlich den gesunden Menschenverstand: Nichts unternehmen, was meine Gegner irgendwie kränken könnte; auf Wahlversammlungen und Kundgebungen nur die Wahrheit sagen, wie unbequem und nachteilig sie auch für mich sei; extrem offen sein und ständig ein Gespür für die Menschen haben, das ist das Allerwichtigste.
Fast täglich sprach ich vor riesigen Versammlungen. Im letzten Monat vor der Wahl waren es sogar zwei Veran-

staltungen pro Tag. Ich verausgabte mich natürlich immer sehr, doch nach jeder dieser Versammlungen spürte ich wieder die Gewißheit, daß alles ins Lot käme. Es ging mir nicht einmal so sehr um meinen Sieg. Der war sozusagen meine persönliche Aufgabe. Es stellte sich vielmehr die Gewißheit ein, daß wir uns mit diesen Menschen, mit diesem aufrichtigen Drang nach Gerechtigkeit schließlich doch aus dem Abgrund herausarbeiten würden, in dem wir uns befinden.

Kundgebungen, besonders solche mit vielen Tausenden von Menschen, mag ich weniger. Es gab Tage, an denen sich bis zu hunderttausend Menschen im Luschniki-Stadion versammelt hatten. Dabei kann man keine Gesichter erkennen, keine Augen sehen, keinen vertrauensvollen Kontakt zu den Zuhörern schaffen. Trotzdem sind Kundgebungen für den Politiker wohl eine der härtesten Schulen. Hier muß man mit einem Wort die Aufmerksamkeit der Menschenmasse fesseln. Ein lauer Satz, und man pfeift dich vom Rednerpult.

Ich persönlich bedaure es, daß Gorbatschow nicht an Kundgebungen teilnimmt. Es wäre für ihn überaus nützlich. Für ihn, der nur an Gesprächen mit ausgesuchten, besonders vorbereiteten und in Bussen angekarrten Leuten gewöhnt ist, die die Massen der Werktätigen darstellen sollen, wäre so eine Kundgebung wie im Luschniki-Stadion eine heilsame Erfahrung. Vielleicht kommt es ja noch dazu.

Kundgebungen sind auch ein sehr gefährliches Instrument im politischen Kampf, denn hier zügelt man nicht die Emotionen und sucht nicht nach parlamentarischen Ausdrücken. Um so ausgewogener und präziser muß eine solche Rede sein. Genau weiß ich es nicht mehr, aber ich habe wohl an mehr als zwanzig Kundgebungen teilgenommen. Eigenartige Gefühle erwachten in mir, wenn die riesige Menschenmasse, Männer, Frauen, Junge, Alte, bei meinem Anblick zu skandieren begann: »Jelzin! Jelzin!« Viel Freude und Genugtuung empfindet man dabei, ehrlich gesagt, nicht, denn man muß so schnell wie möglich auf die Rednertribüne, das Mikrophon nehmen und zu sprechen anfangen, um diese Welle von Begeisterung und Euphorie zurückzudämmen. Sobald die Leute zuhören, ändert sich die Atmosphäre. Ich betrachte diesen Enthusiasmus auch deshalb mit Skepsis, weil wir genau wissen, wie leicht sich viele begeistern lassen und später genauso leicht ihre Meinung ändern können. Deshalb soll man sich hier lieber keinen Illusionen hingeben.

Nach den Kundgebungen stritt ich öfter mit meinen Vertrauensleuten, die meinten, je lauter mein Name skandiert worden sei, desto erfolgreicher sei die Sache verlaufen. Das ist alles Unsinn. Überhaupt sind meine Vertrauensleute ein Kapitel für sich. Für ihre Hilfe, Aufrichtigkeit, Ergebenheit und selbstlose Einsatzbereitschaft werde ich ihnen immer dankbar sein. Viele haben mir immer wieder vorgehalten, ich hätte einen schlimmen, ja unverzeihlichen Fehler begangen, weil ich mir keine Profis zu Vertrauensleuten genommen hätte, keine Politiker und Wissenschaftler, sondern schlichte, kluge, warmherzige Menschen. Vor der Wahlkampagne kannte ich keinen von ihnen. Sie riefen mich an oder kamen zu mir und sagten: »Wir möchten Ihre Vertrauensleute sein.« Ich dankte ihnen, gab aber zu bedenken, daß es sehr hart

werden würde. Sie sagten: »Das wissen wir«, nahmen unbezahlten Urlaub und arbeiteten buchstäblich Tag und Nacht durch. Lew Jewgenjewitsch Suchanow leitete diese Arbeit und bürdete sich die gewaltige Last auf, meine Wahlkampagne zu koordinieren.
Es sind prächtige Menschen, und ich bin ihnen sehr dankbar.

»Was haben Sie falsch gemacht, als Sie Erster Sekretär des Moskauer Stadtkomitees waren? Waren Sie zu autoritär?«

»Stimmt es, daß Sie schon auf der ersten Wahlversammlung in Moskau Briefe von den Parteimafiosi und deren Frauen bekamen, die ankündigten, ›die morschen Segel der Perestrojka zu zerreißen‹?«

Fragen Moskauer Bürger

Ich hatte einige Monate als ZK-Sekretär gearbeitet, als ich am 22. Dezember 1985 plötzlich ins Politbüro gerufen wurde. Worum es in dem Gespräch gehen sollte, wußte ich nicht, doch als ich sah, daß keine ZK-Sekretäre, sondern nur Politbüro-Mitglieder im Zimmer saßen, war mir klar, daß es um mich ging. Gorbatschow begann etwa so: Das Politbüro hat sich beraten und entschieden, ich solle die Parteiorganisation in Moskau führen, also fast 1,2 Millionen Kommunisten. Das kam für mich absolut unerwartet. Ich stand auf und sagte, ich hielte diese Entscheidung für unzweckmäßig. Erstens sei ich Bauingenieur, und ich umriß einige Gedanken und Vorhaben, mit denen ich aufgrund meiner langjährigen Erfahrung in der Produktion die Bauindustrie aus der Sackgasse führen wollte. Hierfür, so sagte ich, sei ich als ZK-Sekretär nützlicher. Außerdem würde ich die Moskauer

Führungskräfte nicht genug kennen, was mir die Arbeit sehr erschweren würde.
Gorbatschow und andere Politbüro-Mitglieder redeten mir zu. Es sei unbedingt notwendig, daß ich den Posten übernähme, man müsse Grischin dispensieren, die Moskauer Parteiorganisation vergreise, Stil und Methoden ihrer Arbeit seien so, daß sie nicht nur kein Beispiel sei, sondern überhaupt völlig hinter den Parteiorganisationen des Landes hinterherhinke. Grischin denke nicht an die Menschen und ihre dringlichen Bedürfnisse, er leiste schlechte Arbeit, interessiere sich nur für äußeren Prunk und pompöse Veranstaltungen mit viel Getöse und Pathos, kurz, man müsse die Moskauer Parteiorganisation retten.
Das Gespräch im Politbüro verlief nicht sehr erfreulich, ja, ich würde sogar sagen, unerfreulich. Wieder wurde mir gesagt, es gebe eine Parteidisziplin und »wir wissen, daß Sie dort der Partei nützlicher sein werden«. Wieder gab ich nach. Ich sah ein, daß man die Moskauer Parteiorganisation nicht in diesem Zustand lassen dürfe, und stimmte zu.
Später dachte ich öfter darüber nach, weshalb Gorbatschow wohl gerade auf mich verfallen war. Offenbar hatte er an meine fast zehnjährige Erfahrung an der Spitze einer der größten Parteiorganisationen der Sowjetunion und an meine langjährige Tätigkeit in der Produktion gedacht. Außerdem kannte er meine Art und war sicher, daß ich Hindernisse beseitigen und gegen die Mafia ankämpfen würde. Bei meinem Charakter und Mut könnte ich es schaffen, die Führungskräfte in großem Stil auszuwechseln. Alles war vorausbedacht. Damals war ich wirk-

lich der geeignetste Mann für diese Aufgaben, ich nahm diesen Posten schweren Herzens an, nicht, weil ich die Schwierigkeiten fürchtete, sondern weil ich sehr wohl begriff, daß man mich benutzte, um Grischin aus dem Sattel zu heben.

Natürlich war Grischin ein Mann von nicht sehr hoher Intelligenz und ohne Gefühl für Moral und Anstand. Er war aufgeblasen und verstand sich vorzüglich auf Katzbuckelei. Er wußte immer, was zu tun war, um bei der Führung Eindruck zu schinden. Eingebildet, wie er war, rüstete er sich, Generalsekretär zu werden, und setzte alles daran, die Macht zu übernehmen. Gott sei Dank bekam er sie nicht.

Viele hatte er moralisch verdorben; wenn auch nicht die gesamte Moskauer Parteiorganisation, so doch die Spitze des Moskauer Stadtkomitees. Autoritäres Verhalten, noch dazu gepaart mit wenig Verstand, ist eine schreckliche Sache. Das zeigte sich überall, im Lebensstandard der Menschen, im äußeren Erscheinungsbild Moskaus. Die Hauptstadt lebte schlechter als vor etlichen Jahrzehnten. Überall war es schmutzig, vor den Läden standen die Menschen Schlange.

Am 24. Dezember fand das Moskauer Stadtparteiplenum statt, auf dem Gorbatschow sprach. Grischin wurde von seinem Amt entbunden, wie immer auf eigenen Wunsch, um in Pension zu gehen. Das ist die klassische Methode, Mißliebige hinauszudrängen. Er schlug mich als neuen Ersten Sekretär vor, was nach meinem Eindruck bei niemandem Verwunderung oder Fragen auslöste. Ich drückte in einem Satz meinen Dank für das Vertrauen aus und verhieß allen harte, schwere Arbeit. Das Plenum verlief ruhig.

Für Februar war die Moskauer Parteikonferenz angesetzt, auf deren Tagesordnung der Rechenschaftsbericht und Wahlen standen. Ich nahm an, daß dort das Hauptgefecht ausgetragen würde. Grischins alte Garde würde versuchen, die Ereignisse rückgängig zu machen, und das nicht nur in Moskau.

Ich mußte mich auf die Vorbereitung der Konferenz konzentrieren. Während ich an meiner Rede arbeitete, traf ich mich mit vielen Leuten, besuchte die Unternehmen der Hauptstadt und analysierte die allgemeine Lage. Gemeinsam mit Experten versuchte ich, den optimalen Weg aus der kritischen Situation zu finden. Auf der Konferenz hielt ich dann eine zweistündige Rede. Gorbatschow sagte anschließend zu mir: »Da hat ein starker, frischer Wind geweht.« Doch er sagte es mit leidenschaftsloser Miene — ohne ein ermunterndes Lächeln.

Man mußte praktisch bei Null anfangen. Als erstes mußte das Büro des Stadtparteikomitees ausgewechselt werden, weil dort ringsum »Grischinleute« waren. Grischin selbst hatte sich längst in eine einzige Wortblase verwandelt. Er hatte noch nie Autorität besessen, aber in dem Moment, als die Perestrojka eingeläutet wurde, kompromittierte er mit seiner Anwesenheit im Politbüro dieses höchste Verwaltungsorgan der Partei. Gorbatschow handelte nie sehr entschlossen; auch bei Grischin, den er natürlich viel früher von seinem Posten hätte absetzen müssen, hat er gezaudert. Als ich mich daranmachte, Ordnung in die heruntergewirtschafteten Moskauer Verhältnisse zu bringen, ließ sich Grischin äußerlich nichts anmerken. Man berichtete mir, er sei über manche meiner

Aktionen empört gewesen. Aber er unternahm keinerlei konkrete Schritte.
Man versuchte, ihn verschiedener unlauterer Machenschaften zu bezichtigen, doch man konnte keine belastenden Unterlagen entdecken. Man sagte mir, sie seien offenbar vernichtet worden. Ich schließe diese Möglichkeit nicht aus, weil wir nicht einmal Unterlagen über seinen Parteieintritt fanden, die ja wenigstens hätten existieren müssen. Überhaupt gibt es zahllose Gerüchte über Grischin, die aber durch nichts bestätigt worden sind. Als ich diesen Posten antrat, waren die Tresore leer. Ob seine Unterlagen in der KGB-Zentrale gelandet sind, weiß ich nicht.
Ich hatte erwartet, daß er versuchen würde, insbesondere die Umbesetzung der Führungsposten zu torpedieren. Er versuchte es auch und ließ mir durch Strohmänner einen seiner Leute für den Posten des Vorsitzenden des Vollzugsausschusses des Moskauer Stadtsowjet empfehlen. Immer, wenn es um eine Schlüsselposition ging, war ich darauf gefaßt, daß man versuchen würde, sie mit einem von Grischins Leuten zu besetzen, und traf Vorkehrungen, um auch nur die geringste Möglichkeit dazu zu unterbinden. Ich war der Ansicht, daß man den ganzen Apparat des Stadtkomitees und insbesondere die Leute, die lange Jahre mit Grischin zusammengearbeitet hatten, auswechseln müßte. Diese Apparatschiks waren dem Stil der Stagnationsepoche und ihrer kriecherischen Servilität verhaftet. Das alles war den Leuten so in Fleisch und Blut übergegangen, daß von einem Umdenken nicht die Rede sein konnte. Man mußte sie schlicht auswechseln, und das tat ich.

Die Assistenten entließ ich sofort, die Mitglieder des Büros und den Apparat des Stadtparteikomitees nach und nach. Ich begann, nach neuen Leuten zu suchen. Als Zweiter Sekretär des Stadtkomitees wurde mir A. Sacharow vom ZK-Apparat empfohlen. Er hatte dort zuletzt in der Abteilung Wissenschaft gearbeitet und war davor Sekretär des Leningrader Gebietsparteikomitees gewesen.

Auf dem Posten des Vorsitzenden des Vollzugsausschusses des Moskauer Stadtsowjet saß Promyslow, der nicht nur bei den Moskauern einen traurigen Ruhm genoß. Er kam am Tag nach meiner Wahl zu mir und sagte noch auf der Schwelle: »Mit Grischin konnte man überhaupt nicht arbeiten!« Dann zog er weiter über ihn her. Plötzlich meinte er ohne Überleitung: »Ich bin ja so froh, daß Sie, Boris Nikolajewitsch, Erster Sekretär geworden sind!« Zum Schluß teilte er mir mit, er habe jetzt plötzlich die Möglichkeit, wieder durchzuatmen und sei voller Kraft; mindestens für weitere fünf Jahre fühle er sich noch fit. Ich mußte seinen Redefluß stoppen und ihm sagen, daß es in unserem Gespräch um etwas ganz anderes gehe. Ziemlich schroff eröffnete ich ihm, daß er in Pension gehen müsse. Er unternahm noch ein paar Vorstöße, doch ich beschied ihn: »Bitte bringen Sie bis morgen mittag, 12 Uhr, Ihren Antrag!« Zum Abschied fügte ich hinzu: »Bitte seien Sie pünktlich!« Er kam nicht bis 12 Uhr. Ich rief ihn an und sagte, er habe meine Worte offenbar nicht ernst genommen. Ich böte ihm an, im Guten zu gehen, aber ich könnte auch anders. Er verstand und brachte mir zwanzig Minuten später seinen Antrag.

Zwei Tage lang schlugen mir dann vier Gruppen einen

Anwärter für den Posten des Vorsitzenden des Moskauer Stadtsowjet vor. Alle schleppten »ihren« Mann an, denn allen war klar, wie wichtig der Posten des Moskauer Bürgermeisters ist und wieviel von ihm abhängt. Ich entschloß mich zu einer ungewöhnlichen Besetzung und fuhr in die SIL-Werke. Von morgens um acht bis nachts um zwei ging ich durch die Werkshallen und sprach mit Arbeitern, Fachleuten, Parteimitgliedern, Konstrukteuren und Leitern der Unterabteilungen. Das war die eine Perspektive. Die andere lernte ich im persönlichen Gespräch mit dem Generaldirektor W. G. Saikin kennen. Ich bemühte mich, das kleinste Detail zu erfassen — wie er mit den Arbeitern sprach, mit den Untergebenen, mit dem Sekretär des Werksparteikomitees und mit mir. Ein paar Tage dachte ich nach und kam zu dem Schluß: Er kann ein guter Vorsitzender werden. Natürlich würde er zuerst einmal Zeit, Hilfe und Unterstützung brauchen. Ich hielt telefonisch Rücksprache mit Gorbatschow, und er billigte meinen Vorschlag. Saikin zögerte mit seiner Antwort, erbat sich Bedenkzeit und stimmte schließlich zu.

Auch die Sekretäre des Stadtkomitees wurden ausgewechselt. Dann war ich in der Redaktion der Zeitung *Moskowskaja prawda* und sprach mit dem ganzen Kollegium. Gute vier Stunden lang führten wir ein ernsthaftes, offenes Gespräch. Die Zeitung bekam mit Michail Nikiforowitsch Poltoranin einen neuen Chefredakteur, der bis dahin bei der *Prawda* gearbeitet hatte. Der begabte, prinzipienfeste Journalist veränderte mit einem Schlag die Atmosphäre in der Zeitung. Es erschienen Artikel, die viele aufhorchen ließen und auch erschreckten. Ich erinnere mich zum Beispiel an den Artikel »Kutschen vor dem Hauseingang«, in dem es um die personengebundenen Dienstwagen ging. Er sorgte damals für erhebliches Aufsehen in Moskau. Die Artikel waren nicht nur scharf, sondern für die damaligen Zeiten sogar ausgesprochen kühn. Poltoranin wurde ins ZK zitiert. Davor hatte man mich angerufen und gefragt, was ich von Poltoranin hielte. Ich hatte mich positiv geäußert. Die Beiträge im *Moskauer Komsomolez* über Drogensucht, Prostitution und organisiertes Verbrechen lösten eine stürmische Reaktion aus. Bis dahin hatte man nie darüber geschrieben. Ganz allgemein waren die Moskauer Zeitungen nicht mehr so still und gehorsam. Ich konnte das nur begrüßen. Als man mir einzuflüstern versuchte, es sei nicht gut, die Moskauer Probleme so öffentlich zu kritisieren und bloßzulegen, denn es sei immerhin die Hauptstadt, antwortete ich: »Gibt es diese negativen Erscheinungen? Also. Wenn wir alle diese Geschwüre und Eiterwunden zudecken, heilen wir sie nicht. Wir schmieren sie höchstens mit Salbe zu, damit man sie nicht sieht. Man muß über alle negativen Erscheinungen reden, so peinlich das auch sein mag.«

Ich sprach auch mit der Moskauer Fernsehredaktion. Sie war völlig umgebildet worden, und man hatte auch einen neuen Chefredakteur eingesetzt. Jetzt gab es interessante Sendungen, die sich mit unserer Metropole befaßten: »Moskau und die Moskauer«, »Guten Abend, Moskau« und andere. Das Moskauer Fernsehen lebte auf.

Selbstverständlich stellte sich alsbald eine schroff ablehnende Reaktion auf die Moskauer Presse und das Moskauer Fernsehen ein. Ich sagte bereits, daß Poltoranin wiederholt ins ZK zitiert wurde. Einmal behielt man ihn mehrere Stunden dort, was mich empörte. Ich verteidigte ihn auf jede erdenkliche Weise. Ständig beschwerte man sich bei Gorbatschow über Poltoranin. Während einer Politbürositzung sagte Gorbatschow zu mir: »Da hast du deinen Poltoranin!« Ich entgegnete ihm: »Poltoranin leitet die Zeitung gut, die Auflage steigt. Achten Sie lieber auf Ihren Afanassjew.« Damals konnte man schon deutlich erkennen, daß die Zahl der *Prawda*-Abonnenten sank, und das, obwohl alle Parteimitglieder die Zeitung automatisch abonnieren mußten.

Als ich abgesetzt wurde, stand natürlich fest, daß sich auch Poltoranin nicht halten würde. Tatsächlich verlor er kurz darauf seinen Posten. Doch das kam alles später. Einstweilen kämpften wir noch in Moskau weiter.

Dort lag absolut alles im argen — die Führungskräfte griffen nicht durch, der soziale Bereich wies große Mängel auf, in praktisch allen Punkten, die im Generalentwicklungsplan von 1972 für Moskau festgelegt waren, befand man sich im Rückstand. Da man bei der Anwerbung von Arbeitern aus der ganzen Sowjetunion bis zur Höchstgrenze gegangen war, lebten 1986 1,1 Millionen Menschen mehr in Moskau als geplant. Insgesamt kamen auf diese Weise jährlich etwa 700 000 Menschen in die Hauptstadt. Zählte man die Fremden und Gäste der Stadt hinzu, deren Zahl in den Sommermonaten 3 Millionen und im Winter 2 Millionen betrug und für die der soziale Bereich der Stadt ebenfalls nicht ausgelegt war, dann hatten wir die traurigen Ergebnisse, deren Zeugen wir alle wurden: Menschenschlangen, Schmutz, überfüllte Metro, überfüllte Busse und Straßenbahnen. Die Stadt war völ-

lig überlastet. Ebenso schwierig war die Lage im kulturellen Bereich. Auf 1000 Einwohner gab es zum Beispiel weniger Theaterplätze als 1917!
Die ZK-Sekretäre und Politbüro-Mitglieder bemühten sich in der ersten Zeit um Mithilfe. Gorbatschow setzte sich ja auch stets für Moskauer Belange ein, besonders im ersten Jahr. In diesem ersten Jahr hatte ich die Idee, Märkte einzurichten. Sie sollten jedoch keine einmalige Veranstaltung sein, sondern zur Dauereinrichtung werden und die Moskauer sowie die Gäste der Stadt ständig erfreuen. In jedem Stadtviertel wurden Buden und offene Stände auf unbebauten Flächen errichtet. Mit den Städten und Republiken schlossen wir direkte Verträge zur Lieferung von Obst und Gemüse ab. Die Märkte wurden eröffnet. Nicht überall wurden sie von der Bevölkerung angenommen, aber in manchen Vierteln verwandelten sie sich in richtige kleine Feste.
In Moskau setzte ich etliche Traditionen fort, die ich aus Swerdlowsk gewohnt war, zum Beispiel Bürgerversammlungen. Eine der ersten führte ich mit Moskauer Propagandaleuten durch. Im großen Saal des Hauses für politische Aufklärung fanden sich etwa zwanzigtausend Menschen ein. Ich hielt zunächst eine Rede und forderte dann das Publikum auf, mir Fragen zu stellen. Ich würde alle Fragen, selbst die unangenehmsten, beantworten. Zum Glück gab es nicht viele davon, aber es gab sie. Etwa so: »Sie haben sich jetzt mit der Moskauer Mafia angelegt. Wir haben das schon einmal erlebt. Chruschtschow nahm sich das vor und wollte uns alle in Wattejacken stecken. Was daraus wurde, ist bekannt. Wenn Sie so weitermachen, wird in zwei Jahren ein anderer auf Ihrem Po-

sten sein.« Frappierend, wie sich diese Voraussage bewahrheitete: Genau zwei Jahre später wurde ich meines Amtes als Erster Sekretär des Stadtparteikomitees enthoben und aus dem Politbüro ausgeschlossen.

Ich bekam massenhaft Briefe, die über Fälle von Korruption und Bestechung in Handel und Miliz berichteten. Diese wurden untersucht, doch konnte oder wollte man das System nicht aufdecken. Die Verwaltung für Inneres, das städtische UKGB sowie die neue Führung der Sektionen Handel und Gemeinschaftsverpflegung wurden in die Ermittlungen eingeschaltet. Man wechselte die Chefs aus, doch sonst blieb alles beim alten.

Doch die Meldungen mehrten sich. Die Moskauer schrieben, was sie sahen, jedoch meistens anonym. Auf einige Fälle stieß ich selbst. Im Fleischkombinat passierte laufend etwas — Verarbeitung von verendetem Vieh, Bestechung, Diebstahl. Alles wurde vom Ersten Sekretär des Bezirkskomitees gedeckt. In der Sitzung des Stadtkomiteebüros erörterten wir dann den Fall.

Ich erfuhr, daß ein Laden mit Kalbfleisch beliefert worden war, ging hin und stellte mich in die Schlange. In den ersten Monaten erkannte man mich ja noch nicht. Als ich an die Reihe kam, verlangte ich ein Kilo Kalbfleisch. Antwort: »Wir haben nur Rindfleisch. Kalbfleisch gibt's nicht.« — »Das stimmt nicht, rufen Sie den Direktor.« Der eine oder andere ahnte etwas, es wurde laut. Ich bestand darauf, in den Nebenraum gelassen zu werden. Dort lagerte das Kalbfleisch und wurde schon zum Fenster hinaus in einen Wagen verladen. Es entstand ein Heidenlärm, die Geschäftsleitung wurde abgesetzt.

Frage in einer Werkskantine: »Warum gibt's keine Karotten?« — »Wurden nicht geliefert.« Wir prüften es gemeinsam mit der Werksleitung. Die Karotten waren geliefert, aber am selben Tag wieder fortgeschafft worden, wie die Lastwagenfahrer erzählten. Papiere gab es nicht

In einem Lebensmittelgeschäft stehen im Büro der Direktorin einige Pakete mit Delikatessen. »Für wen ist das?« — »Bestellt.« — »Kann jeder bestellen?« Schweigen. Wir hakten nach. Die Direktorin mußte zugeben, daß die bestellten Waren an den Bezirksvollzugsausschuß, an das Innenministerium, das Bezirksparteikomitee und an städtische Behörden verteilt werden sollten. Je nach Rang des Adressaten waren die Pakete unterschiedlich sortiert.

Niemand deckt das System auf. Man wußte zwar, daß ich in die Geschäfte ging, doch offenbar hatten die Leute Angst, mich anzusprechen.

Einmal verließ ich einen Laden, als mich eine junge Frau einholte: »Ich muß Ihnen was ganz Wichtiges erzählen.« Wir machten einen Termin für ein Gespräch im Stadtkomitee aus. Bis heute kann ich nicht ohne Empörung an ihren Bericht über das Bestechungssystem denken. Alles war verblüffend gut durchdacht. Der Verkäufer »muß« den Kunden prellen und der Person, die für die Materialbeschaffung verantwortlich ist, innerhalb von 24 Stunden eine bestimmte Summe geben. Diese behält einen Teil für sich, einen Teil bekommt die Geschäftsleitung. Diese teilt ihn weiter auf, und zwar von unten nach oben. Die Basis wiederum hat ihre eigene Taxe. Jeder kennt zwei oder drei Personen, mit denen er in Kontakt steht. Auch im Großhandel gibt es ein Bestechungssystem.

Ich tat alles, um diese junge Frau vor Entdeckung zu

schützen. Sie hatte große Angst. Als sie in ein anderes Geschäft versetzt worden war, besprachen wir die Situation im kleinen Kreis. Wir beschlossen, nicht nur einzelne Leute auszuwechseln, die sich etwas hatten zuschulden kommen lassen, sondern ganze Sektoren, Blöcke, Läden, Abteilungen und Betriebe der Basis. Die Gerichte zogen in gut einem Jahr etwa achthundert Personen zur Verantwortung. Doch das ist nur ein Teil der Mafia. Bis in die Schattenwirtschaft, die bis zu 15% beträgt, und zur politischen Mafia drangen wir nicht vor. Man ließ uns nicht, und meine Frist war nach zwei Jahren zu Ende.

Was die Diskussion mit den Moskauer Propagandaleuten im Haus für politische Aufklärung betraf, so war sie für das an Grischins lange, leere, einschläfernde Reden gewöhnte Publikum ein Ereignis. Für mich wiederum war es schön, daß sich Gleichgesinnte mit mir versammelt hatten, die nicht davor zurückschreckten, jede, auch die schwerste Arbeit anzupacken.

Daß uns noch Arbeit bevorstand, daran zweifelte hier niemand. Von den 33 Ersten Sekretären mußten 23 ausgetauscht werden. Nicht alle gaben freiwillig ihren Posten auf, weil sie ihren Aufgaben nicht gewachsen waren. Manche wurden befördert, andere mußten ihren Posten nach einem offenen, sehr scharfen Gespräch bei mir oder auf einer Sitzung des Stadtkomiteebüros räumen. Es war ein schwieriger, schmerzhafter Prozeß.

Nicht immer erwies sich die Neubesetzung als Verbesserung. Wir machten manchen sinnlosen Tausch, der den Arbeitsstil und die Sachlage in einem Bezirk nicht veränderte. Solche Fehler passierten, weil ich die Moskauer Führungskräfte nicht gut genug kannte, aber auch, weil

sich die fatale Praxis eingebürgert hatte, die Führungskräfte nach den Daten in den Nomenklatura-Personalbögen auszuwählen; im Grunde wird so nicht der Mensch befördert, sondern sein Personalbogen.
Als ich später kritisiert wurde, grausam mit den Ersten Sekretären umgegangen zu sein, als ich sie quer durch die Reihen von ihren Posten absetzte, überprüfte ich die Zahlen und kam zu dem Ergebnis, daß in meiner Amtszeit 60 Prozent der Ersten Sekretäre der Bezirksparteikomitees ausgewechselt wurden. So kann ich durchaus mit Genosse Gorbatschow streiten, wer von uns in Sachen Führungskräfte möglicherweise den Bogen überspannt hat.
Im Grunde gab es weder für ihn noch für mich einen anderen Ausweg, als die auszuwechseln, die die Perestrojka bremsten. Diese Leute waren durch und durch von der Stagnation geprägt. Sie faßten die Macht nur als Mittel zur Erlangung eigenen Wohlstands und eigener Größe auf. Es waren kleine Bezirksfürsten. Hätte man sie auf ihren Posten lassen sollen? Offenbar ja, denn später wurde mir meine Erneuerungspolitik im Bereich der Führungskräfte heftig angekreidet.
Tief betroffen hat mich der tragische Fall des Ersten Sekretärs des Kiewer Bezirksparteikomitees. Er beging Selbstmord durch einen Sprung aus einem Fenster im sechsten Stock. Er hatte schon ein halbes Jahr nicht mehr im Parteikomitee gearbeitet, war Stellvertreter des Personalleiters im Buntmetallministerium geworden, und alles schien normal zu gehen. Plötzlich dann dieser Selbstmord. Nach einem Telefonanruf hatte er sich aus dem Fenster gestürzt. Später, als man anfing, mich zu ja-

gen, versuchte der eine oder andere, auch diesen tragischen Vorfall für seine Zwecke auszunützen mit der Behauptung, dieser Mann habe deshalb Selbstmord begangen, weil ich ihn seines Amtes als Erster Sekretär des Bezirksparteikomitees enthoben hätte. Man erdichtete sogar die Legende, er sei aus der Besprechung des Büros hinausgegangen und habe sich aus dem Fenster gestürzt. Das war eine absolute Lüge. Am meisten aber erschütterte mich, daß gewisse Leute sogar noch aus dem Tod eines Menschen Profit schlagen wollen.

Ich möchte noch eine Episode aus meiner turbulenten Amtszeit als Erster Sekretär erzählen, an die man mich später lange erinnern sollte. Es geht um die Sache mit der konservativ-nationalistischen Gruppe »Pamjat«.

Eines Tages bekam ich einen Anruf aus der Verwaltung für Inneres. Fast mit Panik in der Stimme teilte man mir mit, in der Moskauer Innenstadt versammle sich die Gruppe »Pamjat« mit Spruchbändern und Plakaten und fordere irgend etwas. Es war die erste nicht genehmigte Massenkundgebung in Moskau. Etwa drei- bis vierhundert, vielleicht auch fünfhundert Menschen waren zum Platz des 50. Jahrestags der Oktoberrevolution marschiert. Sie standen lange dort und entfalteten Spruchbänder mit durchaus nicht anstößigen Parolen über die Perestrojka, die Sowjetunion, die Freiheit, den verrotteten Apparat. Es gab auch die Losung: »Wir fordern Jelzin oder Gorbatschow.« Saikin fuhr mehrmals zu ihnen, doch die Demonstration löste sich nicht auf. Es waren etliche Stunden vergangen, die Menge schwoll an. Man mußte Maßnahmen ergreifen.

Da bei uns ungeachtet der Verfassung, die uns vieles gewährt, in der Realität lediglich zwei Demonstrationen erlaubt waren, nämlich am 1. Mai und am 7. November, gab es eine zuverlässig erprobte Methode, mit derartigen Erscheinungen fertig zu werden. Man rief die Miliz, kesselte die Demonstranten ein und forderte sie ein letztes Mal auf, sich zu zerstreuen. Taten sie das nicht, vertrieb man sie oder drehte ihnen die Arme auf den Rücken und nahm sie fest. Damit endete immer alles problemlos. Ich beschloß, anders vorzugehen, und sagte, ich würde mit ihnen sprechen. Seither bezichtigen mich meine Gegner der, um mich milde auszudrücken, Freundschaft mit »Pamjat«.

Ich sagte Saikin, er solle ihren Führern ausrichten, ich sei einverstanden, mit ihnen zu sprechen, und schlage drei Treffpunkte vor: das Haus der Räte, das Parteistadtkomitee oder das Haus für politische Aufklärung. Sie wählten das Haus der Räte und gingen zu Fuß dorthin. Die Versammlung fand im großen Saal statt, der knapp tausend Menschen faßt. Als alle saßen, schlug ich vor, sie sollten zunächst ihre Anliegen vortragen, damit ich wisse, was sie wollten. Mehrere Redner sprachen. Manche Ideen und Gedanken waren vernünftig, zum Beispiel der Hinweis auf die Notwendigkeit, mit der russischen Sprache sorgfältig umzugehen, die russische Geschichte nicht verzerrt darzustellen oder die Denkmäler aus alter Zeit zu schützen. Es gab auch extremistische Äußerungen. Am Ende der Versammlung sagte ich: »Wenn euch wirklich das Schicksal der Perestrojka und unseres Landes am Herzen liegt und nicht nur eure eigenen Ambitionen, dann werdet ihr selbst mit dem Extremismus in euren Reihen fertig werden. Bringt euer Programm und eure Satzung her. Wenn ihr vorhabt, im Rahmen der Verfassung zu agieren, dann laßt euch als öffentliche Organisation ins Register eintragen und beginnt eure Arbeit.« Das war auch schon alles, was ich den »Pamjat«-Leuten zu sagen hatte. Die Vernünftigen in der Gruppe setzten sich später von ihr ab. Ich selbst hatte keine weitere Begegnung mehr mit »Pamjat«.

Wir alle arbeiteten damals mit ungewohntem Schwung. Die Staatsführung vertraute mir nicht nur, sondern unterstützte mich auch, da sie um die Bedeutung Moskaus wußte und begriff, daß man in der Hauptstadt Ordnung schaffen mußte. Die Führer der Verwaltung für Inneres und des KGB, ihre Stellvertreter und viele Hauptverwaltungsleiter wurden ausgewechselt.

Ich verlangte von der Führung der Verwaltung für Inneres und des KGB, mir regelmäßig über die Lage in der Stadt und über sämtliche »besonderen Vorkommnisse« Bericht zu erstatten. Zugleich versuchte ich die breite Öffentlichkeit, die Parteiorgane, Räte und Industrieunternehmen in die Kampagne mit einzubeziehen, um in Moskau Ordnung zu schaffen. Regelmäßig fanden in der ganzen Stadt Razzien statt. In einem Viertel nach dem anderen wurde jeder Hof, jeder Keller, jeder Speicher, jedes leerstehende Haus durchgekämmt. Diese Razzien brachten keine schlechten Ergebnisse. Neben der Auflösung von Konfliktherden und Treffpunkten von Gaunern, Alkoholikern, Pennern oder Drogensüchtigen wurden zur Überraschung der Miliz einige Verbrecher gefaßt, die auf der landesweiten Fahndungsliste standen. Die Hauptsache aber war, daß diese Razzien nicht demonstrativ, nicht im Rahmen einer besonderen Aktion,

sondern ständig durchgeführt wurden. Wir veränderten den Turnus immer wieder, damit sich die lichtscheuen Elemente nicht auf diese »Säuberungen« der Stadt einstellen konnten.
Wie bereits erwähnt, war die Infrastruktur von Moskau völlig überlastet. Ich wollte mich mit eigenen Augen und nicht nur aufgrund der Statistik überzeugen, wie angespannt die Situation im öffentlichen Verkehr war. Ich wollte nicht einfach nur mit der Metro und dem Bus fahren, sondern wollte auch in der Stoßzeit am eigenen Leib erfahren, wie sich die Moskauer zu ihrem Arbeitsplatz durchkämpften. Ich wußte zum Beispiel, daß viele Arbeiter der Chrunitschewfabrik in der neuen Satellitenstadt Strogino wohnen. Ich war also um sechs Uhr morgens in Strogino, stieg gemeinsam mit den verschlafenen Arbeitern in den Bus und in die Metro um. Unterwegs sagten mir die müden, angespannten, aufgebrachten Menschen mancherlei über uns, die Bosse, die das Land verkommen ließen ... Dann stieg ich noch einmal in den Bus um und war um 7 Uhr 15, genau zu Arbeitsbeginn, am Tor der Fabrik. Ich unternahm mehrere solcher Fahrten.
Die Reaktion des Politbüros auf meine Fahrten mit öffentlichen Verkehrsmitteln war eigenartig. Laut und offen drückte niemand seine Mißbilligung darüber aus, aber hinter vorgehaltener Hand gelangte die Empörung doch zu mir. Als dann die Zeit anbrach, wo man mich kritisieren konnte, sprudelte alles heraus, was sich angestaut hatte. Meine Fahrten mit Metro und Bus wurden als billiger Versuch gewertet, mich bei den Leuten einzuschmeicheln.
Das war albern, denn ich wollte ja vor allem selbst her-

ausbekommen, was wirklich im öffentlichen Verkehr los war und was man unbedingt unternehmen mußte, um den Bürgern die Stoßzeiten zu erleichtern. Nach diesen Fahrten trafen wir einige Entscheidungen. Wir machten zum Beispiel einen Zeitplan für den flexiblen Arbeitsbeginn der Moskauer Unternehmen, setzten neue Linien ein und arbeiteten einige andere Maßnahmen aus.

Und was meine Popularität angeht: Aus einem unerfindlichen Grund wollte sie niemand außer mir erwerben. Dabei war es doch offenbar so leicht, man fuhr mit öffentlichen Verkehrsmitteln, und schon hatte man sie!

Diese stürmische Reaktion auf meine Fahrten mit öffentlichen Verkehrsmitteln kam für mich völlig überraschend. In Swerdlowsk war das etwas ganz Normales gewesen; die Leute beachteten es kaum, daß der Erste Sekretär Straßenbahn fuhr. Hier in Moskau wurde das zu einem Ereignis, das allerhand böswilliges Gerede auslöste.

Während meiner Amtszeit wurden einige Grundsatzentscheidungen für Moskau getroffen. Zum Beispiel wurde vom Politbüro die von uns eingereichte Resolution über den Entwicklungsplan der Hauptstadt verabschiedet. Er enthielt die äußerst wichtige Entscheidung über den Anwerbungsstopp für Arbeiter aus anderen Städten. Das Anwerben bis zur Höchstgrenze sprengte Moskau einfach. Die Unternehmensleiter setzten die angeworbenen Kräfte für die unqualifiziertesten Arbeiten ein. Diese fatale Praxis bremste die Modernisierung der Unternehmen, da es erheblich leichter war, beliebig viele Arbeiter von auswärts anzuwerben, als die Produktionsanlagen zu verbessern.

Diese »Limitschiks« waren im Grunde die Sklaven des entwickelten Sozialismus Ende des 20. Jahrhunderts. Sie besaßen praktisch keinerlei Rechte. Durch die zeitlich begrenzte Moskauer Aufenthaltserlaubnis, durch das Wohnheim und den Traum von der ständigen Anmeldung waren sie an das Unternehmen gekettet. Mit ihnen konnte man anstellen, was man wollte, und dabei gegen Gesetz und Arbeitsgesetz verstoßen. Aus Angst vor dem Verlust der Aufenthaltsgenehmigung beschwerten sie sich weder mündlich noch schriftlich bei irgendeiner Behörde. Erniedrigung und Ungerechtigkeit ertränkten viele in Wodka. Die Gegenden um die Wohnheime für »Limitschiks« waren potentielle Herde für Kriminalität.

Eine andere wichtige Entscheidung, die wir in dieser Zeit trafen, galt der Erfassung von Unternehmen, die aus Moskau in andere Gebiete verlegt werden sollten. Sie betraf Werke und Fabriken, die die Stadt verschmutzten und Produkte herstellten, die aus Moskau ausgeführt wurden. Wir entwarfen Pläne zur Strukturverbesserung des Stadtkerns. Zahlreiche Büros sollten ausquartiert und die Innenstadt für Geschäfte, Theater, Museen, Imbißstuben, Restaurants und ähnliches freigemacht werden.

Große Aktionen wurden im Moskauer Staatlichen Institut für Internationale Beziehungen (MGIMO), im Ministerium für Außenhandel und im Außenministerium durchgeführt. Als die Kommissionen, die die Situation in diesen Behörden überprüfen sollten, ihre Befunde vorlegten, hatte man allerhand Grund zum Erschrecken: Vetternwirtschaft, dunkle Machenschaften und ähnliches. In den Zuständen dort spiegelte sich das ganze Wesen unserer von Doppelmoral und Heuchelei durchdrungenen Gesellschaft. Aus dem Mund hoher und nicht so hoher Redner sowie aus allen Propagandaposaunen schallte die hysterische Schelte des faulenden Kapitalismus und der schrecklichen Übel der westlichen Gesellschaft, erklang das Grauen vor »ihrer« Lebensweise und anderes mehr. Gleichzeitig unternahmen die Nomenklatura-Väter alles Mögliche und Unmögliche, um ihre eigenen Kinder in Instituten unterzubringen, die Diplomaten und Fachleute für Auslandsreisen ausbildeten. Sie waren zu jeder Lüge, zu jedem Märchen über den »entwickelten Sozialismus« und den in Todeszuckungen liegenden Westen bereit, um auch einmal eine Auslandsdienstreise zu ergattern und im verrottenden Kapitalismus einen Monat oder ein Jahr verfaulen zu können.

In diesen jahrelang von jeder Kritik abgeschotteten Organisationen mußte gründlich Ordnung gemacht werden. Mit dem Außenministerium war es leichter. Dort räumte Schewardnadse rasch mit den Pseudoexperten auf, die die höchste außenpolitische Behörde füllten. Im MGIMO und im Ministerium für Außenhandel ging die Gesundung des Personalbestands langsamer voran, doch auch hier gab es Fortschritte. Die dortige Partei- und Verwaltungsspitze wurde ausgewechselt, und allmählich kehrte Ordnung ein.

Mein tägliches Arbeitspensum erreichte selbst für mich die äußerste Grenze. Ich arbeitete von sieben Uhr morgens bis Mitternacht durch, manchmal auch darüber hinaus. Auch samstags arbeitete ich den ganzen Tag. Am

Sonntag fuhr ich den halben Tag entweder die Märkte ab oder schrieb Reden und beantwortete Briefe.
Sätze wie: Wenn ein Chef zwanzig Stunden am Tag arbeitet, dann ist er ein schlechter Organisator und kann sich seine Arbeit nicht richtig einteilen, kann ich nicht ernst nehmen. Ich hätte natürlich nach einer Sitzung des Stadtkomiteebüros abends um acht Uhr zu meiner Familie nach Hause fahren können. Aber ist es wirklich eine schlechte Arbeitseinteilung, wenn ich nach Feierabend in einen Laden gehe, um zu sehen, was angeboten wird, danach in eine Fabrik fahre, mit den Arbeitern spreche, mit eigenen Augen sehe, wie der abendliche Schichtwechsel organisiert ist und erst um Mitternacht nach Hause komme?
Manchmal, wenn ich nachts nach Hause kam, öffnete mein Leibwächter die Tür des »SIL«, aber ich hatte keine Kraft mehr zum Aussteigen. So saß ich fünf bis zehn Minuten da, kam allmählich wieder zu mir, meine Frau stand auf der Vortreppe und schaute mich in großer Sorge an. Ich konnte nicht einmal mehr die Hand heben, so erschöpft war ich.
Trotz der deutlichen Veränderungen zum Guten und des emotionalen Auftriebs im ganzen Land spürte ich, daß wir gegen eine Wand stießen und uns diesmal nicht mit neuen schönen Worten über Umbau und Erneuerung herausreden konnten. Konkrete Tatsachen und neue Schritte waren nötig. Aber Gorbatschow wollte keine neuen Schritte machen. Am meisten scheute er davor zurück, den Parteiapparat und die Bürokratie anzutasten, diese heiligsten unserer Systeme. Ich ging in meinen Reden auf Versammlungen mit Moskauer Bürgern deutlich

weiter. Natürlich erstattete man ihm über alles Bericht; unser Verhältnis kühlte sich ab.
Nach und nach empfand ich im Politbüro aggressive Gespanntheit nicht nur mir gegenüber, sondern auch gegenüber den Fragen, die ich aufwarf. Eine gewisse Entfremdung machte sich bemerkbar. Die Situation verschärfte sich besonders nach ein paar ernsthaften Zusammenstößen mit Ligatschow über die Frage der Vergünstigungen und Privilegien. Ebenso scharf diskutierte ich mit ihm die Resolution über die Bekämpfung des Alkoholismus. Er forderte darin, die Brauereien in Moskau zu schließen und den Handel mit alkoholischen Getränken aller Art, sogar Wein und Bier, drastisch zu beschränken.
Seine ganze Kampagne gegen den Alkoholismus war überhaupt seltsam dilettantisch und absurd. Nichts hatte er bedacht, weder die wirtschaftliche noch die soziale Seite der Sache. Er ritt sinnlose Attacken, und dabei verschlimmerte sich die Lage mit jedem Tag und Monat. Ich machte Gorbatschow mehrmals darauf aufmerksam. Doch er bezog aus irgendeinem Grund eine abwartende Haltung, obwohl doch ganz klar war, daß man die Trunksucht, dieses jahrhundertealte Übel, nicht im Handstreich aus der Welt schaffen konnte. Die Angriffe gegen mich wurden heftiger. Ligatschow und Solomenzew machten gemeinsam gegen mich Front. Sie hielten mir das Beispiel einer Republik vor: In der Ukraine sei der Verkauf von Wein und Schnaps um 46% zurückgegangen. Ich erwiderte: »Warten wir ab, was dort in ein paar Monaten los ist.« Tatsächlich trank man bald alles, was flüssig war, und begann lauter Fusel zu schnüffeln. Die Zahl der Schwarzbrennereien schnellte in die Höhe.

Man trank nicht weniger, aber sämtliche Einnahmen aus dem Verkauf von Spirituosen, die früher der Staat bezog, wanderten in den Untergrund zu den illegalen Schnapsbrennern. Die Fälle von Vergiftungen, auch solche mit tödlichem Ausgang, nahmen katastrophal zu. Die Situation spitzte sich zu, und zugleich berichtete Ligatschow munter über die Erfolge im Kampf gegen den Alkoholismus. Damals war er der zweite Mann in der Partei und kommandierte alle. Ihn von irgend etwas zu überzeugen war völlig unmöglich. Ich konnte mich mit seinem Starrsinn und seinem Dilettantismus nicht abfinden, aber ich erhielt von niemandem Unterstützung. Es wurde Zeit für mich, mir Gedanken über mein weiteres Vorgehen zu machen.

Ich hoffte immer noch, daß Gorbatschow die Absurdität dieser Politik der halben Maßnahmen und des Auf-der-Stelle-Tretens einsähe. Mir schien, daß sein Pragmatismus und seine Intuition ausreichen müßten, um zu begreifen, daß es an der Zeit war, dem Apparat den Kampf anzusagen. Es allen, den Bürokraten und dem Volk, recht zu machen, würde ihm nicht gelingen. Man kann nicht gleichzeitig zwei Herren dienen.

Ich bat ihn um ein Gespräch. Diese sehr ernsthafte Unterredung dauerte knapp zweieinhalb Stunden. Als ich kürzlich meine Papiere durchsah, fand ich die Notizen, die ich mir anschließend gemacht hatte. Ich erinnere mich, daß mich das Gespräch ziemlich erregt hatte und ich es gleich danach in Stichworten aufschrieb.

Zum letzten – wie man im Theater sagt – dritten Mal klingelte es für mich auf einer Politbürositzung, auf der Gorbatschows Redeentwurf zum 70. Jahrestag der Oktoberrevolution erörtert wurde. Er war uns, den Mitgliedern und Kandidaten des Politbüros sowie den ZK-Sekretären, drei Tage zuvor übermittelt worden, damit wir ihn eingehend studieren konnten.

Die Erörterung dauerte nicht lange. Fast jeder in der Runde glaubte, ein paar Worte sagen zu müssen. Im wesentlichen waren die Kommentare positiv, mit einigen prinzipiellen Anmerkungen. Doch als die Reihe an mich kam, brachte ich mit Nachdruck etwa zwanzig sehr gewichtige Punkte vor, in denen ich anderer Meinung war. Sie betrafen die Partei, den Apparat, die Bewertung der Vergangenheit, das Konzept der künftigen Entwicklung unseres Landes und vieles andere.

Da passierte etwas Unerwartetes: Gorbatschow hielt es nicht aus, unterbrach die Sitzung und lief aus dem Raum. Alle Angehörigen des Politbüros und die ZK-Sekretäre saßen schweigend da und wußten nicht, was sie tun und wie sie reagieren sollten. Das dauerte etwa dreißig Minuten. Als er wieder erschien, nahm er nicht zum Inhalt meiner Anmerkungen Stellung, sondern griff mich persönlich an. Jetzt kam alles raus, was sich offenbar in letzter Zeit in ihm angestaut hatte. Außerdem war die Form äußerst kritisch, beinahe hysterisch. Ich hätte am liebsten den Raum verlassen, um diese an Beleidigung grenzende Kritik nicht zu hören.

Unter anderem sagte er auch, in Moskau stehe alles schlecht, alle würden nur um mich herumwirbeln, mein Charakter sei so und so, andauernd kritisiere ich und jetzt im Politbüro hätte ich diese Kritikpunkte geäußert. Er habe den Redeentwurf mühsam ausgearbeitet, und ich habe mir erlaubt, ihn derartig in Frage zu stellen. Er redete ziemlich lange, wohl an die vierzig Minuten.

Zweifellos haßte mich Gorbatschow in dem Moment, was ich, ehrlich gesagt, nicht erwartet hatte. Ich wußte, daß er irgendwie auf meine Kritik reagieren würde, aber daß er es so tat, in dieser Form, fast wie auf dem Markt und ohne auf das einzugehen, was ich gesagt hatte!

Die anderen saßen still da, hielten den Mund und hofften wohl, daß man sie nicht bemerken werde. Keine Worte der Verteidigung, aber auch keine der Verurteilung. Die Situation war schwer erträglich. Als er geendet hatte, stand ich auf und sagte, daß ich manche meiner Kritikpunkte noch einmal überdenken wolle. Was an seiner Kritik stimme, wolle ich bei meiner Arbeit berücksichtigen, doch die meisten Vorwürfe könnte ich nicht akzeptieren, weil sie tendenziös seien und noch dazu in unzulässiger Form vorgetragen.

Damit war die Erörterung beendet, und alle gingen ziemlich betreten auseinander. Ich war natürlich erst recht betroffen. Das war der Anfang, der Anfang vom Ende. Nach dieser Sitzung des Politbüros nahm er mich gewissermaßen nicht mehr wahr, obwohl wir uns offiziell mindestens zweimal in der Woche sahen. Er vermied es, mir die Hand zu geben, grüßte mich stumm; auch Gespräche gab es nicht mehr.

Ich spürte, daß er schon damals entschlossen war, den Scherereien mit mir ein Ende zu setzen. In seiner gehorsamen Mannschaft hatte ich mich als Störenfried entpuppt.

7

10. März 1989

— Wahltagebuch —

Ich werde mich niemals daran gewöhnen. Jedesmal, wenn sich wieder ein Schwall von Verleumdungen und Provokationen über mich ergießt, setzt mir das sehr zu. Dabei wäre es doch langsam Zeit, ruhig und gelassen zu reagieren, aber ich kann es einfach nicht!

Vor kurzem wurde mir von mehreren Seiten telefonisch mitgeteilt, in den Bezirksparteikomitees sei eine anonyme systematische Anleitung von zehn Seiten zur Diskreditierung des Kandidaten Jelzin in Umlauf gebracht worden. Schon bald brachte man mir ein Exemplar. Ich zwang mich, diesen Text durchzulesen — und regte mich wieder auf! Nicht, weil sich die Wähler von mir abwenden könnten, denn ich nahm doch an, daß kein normaler, anständiger Mensch so eine anonyme Verleumdung glauben würde. Mich erschütterte vielmehr, wie weit unser System moralisch verkommen ist.

Es gelang nicht, den Urheber dieses Machwerks festzustellen, doch es stammt von ziemlich hoch oben, denn

die Führung sah sich zu unverzüglichem Handeln genötigt. Die Sekretäre der Bezirksparteikomitees beriefen die aktiven Parteimitglieder der Unternehmen und Organisationen zu Versammlungen ein und lasen ihnen diese Schmähschrift laut vor. Ich kann nicht umhin, einige besonders denkwürdige Stellen daraus zu zitieren: »Wie paradox es auch ist: Als Anhänger autoritärer Schraubstockmethoden bei der Arbeit mit Führungskräften hält er es doch für möglich, der antistalinistischen Gesellschaft ›Memorial‹ beizutreten. Ist die Bandbreite seiner politischen Vorlieben nicht ein bißchen zu groß? Er fühlt sich sowohl zu ›Memorial‹ hingezogen, wo er plötzlich mit Solschenizyn in einem Boot sitzt, als auch zu ›Pamjat‹, deren Mitgliedern er sich 1987 bereitwillig zu einem Gespräch stellte. Ist das nicht eine Flexibilität, die de facto zur Prinzipienlosigkeit wird?« — »Er kämpft sehr aktiv um seine Aufstellung als Kandidat für den Volksdeputiertenkongreß und hat im Grunde alles auf eine Karte gesetzt. Was bewegt ihn? Die Interessen der kleinen Leute? Warum kann er die nicht in seiner jetzigen Eigenschaft als Minister vertreten? Ihn bewegen doch eher sein gekränkter Ehrgeiz und seine Ambitionen, die er immer noch nicht ablegen konnte, und außerdem der Kampf um die Macht. Warum sollen die Wähler zu Marionetten in seinen Händen werden?« — »Es entsteht der Eindruck, als versuche er, mit der Wahl zum Abgeordneten den einfachen Weg zu gehen und ein bequemes ›politisches Dach‹ zu finden.« — »Das ist kein Politiker, sondern ein politischer Limitschik.«
Man nahm wohl an, die Parteifunktionäre würden mit diesem Dokument in ihre Kollektive gehen und den

Werktätigen dort die Augen öffnen, was für ein übler Bursche dieser Jelzin sei.
Aber diese Rechnung ging nicht auf. Natürlich gingen die Funktionäre der Basisorganisationen unter die Massen. Aber wie sie dort empfangen wurden! Viele übrigens empörten sich schon bei diesen Lesungen und forderten, diese Provokation des Abgeordnetenkandidaten Jelzin abzubrechen. Fest steht, daß diese Aktion des Apparats, den die Zeitung *Moskowskije nowosti* dankenswerterweise enthüllte, überhaupt nichts bewirkte.
Als ich einmal nachzählte, wie viele große und kleine Provokationen gegen mich gestartet worden waren, nur damit ich nicht gewählt wurde, staunte ich selbst: Das hätte für den ganzen Obersten Sowjet gereicht! Geplatzte Versammlungen mit Werksbelegschaften, weil kein Raum zur Verfügung gestellt wurde, organisierte Verbreitung der anonymen Schmähschrift, Verfälschung und Betrug — ich bekam von allem mein volles Maß.
Ganz traurig wurde es, als sich das Zentralkomitee der KPdSU der Sache annahm. Das geschah auf dem Plenum, als die KPdSU im übrigen ihre direkten Abgeordneten auf geradezu schändliche Weise als gesellschaftliche Organisation wählte. Dort wurde auch eine eigene Resolution über mich verabschiedet. Am Tag darauf erschien in allen Zeitungen die Mitteilung, es sei beschlossen worden, eine Kommission unter Leitung des Politbüro-Mitglieds Wadim Medwedew zu bilden, die meine Äußerungen auf Wahlversammlungen und Kundgebungen überprüfen solle.
Alles begann mit dem Auftritt des Arbeiters und ZK-Mitglieds Tichomirow, dieses Prototyps eines gehorsamen,

beflissenen Pseudo-Bestarbeiters, der vom System gehegt und gepflegt wird. Von diesen »Arbeitern« gab es in der jüngsten Vergangenheit viele; sie waren gewissermaßen das Sprachrohr der Arbeiterklasse, in deren Namen sie die abenteuerlichsten Entscheidungen der Partei und Regierung billigten und unterstützten, angefangen beim Einmarsch der Truppen in die Tschechoslowakei über Solschenizyns Verbannung und die Hetzjagd auf Sacharow bis hin zum Krieg in Afghanistan. Für diese Zwecke hatte man immer solch einen Arbeiter parat. Der Schriftsteller Daniil Granin nannte ihn treffend den »Nomenklatura-Tichomirow«.

Tichomirow also erklärte auf dem Plenum, wir könnten es uns nicht mehr leisten, so einen wie diesen Jelzin in den starken Reihen des ZK zu haben. Er verleumde in seinen Reden auf Versammlungen und Kundgebungen die Partei, erlaube sich sogar Kritik am Politbüro und kritisiere die Bürokratie, obwohl er selber Bürokrat sei. »Ich versuchte, ihn in seinem Arbeitszimmer zu sprechen«, sagte Tichomirow, »aber er ließ mich, ein ZK-Mitglied, vierzig Minuten im Vorzimmer warten.«

Das war wieder eine Lüge. Er war tatsächlich zu mir gekommen und hatte tatsächlich im Vorzimmer gewartet. Doch er war ohne Anmeldung erschienen, und ich hatte gerade eine Besprechung mit führenden Fachleuten aus der Staatlichen Baubehörde. Sobald mir meine Sekretärin mitteilte, Tichomirow warte im Vorzimmer, bat ich, da ich ihn kannte, die Genossen um eine Pause und sprach mit ihm. Er war aus einem ganz nebensächlichen Anlaß gekommen; schon damals hatte ich leise Zweifel, ob er wirklich aus dem angegebenen Grund bei mir vor-

beischauen wollte. Als er auf dem Plenum ans Rednerpult stürzte, war mir alles klar.
Ich trat sofort nach ihm vor und sagte, das sei alles Verleumdung. Gorbatschow hätte die Diskussion in dieser Situation behutsamer lenken müssen und diesen offenkundig provokativen Ausfall gegen mich nicht beachten dürfen. Doch entweder war er schon zu stark gereizt, oder die ganze Sache war bewußt eingefädelt worden — jedenfalls schlug er vor, diese Kommission zu bilden.
Die Nachricht darüber brachte die Menschen noch mehr auf. In diesen Tagen erhielt ich aus der ganzen Sowjetunion Briefe und Telegramme, in denen gegen die Bildung der ZK-Kommission protestiert wurde. Die Entscheidung des Plenums sicherte mir wohl noch zusätzlich ein paar Prozent der Stimmen bei der Wahl.

»Wissen unsere Parteiführer, daß es in unserem Land an elementaren Dingen, an Essen, Kleidung, Seife fehlt? Gelten für sie etwa andere Gesetze?«

»Seit Glasnost erlaubt ist, hat man uns angeblich alles erzählt. Man hat uns sogar die Geheimnisse der politischen Macht ›vor noch nicht allzu langer Zeit‹ verraten. Warum bewahrt man über das Leben unserer heutigen Regierung Stillschweigen? Warum weiß das Volk nichts über seine Führer, über ihr Einkommen und ihren Lebensstil?«

»Wie fühlten Sie sich im ›Nomenklatura-Paradies‹?«

Fragen Moskauer Bürger

Um Gorbatschows Wahl zum Generalsekretär im März 1985 auf dem ZK-Plenum ranken sich verschiedene Gerüchte. In einem dieser Mythen heißt es, die vier Politbüro-Mitglieder, die Gorbatschow als Kandidaten aufgestellt hatten, hätten das Schicksal der Sowjetunion entschieden. Ligatschow sprach dies auf der 19. Parteikonferenz offen aus, womit er meiner Ansicht nach Gorbatschow persönlich wie auch alle diejenigen beleidigte, die an der Wahl des Generalsekretärs teilgenommen hatten. Natürlich hatte es einen Kampf gegeben. Insbesondere hatte man die Liste der von Grischin geplanten Politbüro-Mannschaft gefunden; Grischin wollte bekanntlich Parteiführer werden. Weder Gorbatschow noch viele andere waren in dieser Liste aufgeführt.

Dennoch entschied diesmal das ZK-Plenum das Schicksal des Generalsekretärs. Praktisch alle Teilnehmer an diesem Plenum, darunter auch sehr erfahrene Erste Sekretäre, hielten Grischin für völlig ungeeignet. Seine Wahl wäre verheerend für die Partei und das ganze Land gewesen. In kürzester Frist hätte er die gesamte Parteiorganisation des Landes so austrocknen lassen wie die Moskauer. Das durfte man in keinem Fall zulassen. Außerdem sprach sein Charakter — Selbstzufriedenheit, Arroganz, Bewußtsein der eigenen Unfehlbarkeit und Machtgier — gegen ihn.

Viele Erste Sekretäre waren der Meinung, man müsse aus dem Politbüro unbedingt Gorbatschow als Kandidaten für das Amt des Generalsekretärs aufstellen. Er besaß die meiste Energie, war gebildet und hatte das richtige Alter. Wir beschlossen, auf ihn zu setzen, und sprachen mit einigen Politbüro-Mitgliedern, darunter auch mit Ligatschow. Er war der gleichen Ansicht und fürchtete Grischin ebenso wie wir. Nachdem klar war, daß die meisten diese Auffassung teilten, beschlossen wir, einmütig gegen einen anderen Kandidaten — ob nun Grischin, Romanow oder irgendein anderer — zu stimmen und ihn durchfallen zu lassen.

Im Politbüro fand offenbar auch ein Gespräch statt. Unser fester Entschluß war den Sitzungsteilnehmern bekannt, und auch Gromyko unterstützte diesen Standpunkt. Er war es dann auch, der auf dem Plenum Gorbatschow als Kandidaten vorschlug. Grischin und seine Umgebung riskierten nicht, irgend etwas zu unternehmen; sie hatten erkannt, daß ihre Chancen klein oder vielmehr gleich Null waren. Deshalb ging Gorbatschows Kandidatur ohne Komplikationen durch. Das war im März.

Am 23. April 1985 fand das berühmte Aprilplenum des Zentralkomitees der Partei statt, auf dem Gorbatschow die Grundrichtungen seines Kurses verkündete, des Kurses der Perestrojka.

Als Gorbatschow an die Macht gekommen war, konnte sich in unserem Land wohl kaum jemand vorstellen, welche ungeheure Bürde er damit übernommen hatte. Wahrscheinlich war auch ihm nicht restlos klar, wie zerrüttet das Erbe war, das er nun antrat.

Was er vollbracht hat, wird zweifellos in die Geschichte eingehen. Ich mag keine hehren Worte, doch was Gorbatschow begonnen hat, verdient sie. Er hätte genauso weitermachen können wie Breschnew und Tschernenko. Für seine Amtszeit hätten wohl noch die Naturschätze und die Geduld des Volkes ausgereicht, um ein sattes, glückliches Leben an der Spitze des totalitären Staates zu führen. Er hätte sich mit Orden behängt, das Volk hätte Lieder und Verse auf ihn gedichtet. Dennoch wählte er einen ganz anderen Weg und begann, einen Berg zu erklimmen, dessen Gipfel man noch gar nicht sieht. Niemand weiß, wie die Besteigung enden wird, ob eine Lawine uns alle überrollen oder dieser Riesenberg doch bezwungen wird.

Manchmal fragte ich mich, warum er sich trotzdem zu Veränderungen entschloß. Weil er noch relativ jung war?

Weil ihm die Verlogenheit und Heuchelei zuwider waren, die unsere Gesellschaft fast bis aufs Fundament zerstört haben? Weil er spürte, daß die Sowjetunion die Chance hatte, sich mit einem Schlag von der Vergangenheit loszureißen und ein zivilisiertes Land zu werden? Ich weiß auf diese Fragen keine Antwort. Eines Tages, so hoffe ich, wird er uns von scinen Motiven für die Suche nach neuen Wegen im April 1985 erzählen.

Am schlimmsten war, daß er in dem Augenblick, als er sich zu den ersten Schritten entschlossen hatte, praktisch allein dastand, allein inmitten der Urheber und Regisseure der Stagnationszeit, die über die Unerschütterlichkcit der alten Ordnung wachten. Später wurde es leichter für ihn, und noch später begann er selbst den Ereignissen hinterherzuhinken, doch in jenem entscheidenden Moment handelte er erstaunlich präzise. Nirgendwo verscheuchte er die alte Mafia des Parteiapparats, die über lange Zeit stark war und, falls notwendig, jeden Generalsekretär hätte verschlingen können, ohne sich zu verschlucken. Ein Mitglied der Mannschaft Breschnews und Tschernenkos nach dem anderen schickte er sanft und sauber in Pension. Bald schon hatte er seine eigenen Leute um sich versammelt, mit denen er jeden Beschluß in Ruhe fassen konnte.

Ein noch größerer Erfolg erwartete ihn jedoch im Ausland. Natürlich war seine Ausgangsbasis sehr günstig. Nach Breschnew wurde jeder Führer der Sowjetunion, der sich normal artikulieren konnte, als Held gefeiert. Doch es lag nicht nur daran. Gorbatschow ist im Ausland objektiv beliebt. Wenn ich sehe, wie gut er jenseits unserer Grenzen aufgenommen wird, kann er mir sogar leid tun, denn er muß ja zurückkehren in ein Land, das von Problemen und Widersprüchen zerrissen wird. Keiner ruft ihm hier in Ekstase »Gorbi!« zu. Das Leben ist für ihn hier ganz anders, nämlich rauh.

Doch zurück zum April 1985.

Die Menschen glaubten an den Politiker und Realisten Gorbatschow und akzeptierten seine internationale Politik des neuen Denkens. Allen war klar, daß man nicht mehr so leben und arbeiten konnte, wie man es viele Jahre lang getan hatte. Das hätte Selbstmord für unser Land bedeutet. Der richtige Schritt war getan, obwohl es natürlich eine Revolution von oben war. Solche Revolutionen kehren sich im Endeffekt unweigerlich gegen den Apparat, wenn dieser nicht imstande ist, die Initiative des Volkes auf das für ihn annehmbare Maß zu drosseln. Dieser Apparat begann, sich der Perestrojka zu widersetzen, sie zu bremsen und zu bekämpfen. Sie drehte leer durch und kam nicht vom Fleck. Zudem erwies sich das Konzept der Perestrojka leider als nicht genügend durchdacht. Es wirkte eher wie eine Sammlung neuer, klingender Parolen und Appelle.

Als ich Gorbatschows Buch »Perestrojka und neues Denken« las, glaubte ich, darin die Antwort auf die Frage zu finden, wie er sich unseren Weg in die Zukunft vorstellt. Doch ich hatte nicht den Eindruck, daß dieses Buch theoretisch in sich stimmig ist. Es wird nicht klar, wie er sich den Umbau unseres Hauses vorstellt, mit welchem Material und nach welchen Plänen das geschehen soll. Gorbatschows Unglück besteht vor allem darin, daß er bis jetzt noch keine theoretisch und strategisch gründlich durchdachten Schritte vorweisen kann, sondern nur Parolen.

Es ist erstaunlich: Seit Verkündung der Perestrojka im April 1985 sind bereits über vier Jahre vergangen, und aus einem unerfindlichen Grund nennt man diese Zeitspanne überall Anfang, erste Etappe, erste Schritte und dergleichen.

In Wirklichkeit ist das viel — in den USA die Dauer einer Präsidentschaft. In vier Jahren muß der Präsident alles schaffen, was er versprochen hat und was in seinen Kräften steht. Wenn das Land nicht weitergekommen ist, wird er abgewählt. Unter Reagan gab es in den Vereinigten Staaten viele positive Veränderungen, und so wurde er für eine neue Amtsperiode wiedergewählt. Er erwies sich als nicht so einfältig, wie man ihn uns hingestellt hatte. Einige Wunden blieben allerdings offen. Auch in acht Jahren konnte er sie nicht heilen, aber trotzdem gewaltige Fortschritte, besonders bei der Stabilisierung der Wirtschaft, verzeichnen.

Bei uns hingegen hat sich die Lage in diesen vier Jahren so zugespitzt, daß wir heute Angst vor dem morgigen Tag haben. Besonders katastrophal ist die wirtschaftliche Situation. Gorbatschows Hauptschwäche, seine Furcht vor energischen und dringend notwendigen Schritten, hat sich hier in vollem Ausmaß gezeigt.

Doch wenden wir uns nochmals zurück: Als ZK-Sekretär und später Politbüro-Kandidat tauchte ich in ein völlig neues Leben ein. Ich nahm an sämtlichen Sitzungen des Politbüros und gelegentlich auch an denen des ZK-Sekretariats teil. Die Sitzung des Politbüros begann jeden Donnerstag um elf Uhr und hörte zwischen vier Uhr nachmittags und acht Uhr abends auf.

Die Sitzungen verliefen jetzt natürlich ganz anders als un-

ter Breschnew, als man über fertige Resolutionsentwürfe abstimmen mußte und in einer Viertelstunde alles entschieden war. Es wurde gefragt: Gibt es Einwände? Und da es keine gab, trat das Politbüro wieder auseinander. Für Breschnew existierte damals nur eine Leidenschaft, der er sich vollkommen hingab — die Jagd.
Unter Gorbatschow begannen die Sitzungen gewöhnlich damit, daß sich die Politbüro-Mitglieder in einem Zimmer versammelten. In einer Reihe aufgestellt, warteten die Kandidaten als zweite Riege des Politbüros und die ZK-Sekretäre als dritte Riege im Sitzungssaal auf das Erscheinen des Generalsekretärs. Ihm folgten dem Rang nach alle übrigen Politbüro-Mitglieder. Normalerweise ging Gromyko hinter Gorbatschow, dann kamen Ligatschow, Ryschkow und die übrigen dem Alphabet nach. Wie Hockeyspieler schritten sie unsere Reihe ab, jeder begrüßte einen nach dem anderen mit Handschlag. Das geschah meist schweigend, nur manchmal sagte einer ein, zwei Sätze im Vorbeigehen. Danach nahmen alle zu beiden Seiten des Tisches nach einer festen Sitzordnung Platz. An der oberen Stirnseite setzte sich der Vorsitzende Gorbatschow an den quergestellten Tisch.
Komischerweise aßen wir auch während der Pause immer nach der gleichen Sitz- und Rangordnung zu Mittag. In diesem Zusammenhang muß ich an Swerdlowsk denken, wo ich das Mittagessen bewußt zu einem informellen Gedankenaustausch über allgemeine Fragen gemacht hatte. Die Sekretäre des Gebietskomitees, die Mitglieder des Gebietskomiteebüros und manchmal auch die eingeladenen Abteilungsleiter konnten so in der halbstündigen Mittagspause eine ganze Reihe von Fragen besprechen.

Dagegen hielt man sich hier auf dem Parteiolymp sehr penibel an die Kasteneinteilung.
So wurde also die Sitzung für eröffnet erklärt. Gorbatschow fragte praktisch nie, ob jemand etwas zur Tagesordnung zu sagen habe. Bei der Sitzungseröffnung berichtete er gelegentlich von Eindrücken über das, was er irgendwo gesehen hatte, unter anderem auch in Moskau. Im ersten Jahr meiner Amtszeit als Erster Sekretär des Stadtkomitees war das gewöhnlich nicht der Fall; doch im zweiten Jahr begann er immer öfter mit kritischen Bemerkungen, nach denen dieses oder jenes in Moskau schlecht sei oder nicht so, wie es sein sollte. Damit brachte er mich gleich in die richtige Stimmung.
Danach wurde eine bestimmte Frage erörtert, zum Beispiel die der Führungskräfte. Minister wurden bestätigt, mit denen Gorbatschow zuvor gesprochen hatte oder auch nicht. Falls nicht, wurde der künftige Minister ohne Vorankündigung ins Politbüro gerufen. In der Sitzung ging der Kandidat dann ans Rednerpult, man stellte ihm einige Fragen, die in der Regel wenig bedeuteten. Man wollte eher seine Stimme hören und weniger seine Einstellung und seine Ansichten kennenlernen. Die Bestätigung jedes Kandidaten dauerte normalerweise fünf bis sieben Minuten.
Zu jedem Punkt der Tagesordnung hatte man vor der Erörterung Material erhalten, allerdings meiner Ansicht nach immer etwas zu spät. Manchmal erhielt man die Unterlagen zwar eine Woche vor der Sitzung, meistens aber erst ein, zwei Tage zuvor. In so kurzer Zeit war es praktisch unmöglich, ein Problem, das für das Leben der Sowjetunion von wesentlicher Bedeutung war, wirklich

gründlich zu durchdenken. Man hätte auch mit Leuten darüber sprechen müssen, die etwas von der betreffenden Sache verstanden. Doch dafür ließ man uns vielleicht bewußt, vielleicht auch aus Mangel an Organisation zuwenig Zeit. Fragen des ZK-Sekretariats wurden überhaupt immer erst in letzter Sekunde auf die Tagesordnung gesetzt und dementsprechend emotional und häufig inkompetent erörtert. Besonders Ligatschow liebte dieses Eilverfahren, wenn er die Sitzungen des ZK-Sekretariats leitete. Seiner Stellung nach war er der zweite Mann in der Partei, faktisch aber derjenige, der das ZK-Sekretariat führte. Jedenfalls meinte er das immer.

Die Sitzungen des ZK-Sekretariats fanden jeden Dienstag statt. Die Aufgabenteilung zwischen diesen beiden Organen der Parteiführung ist mehr eine Formsache. Das ZK-Sekretariat befaßte sich eher mit kleineren Problemen. Stand ein ernsthaftes Problem zur Debatte, dann fand eine gemeinsame Sitzung von ZK-Sekretariat und Politbüro statt. Trotz dieses nach außen demokratischen Anstrichs waren es jedoch Erörterungen des Apparats. Der Apparat entwarf die Resolutionen, die dann fernab vom tatsächlichen Leben und ohne Kenntnis der realen Situation verabschiedet wurden. Zur Erörterung mancher Fragen wurde eine Reihe von Wirtschaftsführern eingeladen, und zwar im wesentlichen jene, die an dem Entwurf beteiligt waren, den der Apparat ausgearbeitet hatte. So war es ein Teufelskreis. Da ich fast ein halbes Jahr Leiter einer ZK-Abteilung gewesen war und die Arbeit des Apparats von innen kannte, wußte ich das natürlich.

Die einführenden Worte sprach gewöhnlich Gorbatschow. Er tat es immer sehr weitschweifig und las zur Bestätigung seiner Gedanken zuweilen ein oder zwei Briefe vor, die man für ihn getürkt hatte. Dieses Präludium legte normalerweise die Ergebnisse der Erörterung einer Resolution, die der Apparat ausgearbeitet hatte, im voraus fest. In Wirklichkeit hatte also der Apparat alles im Griff. Die Politbüro-Mitglieder nahmen häufig rein formell an diesen Diskussionen teil. In letzter Zeit versuchte Ryschkow, diese Praxis zu durchbrechen, indem er die zur Erörterung anstehenden Probleme zuvor mit dem Ministerrat oder mit Experten durchsprach.

Nach den einführenden Worten des Generalsekretärs äußerten sich die Sitzungsteilnehmer der Reihe nach von links nach rechts zwei bis fünf Minuten lang zu dem anstehenden Problem, manchmal zum Kern der Sache, häufiger aber nur pro forma: »Ja, gut, beeinflußt, steigert, erweitert, vertieft, Perestrojka, Demokratisierung, Beschleunigung, Glasnost, Alternative, Pluralismus« — man begann sich an die neuen Wörter zu gewöhnen und wiederholte sie genüßlich.

Zunächst war das Phrasendreschen auf unseren Sitzungen noch nicht so deutlich erkennbar, doch mit der Zeit wurde immer klarer, daß unsere Tätigkeit oft sinnlos war. Gorbatschow hörte immer lieber sich selbst reden. Er liebt und versteht es, kunstvolle Reden zu halten. Man sah, daß die Macht von ihm Besitz ergriff und er das Gefühl für die Realität verlor. Er hatte die ungetrübte Illusion, die Perestrojka entwickle sich wirklich in die Breite und in die Tiefe und erfasse rasch die Massen und alle Gebiete der Sowjetunion. Das traf jedoch im wirklichen Leben nicht zu.

Ich kann mich nicht erinnern, daß irgend jemand auch nur einmal versucht hätte, sich scharf gegen einen Resolutionsentwurf auszusprechen. Zunächst hörte natürlich auch ich im wesentlichen zu; als ich aber die Möglichkeit hatte, die Entwürfe, die dem Politbüro vorgelegt werden sollten, zu studieren, begann ich meine Stimme zuerst leise, dann lauter zu erheben. Wenn ich sah, daß in einer Frage falsch entschieden zu werden drohte, widersetzte ich mich, und zwar ziemlich hartnäckig. In der Hauptsache stritt ich mich mit Ligatschow und Solomenzew. Gorbatschow bezog einen eher neutralen Standpunkt. Berührte meine Kritik allerdings die von ihm geleistete Vorarbeit, dann konnte er sie natürlich nicht auf sich sitzen lassen und gab stets Kontra.

In diesem Zusammenhang kurz ein paar Worte über meine damaligen Kollegen im Politbüro: Man muß wohl mit Andrej Gromyko beginnen, Politbüro-Mitglied und damals Vorsitzender des Obersten Sowjet der UdSSR. Gromyko spielte eine merkwürdige Rolle: Er existierte, tat irgend etwas, traf sich mit irgend jemandem, hielt Reden, aber in Wirklichkeit schien ihn niemand zu brauchen. Als Vorsitzender des Obersten Sowjet der UdSSR mußte er laut Protokoll internationale Treffen durchführen und Gäste empfangen, aber da in der Hauptsache Gorbatschow die Verhandlungen führte und sie nur im Ausnahmefall zu zweit auftraten, war er eigentlich aus dem realen politischen Leben ausgeschaltet; seine Anwesenheit war, ohne daß er sich dessen vielleicht selbst bewußt war, zu einer reinen Formalität geworden. Gromyko war gewissermaßen aus der fernen und nicht allzu fernen Vergangenheit mit in die Gegenwart herübergenommen worden. Dabei begriff er nicht recht, was um ihn herum passierte und worum es überhaupt ging. Auf den Sitzungen des Politbüros sprach er fast immer und nahm beinahe zu jeder Frage Stellung. Er redete immer lange, und bei der Erörterung internationaler Fragen hielt er es für notwendig, ausführlich an vergangene Jahre zu erinnern und daran, wie es war, als er in Amerika und dann als Außenminister arbeitete, wie er sich mit dem und dem getroffen hatte, was man als sehr wichtig einschätzen müsse, wobei er sich auch noch an eine Sitzung der UNO erinnere — und so weiter und so fort. Manchmal dauerten diese senilen und harmlosen, jedoch völlig unangebrachten und sinnlosen Erinnerungen bis zu einer halben Stunde. Gorbatschow konnte man dann ansehen, daß er seine Ungeduld kaum noch bezwang.

Seine letzten Lebensjahre verbrachte dieser einst so tatkräftige Mann in einer von ihm selbst geschaffenen Isolation. Er erheiterte das Politbüro mit überraschenden Erklärungen wie: »Sie können sich's nicht vorstellen, Genossen, aber in der und der Stadt gibt's kein Fleisch.« Daß es längst nirgendwo mehr Fleisch gab, war allen Anwesenden wohlbekannt. Er hatte einen ziemlich freien Zeitplan. Gegen zehn oder elf Uhr erschien er zur Arbeit und ging um sechs; am Samstag arbeitete er nicht und strengte sich also nicht übermäßig an. Das verlangte auch niemand von ihm. Wichtig war, daß er seine Rolle korrekt spielte und nicht allzu sehr störte.

Mich behandelte er normal. Nach meiner Rede auf dem Oktoberplenum von 1987, als ich noch eine Zeitlang

dem Politbüro angehörte, war er allerdings der einzige, der sich mir gegenüber genau wie früher verhielt: Er begrüßte mich und fragte, wie es mir ginge.
Der Vorsitzende des Ministerrats der UdSSR, Nikolaj Ryschkow, stand trotz seines hohen Amtes immer im Schatten. Erst nach den tragischen Ereignissen in Armenien, als er unter extremen Bedingungen buchstäblich mit eigenen Händen den verrosteten Mechanismus der Katastrophenhilfe in Schwung bringen mußte und tagelang nicht schlafen konnte, bemerkte das Volk wohl zum ersten Mal, daß es einen Ministerpräsidenten hat. Mir scheint, Ryschkow tut sich in seinem Amt schwer, besonders jetzt, wo man das Land unbedingt aus dem wirtschaftlichen Chaos, in dem es sich befindet, herausholen müßte.
Als Minister und Erster Stellvertreter des Vorsitzenden der Staatlichen Baubehörde mußte ich später an Sitzungen des Ministerrats teilnehmen. Als ich zweimal dabeigewesen war, wußte ich, daß ein normaler, vernünftiger Mensch diese Desorganisation und Unordnung nur sehr schwer aushalten kann. Ein Minister beschwert sich über einen anderen, dieser über einen dritten, sie gehen unvorbereitet ans Rednerpult und drängen sich gegenseitig vom Mikrophon weg. In dieser Atmosphäre zu irgendeiner gemeinsamen Entscheidung zu kommen ist natürlich äußerst schwierig. Ich beschloß, mich nicht mehr bei den Sitzungen blicken zu lassen, um meine Zeit nicht zu verschwenden. Es wäre schön, wenn die Sitzungen des Ministerrats heute anders verliefen. Die Minister müssen heute ja das Fegefeuer der Auswahl durch den Obersten Sowjet passieren, und außerdem ist die Situation im

Land so angespannt, daß man keine Zeit mit leerem Gerede verlieren darf.
Michail Solomenzew, Politbüro-Vollmitglied und Vorsitzender des Parteikontrollkomitees, verhielt sich in letzter Zeit sehr unsicher, so, als warte er auf irgend etwas. Er sprach selten. Freilich, wenn es um Fragen ging, die mit der Resolution über die Bekämpfung der Trunksucht zu tun hatten, unterstützte er stets Ligatschow, mit dem er sich in dieser Sache gefunden hatte. Als Solomenzew ausscheiden mußte, war Ligatschow traurig, denn niemand unterstützte mehr diese verrückte Resolution. Das Schicksal führte mich wieder mit Solomenzew zusammen, als er als Vorsitzender des Parteikontrollkomitees den Auftrag erhalten hatte, Kommentare über meine Äußerungen in der westlichen Presse einzuholen. Das Gespräch verlief gar nicht so, wie Solomenzew es gerne gehabt hätte. Ich bekannte mich nicht schuldig, da ich mich absolut im Recht fühlte und meine Äußerungen, ob sie nun Kritik an Politbüro-Mitgliedern oder an der Taktik der Perestrojka enthielten, weder der Verfassung noch der Satzung der KPdSU widersprachen. Solomenzew wirkte während dieses Gesprächs nervös und unsicher. Zeitweise tat er mir sogar leid, denn er hatte eine Aufgabe bekommen, die er nicht erfüllen konnte.
Der KGB-Chef, Wiktor Tschebrikow, sprach am Anfang selten und nur, wenn es um die Störung westlicher Sender ging oder darum, wie viele Menschen man ins Ausland lassen dürfe. Bald schon gab er seinen Posten als KGB-Chef auf und wurde ZK-Sekretär. Dieser Wechsel paßte Gorbatschow, denn der KGB stand nun unter der Führung des gehorsamen und ergebenen Krjutschkow.

Doch die übrigen Organe und Bereiche blieben wie früher in der Hand des ehemaligen KGB-Chefs. Vor allem aber hatte Tschebrikow nun einmal die Psyche eines KGB-Mannes. Überall witterte er Intrigen und Spione des Westens, wollte niemanden weglassen und alle über einen Kamm scheren. Pluralismus und Glasnost geben ihm einen Stich ins Herz und bringen das jahrelang bestens funktionierende System in Unordnung.

Wladimir Dolgichs Unglück war, daß Grischin ihn auf die Liste seiner engsten Vertrauten gesetzt hatte. Er wollte ihn als Vollmitglied ins Politbüro aufnehmen und hatte ihm das Amt des Ministerpräsidenten zugedacht. Diejenigen, die auf Grischins Liste geraten waren, waren natürlich zum Ausscheiden verdammt, und viele von ihnen verließen auch bald ihre Posten. Doch Dolgich war noch im Amt. Er war wohl einer der wirklich professionellen und effektiv arbeitenden ZK-Sekretäre. Bis zu seiner Pensionierung blieb er also Politbüro-Kandidat. Er war noch keine fünfzig Jahre alt, also noch relativ jung, als er, aus Krasnojarsk kommend, ZK-Sekretär wurde. Dolgich zeichnete systematisches, sorgfältiges Überlegen aus, und er schlug nie voreilige Lösungen vor. Seine Selbständigkeit hielt sich natürlich in den Grenzen des Zulässigen.

Als zum Beispiel im Politbüro meine Kandidatur für das Amt eines ZK-Sekretärs erörtert wurde, was ohne meine Teilnahme geschah, unterstützten alle diesen Vorschlag, da sie wußten, daß ich sozusagen Gorbatschows Favorit war. Nur Dolgich äußerte sich dazu und sagte, Jelzin sei manchmal zu emotional. Ich wurde zum ZK-Sekretär gewählt. Bald darauf erzählte man mir natürlich, daß er mich kritisiert hatte. Ich ging zu ihm, weil ich einfach seine Meinung von ihm selbst hören wollte. Ich mußte doch über meine Fehler Bescheid wissen, und schließlich begann ich ja gerade erst meine Arbeit im Zentralkomitee. Er wiederholte ruhig, was er auf der Sitzung des Politbüros gesagt hatte, und meinte, er halte die Entscheidung, mich zum ZK-Sekretär zu wählen, für völlig richtig, nur solle ich meine Emotionen und mein Temperament im Zaum halten. Diese Aussprache entfernte uns nicht voneinander, sondern brachte uns im Gegenteil näher. Es entstand ein vertrauensvoller Kontakt — etwas, woran im Gebäude des ZK der KPdSU absoluter Mangel herrscht.

In den Sitzungen des Politbüros saßen wir nebeneinander und diskutierten häufig sehr offen die auftauchenden Probleme und die übereilte Art, wie man sie lösen wollte. In seinen Reden kritisierte er nicht gern, sondern äußerte einen persönlichen, klaren und durchdachten Vorschlag. Ich glaube, er war dem Politbüro sehr nützlich, doch leider wurde er bald in Pension geschickt.

Anatolij Lukjanow war lange Zeit die wohl unscheinbarste Person in der Riege der Parteimächtigen. Er hatte den Posten des Ersten Stellvertreters des Vorsitzenden des Obersten Sowjet der UdSSR. In der neuen, aufgrund der Wahlen des Volksdeputiertenkongresses und der Tagungen des Obersten Sowjet geschaffenen Situation hat er auf seinem Posten jedoch plötzlich an Bedeutung gewonnen. Sogleich zeigten sich sämtliche Eigenschaften des hochgestellten Apparatschiks — Starrheit, Mangel an innerer Freiheit und offenem Denken. Er wird mit den außergewöhnlichen Situationen, die bei der Arbeit des

Obersten Sowjet häufig auftreten, nicht fertig, gerät in Panik und fängt in seinem Ärger beinahe an, zu schreien und mit der Faust auf den Tisch zu schlagen. Bei der heutigen Besetzung des Obersten Sowjet mag so ein Vizepräsident noch hingehen. Doch bei normalen, freien Wahlen, die nach meiner Überzeugung stattfinden werden, wird Lukjanow seinen Posten schwer halten können.

Dimitrij Jasow, der Verteidigungsminister, ist ein Haudegen durch und durch. Man hätte ihm das Kommando über einen Militärbezirk oder einen Stab anvertrauen können, doch für das Amt des Verteidigungsministers bringt er nicht die nötigen Voraussetzungen mit. Er kann überhaupt keine Kritik vertragen. Wenn Gorbatschow keinen massiven Druck auf die Abgeordneten ausgeübt hätte, wäre Jasow nicht in seinem Ministeramt bestätigt worden. Wie man von diesem typischen Produkt der alten Kriegsmaschinerie irgendwelche positiven Veränderungen in der Armee und einen neuen flexiblen Ansatz für die Verteidigungsprobleme der Sowjetunion erwarten kann, ist mir schleierhaft. Er ist und bleibt ein General, der die gesamte Zivilbevölkerung mit Verdrossenheit betrachtet und in seinem innersten Herzen davon träumt, alle Erwachsenen zu ewigen Militärübungen einzuberufen. Ich übertreibe natürlich. Doch mir persönlich ist die amerikanische Tradition sehr sympathisch, der zufolge das Amt des Verteidigungsministers nur mit einem Zivilisten besetzt werden kann. Das ist absolut richtig. Das Gehirn eines Berufsoffiziers ist doch immer militärisch getrimmt, immer sieht er irgendwelche Bedrohungen und möchte ständig wenigstens ein bißchen kämpfen.

Daß Wladimir Schtscherbizkij, der Republik-Parteichef der Ukraine, weiter im Politbüro bleibt, demonstriert Gorbatschows ganze Unentschiedenheit und Halbherzigkeit. Ich bin fast hundertprozentig sicher, daß Schtscherbizkij bald von seinem Posten abgesetzt wird, und zwar nicht auf ehrenvolle Art.* Doch noch sitzt dieser Mann, der vollkommen diskreditiert ist, auf seinem Posten. Wie Gorbatschow seinerzeit bei Alijew, den man wegen seiner Bereicherungen im kleinen und großen Stil unmöglich im Politbüro behalten konnte, mit einer Entscheidung gezögert hatte, so fürchtet er heute, Schtscherbizkij anzutasten. Damals war ich mit einem ganzen Ordner voll Unterlagen zu Gorbatschow gegangen und hatte fast eine ganze Stunde auf ihn eingeredet: »Michail Sergejewitsch, wir schämen uns, neben ihm zu sitzen, wir können das Politbüro nicht so in Verruf bringen.« Auch damals hörte er nicht auf mich. Zu guter Letzt wurde Alijew freilich doch ehrenvoll in Pension geschickt.
Alexander Jakowlew, ZK-Sekretär und Politbüro-Vollmitglied, ist der klügste, vernünftigste und weitsichtigste Politiker. Es bereitete mir immer Vergnügen, seine präzise formulierten Überlegungen zu den im Politbüro diskutierten Fragen zu hören. Natürlich war er vorsichtig und rannte gegen Ligatschow nicht so verbissen an, wie ich es tat. Doch sie sind zweifellos Antipoden. Jakowlews Sozialismusmodell ist Ligatschows Kasernen- und Kolchosen-

* Und so geschah es. Auf dem Septemberplenum des ZK der KPdSU wurde Schtscherbizkij in Pension geschickt. Ich habe mich allerdings in einem Punkt geirrt: Er wurde in Ehren verabschiedet, man dankte ihm auch noch für seine hervorragende Arbeit. Anm. d. Autors

konzept des Sozialismus diametral entgegengesetzt. Sie müssen gezwungenermaßen miteinander auskommen, und jeder drischt im Gefolge Gorbatschows die alberne Phrase von der Einheit des Politbüros.
Wadim Medwedew, ZK-Sekretär und Politbüro-Vollmitglied, wurde, nachdem Gorbatschow die Hauptkampfhähne in Fragen der Ideologie, Ligatschow und Jakowlew, getrennt hatte, indem er dem einen die Landwirtschaft und dem anderen die internationale Politik übertrug, Chefideologe der Sowjetunion. Er bewältigt diese Aufgaben nur mit großer Mühe, besser gesagt, er bewältigt sie überhaupt nicht. Seine wesentlichen Vorzüge, derentwegen Gorbatschow ihn auf diesen Posten gesetzt hat, sind Gehorsam und Mangel an neuen Gedanken und Ideen. Wie sich jedoch herausstellte, ist man in unserer heutigen turbulenten Zeit mit diesen Eigenschaften der Rolle des Chefideologen nicht gewachsen. Um auch nur den Apparat, dieses autoritär-bürokratische System, zu verteidigen, braucht man heute, in der Epoche von Glasnost und Perestrojka, einen flexibleren, raffinierteren Kopf. Ich erinnere mich, daß in meiner Zeit als Erster Sekretär des Swerdlowsker Gebietsparteikomitees Medwedew einmal vor Swerdlowsker Bürgern sprach und nach 30 Minuten unter Schmährufen und Pfiffen seine Rede abbrechen mußte. Selbst damals konnte man seine Klischees, seine primitiven Sprüche und abgedroschenen Phrasen schon nicht mehr hören. Es verwundert nicht, daß heute, da er die Ideologie im Rahmen seiner Kräfte und bescheidenen Möglichkeiten lenkt, die Hauptparteizeitung *Prawda*, das Sprachrohr der Konservativen, stetig Abonnenten verliert. Doch Medwedew

Zweimal Boris Jelzin

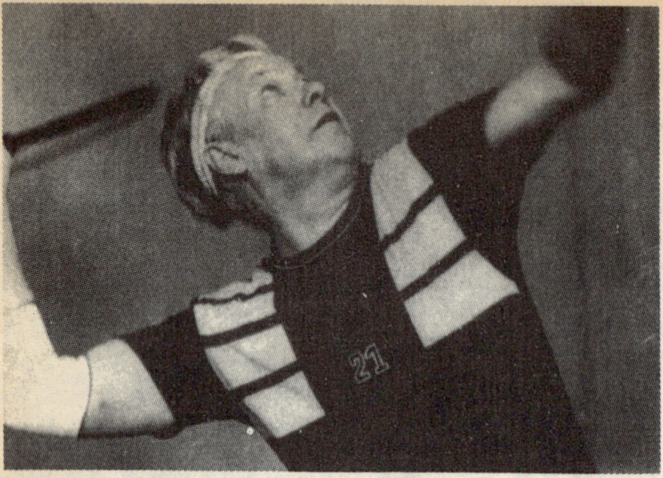

Ein neues Hobby: Tennis

Wahlkampf für Sacharow, Frühjahr 1988

Mit Naja, Tatjana und Boris, Herbst 1989

Im Wahlkampf, 1989

Mit Alexej Kasannik unmittelbar nach dem Volksdeputierten-Kongreß

Eine Rede unter den Augen von Lenin

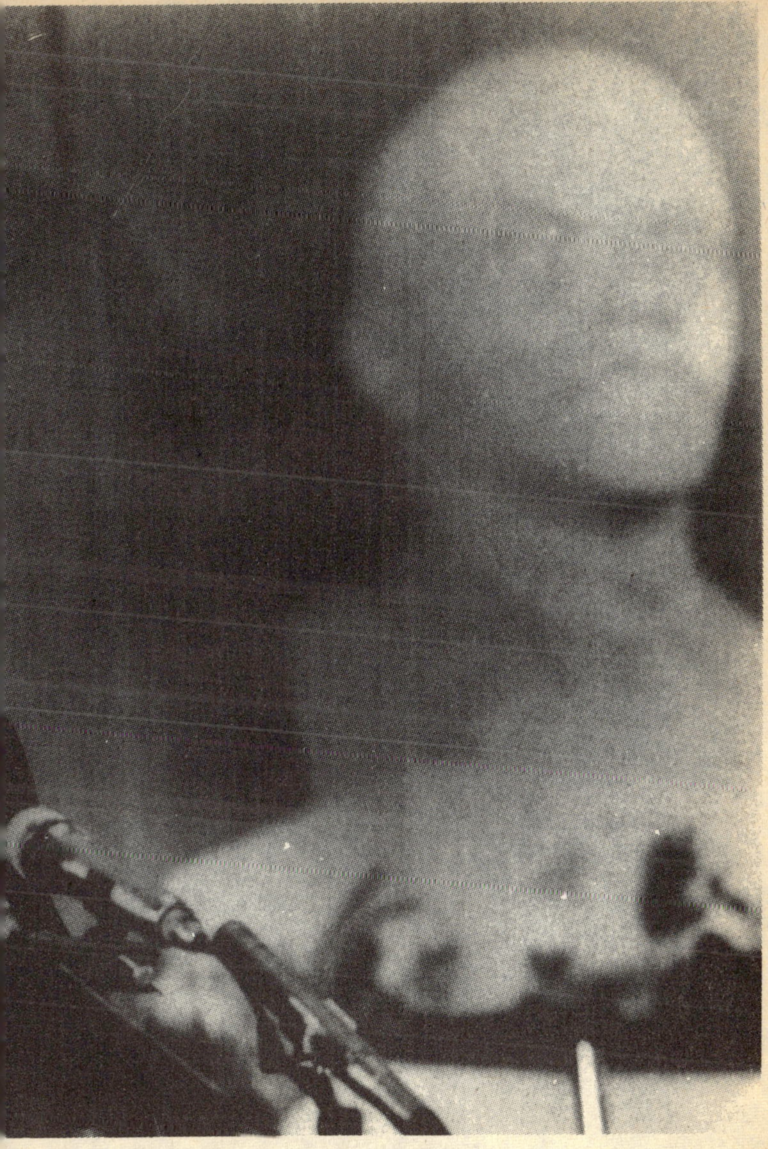

Einige Anhänger gehen wirklich zu weit:
eine Ikone zu Ehren von B. J.

sitzt fest auf seinem Posten und wird dort sitzen bleiben, bis er die Ideologie endgültig vermasselt hat.

Beim Durchlesen dieser Seiten über meine ehemaligen Kollegen im Politbüro wird mir selbst schwer ums Herz. Das ist der Generalstab der Perestrojka. Das ist das Gehirn der Partei. Das sind die besten Köpfe des Landes. Aber kann man denn irgend etwas anderes erwarten? Wer sitzt denn im Politbüro? Die Funktionäre, die sich auf der Karriereleiter im ZK allmählich nach oben gearbeitet haben, Apparatschiks bis ins Mark wie Lukjanow, Medwedew und Rasumowskij, oder die ehemaligen Chefs der Gebiets- oder Regionalparteikomitees wie Gorbatschow, Ligatschow und — nicht zu vergessen — Jelzin, der seine Parteikarriere ebenfalls in Breschnews Stagnationsepoche machte.

Ich hatte immer Verständnis dafür, daß mir viele anständige Menschen mißtrauisch begegneten, sogar, als ich in Ungnade gefallen war. Schließlich war auch Jelzin ein Parteifunktionär und ehemaliger Gebietsparteichef. Man kann doch unmöglich auf diesen Posten, geschweige denn ins Zentralkomitee gelangen und dabei ein anständiger, mutiger und aufgeschlossener Mensch bleiben. Um eine Parteikarriere zu machen, muß man nach allgemeiner Volksmeinung alle Kniffe kennen, sich anpassen, ein Dogmatiker sein, das eine denken und das andere tun. Rechtfertigungen haben da keinen Sinn, es bleibt einem nur übrig, sich mit Wort und Tat das Vertrauen der Menschen zu erkämpfen.

Manchmal fragte ich mich selbst, wie ich unter die Karriereleute geraten konnte. Und weshalb funktionierte das langjährig bewährte, sorgfältig durchdachte und ausbalancierte Auslesesystem bei mir plötzlich nicht mehr? Irgendein Mechanismus hatte offenbar nicht einwandfrei funktioniert, irgendwo hatte sich etwas verkeilt ... Jeder neue Anwärter für einen Posten im ZK-Sekretariat oder im Politbüro wurde eingehend überprüft, alles, was er dachte, was er wollte, war bekannt, es gab keine Rätsel. Gorbatschow kannte meinen Charakter und meine geistige Unabhängigkeit. Als er die Aufgaben der Perestrojka für die Zukunft plante, hielt er es wahrscheinlich für notwendig, einen Mann im Politbüro zu haben, der sich nicht gehorsam allem fügen würde. Nach und nach änderte sich vermutlich seine Meinung, immer stärker ergriffen Macht und Herrschsucht von ihm Besitz, und er wollte diese Macht immer, in jedem Augenblick spüren. Nur seine Aufträge sollten erfüllt werden, nur seine Meinung war die richtige. Er hatte sich sehr rasch daran gewöhnt und brauchte nun keinen Menschen mehr, der es mit ihm aufnehmen konnte.

Von der Spitze der Machtpyramide aus machte die Übung, Gorbatschow Beifall zu murmeln, nach unten Schule. Die Arbeit des ZK-Apparats ist überhaupt ein einzigartiges Phänomen. Wir schimpfen oft auf die Ministerien, weil sie nichts produzieren, sondern nur den Unternehmen im Nacken sitzen. Aber ihre Tätigkeit läßt sich doch wenigstens indirekt an den Erfolgen der einzelnen Wirtschaftszweige messen. Das Zentralkomitee jedoch produzierte überhaupt nichts. Nichts, außer Papier, tonnenweise Papier. Der Erfolg seiner Arbeit wurde durch diese Berge von Bescheinigungen, Berichten, Antworten, Referaten, Analysen, Entwürfen bemessen. Der Apparat ist heute das, was das Politbüro und das

Zentralkomitee der Partei ist. Er ist nicht besser und nicht schlechter. Er ist nicht da, um eine Situation zu analysieren und die Parteistrategie und -taktik zu erarbeiten, sondern gewissermaßen der ideologische Service für die oberste Funktionärsriege. In nicht allzu ferner Vergangenheit hatte Breschnew vom entwickelten Sozialismus gesprochen, und diese gewaltige Maschinerie hatte daraufhin die rosigsten Mythen dazu erfunden: wie gut es sich in ihm leben ließe, wie er sich entwickelt habe und weiter entwickeln werde, in welcher Etappe man sich gerade befinde und wie es weiterginge …

Gorbatschows ursprüngliches Verständnis der Perestrojka war vorsichtiger als sein heutiges — also verbreitete dieses Ungetüm von Apparat in seinen Erklärungen ein zurückhaltendes Konzept unserer weiteren Entwicklung. Gorbatschow mußte mit der Zeit notgedrungen immer »linker« werden, da ihn die Umstände dazu zwangen, und der ZK-Apparat propagierte gehorsam einen anderen, aber trotzdem einzig richtigen Weg, den der Generalsekretär vorgezeichnet hatte. Immer nach dem Prinzip: ganz, wie es Ihnen beliebt.

Alle erinnern sich an die tragikomische Geschichte, als Gorbatschow bei einem Besuch in der Autofabrik in Togliatti verkündete, wir würden in allernächster Zeit das beste Auto der Welt bauen. Die Medien griffen sofort diese zu neuen Leistungen anspornende Parole auf. Die Fachleute aber wußten damals nicht, wohin sie vor Scham und Schreck schauen sollten. So etwas zu behaupten hieß, überhaupt nicht zu begreifen, in welchem Land wir leben und in welcher Lage wir sind. Ein Auto ist ja nicht einfach nur Blech und ein Motor, sondern das Pro-

dukt einer komplizierten Kette von Planung, Konstruktion und Fertigung. Es setzt Straßen und Wartungseinrichtungen voraus. Man braucht nur ein Glied aus dieser Kette herauszunehmen, und alles bricht zusammen. Nicht einmal ein mittelmäßiges Auto kommt dabei heraus, geschweige denn das beste der Welt. Aber nein: »Wir werden das beste Auto der Welt bauen!« Das hatte sich Gorbatschow nicht selbst ausgedacht, irgend jemand muß es ihm eingeflüstert haben. Und wenn diese Idee doch von ihm selbst stammte, dann hätte man sie korrigieren müssen, um sich nicht lächerlich zu machen. Aber nein, ganz im Gegenteil: Selbst der offenkundigste Unsinn wird bei uns mit Hilfe des vortrefflich funktionierenden Propagandaapparates für den Gipfel menschlichen Denkens und Scharfsinns ausgegeben.
Natürlich braucht die Partei den Apparat, aber er dürfte nicht so aufgebläht sein, sondern müßte stark verkleinert werden. Die besten Köpfe der Partei müßten in ihm arbeiten, um die jeweilige Situation zu analysieren, um vor möglichen Umschwüngen zu warnen und den Weg der weiteren Entwicklung zu klären. Das ist besonders wichtig, wenn man bedenkt, welche Rolle die Partei heute im Leben unserer Gesellschaft spielt. Wenn man doch nur einmal auf eine Konfliktsituation gefaßt gewesen wäre und vor ihr gewarnt hätte, wenn man doch nur einmal in einem kritischen Moment sofort richtig entschieden hätte. Die Gesetze über die Staatsunternehmen und Genossenschaften, Bergkarabach, die baltischen Republiken – in jeder heiklen Situation verrannte man sich zuerst einmal in eine Sackgasse, dann traf man garantiert die falsche Entscheidung, und erst

einige Monate später wurde diese dann zu einem hohen Preis korrigiert.
Was wurde nicht alles über die Verlogenheit der bürgerlichen Propaganda gesagt, die sich die Geheimprotokolle des Paktes zwischen Molotow und Ribbentrop ausgedacht habe! Wie oft mußte Gorbatschow sagen, daß dies alles gefälschte Dokumente seien, obwohl jedem vernünftig denkenden Menschen klar war, daß man nicht mehr abstreiten durfte, was längst alle wußten? Die Zeit verging, und siehe da, endlich gaben wir zu, daß die Geheimprotokolle existieren! Doch wieviel Achtung und Autorität verloren wir wegen dieser Engstirnigkeit.
So funktioniert der ZK-Apparat und gibt dem ganzen Land seine Kommandos und Anweisungen. Ich sage es jedoch noch einmal: Der Apparat selbst kann nichts dafür, die Parteispitze braucht ihn so kriecherisch und gehorsam. Ein selbständiger und unabhängiger Instrukteur des ZK der KPdSU – diese Wortverbindung kommt einem überhaupt nicht über die Lippen.
Kriechertum und Gehorsam werden mit Vergünstigungen, Sonderkrankenhäusern, Sondersanatorien, einer hervorragenden ZK-Kantine, einem ebenso hervorragenden Bestelldienst sowie mit einem Dienstwagen belohnt. Je höher man die Dienstleiter hinaufsteigt, um so mehr ist man von Gütern umgeben, um so weniger möchte man sie verlieren, und um so gehorsamer und beflissener wird man. All das ist wohlbedacht. Ein Unterabteilungsleiter hat kein Privatauto, jedoch das Recht, einen Wagen für sich und seine Instrukteure zu bestellen. Der Stellvertreter des Abteilungsleiters bekommt bereits einen »Wol-

ga« zugeteilt, der Abteilungsleiter selbst hat einen besseren »Wolga« mit Autotelefon.
Hat man sich erst einmal bis zur Spitze der Parteinomenklatura hochgearbeitet, dann hat man alles – der Kommunismus ist da! Es stellt sich heraus, daß man dafür keineswegs eine Weltrevolution, höchste Arbeitsproduktivität und allgemeine Harmonie braucht. Er kann durchaus schon in einem einzelnen Land für einzelne Menschen verwirklicht sein.
Was ich über den Kommunismus sage, ist keine Übertreibung. Erinnern wir uns an das Grundprinzip der lichten kommunistischen Zukunft: »Jeder nach seinen Fähigkeiten, jedem nach seinen Bedürfnissen.« Das trifft hier genau zu. Von den Fähigkeiten habe ich bereits gesprochen, es sind leider nicht allzu viele vorhanden. Aber die Bedürfnisse! Sie sind so groß, daß man den echten Kommunismus bislang erst für zwei Dutzend Menschen errichten konnte.
Der Kommunismus wird von der 9. Verwaltung des KGB verwirklicht. Es ist eine allmächtige Verwaltung, die alles kann. Sie hat ein wachsames Auges auf das Leben des Parteiführers und erfüllt ihm jede Laune. Eine Datscha hinter dem graugrünen Zaun an der Moskwa, mit großem Grundstück, Garten, Sport- und Spielplätzen, mit Alarmanlage und Wachposten unter jedem Fenster. Selbst mir als Politbüro-Kandidaten, der noch nicht die höchste Rangstufe erklommen hatte, standen drei Köche, drei Serviererinnen, ein Zimmermädchen und ein Gärtner zu. Meine Frau und ich, unsere ganze Familie, die gewohnt war, alles mit eigenen Händen zu tun – wir wußten nicht mehr, wohin mit uns.

Hier war eine solche Selbständigkeit einfach nicht zulässig.
Sich mit irgend jemandem zwanglos zu treffen ist fast unmöglich. Fährt man ins Kino, ins Theater, Museum oder zu sonst einer öffentlichen Stätte, so wird zunächst eine ganze Abteilung dorthin geschickt, die alles überprüft und absperrt; erst dann darf man selbst erscheinen. Dafür gibt es einen privaten Filmvorführraum in der Datscha. Jeden Freitag, Samstag und Sonntag kommt ein Vorführer mit einem Stapel Filmen.
Die medizinischen Sondereinrichtungen sind auf modernstem Stand, die gesamte Ausrüstung ist importiert. Die Krankenzimmer sind riesige Apartments, und wieder Luxus, wohin man schaut: Tafelgeschirr, Kristall, Teppiche, Lüster... Die Ärzte entscheiden aus Angst vor der Verantwortung nichts allein. Stets wird ein Stab von fünf oder zehn Ärzten gebildet, alles hochqualifizierte Spezialisten. In Swerdlowsk hatte mich Tamara Pawlowna Kuruschina, eine Internistin, betreut. Sie kannte mich in- und auswendig, stellte immer die richtige Diagnose und entschied selbst, was zu tun war, wenn ich Kopfschmerzen hatte, mich unwohl und schwach fühlte oder erkältet war.
Diesen Ärztestäben, bei denen keiner die Verantwortung trägt, mochte ich nie trauen. Als ich in die gewöhnliche Bezirkspoliklinik überwechselte, hatte ich überhaupt keine Kopfschmerzen mehr und fühlte mich insgesamt wesentlich besser. Gehört man dem Politbüro an, muß man sich von seinem ganz persönlichen Leibarzt, der wiederum ständig um sein eigenes Schicksal bangt, täglich untersuchen lassen.

Die »Kremlration«, bestehend aus den erlesensten Delikatessen, kostete nur die Hälfte ihres Wertes. Insgesamt bezogen in Moskau 40 000 Menschen Sonderrationen verschiedener Kategorien. Einige Abteilungen des großen Kaufhauses GUM sind der Spitzenelite vorbehalten, den etwas niedrigeren Chefs stehen andere Sonderläden je nach Rangstufe zur Verfügung. Alles ist hier »Sonder« — Sonderwerkstätten, Sonderaufenthaltsräume, Sonderpolikliniken, Sonderkrankenhäuser, Sonderdatschen, Sonderhäuser, Sonderservice. Hier gibt es die besten Lebensmittel, die in Sonderbetrieben hergestellt werden und eine besondere medizinische Kontrolle passieren, Medikamente, die mehrfach verpackt und von mehreren Ärzten abgezeichnet sind. Nur solch eine »überprüfte« Arznei darf verordnet werden.
Im Urlaub kann man sich jeden Ort im Süden aussuchen, eine Sonderdatscha wird sich stets finden. Die übrige Zeit stehen diese Datschen leer. Man hat noch andere Erholungsmöglichkeiten, weil es außer dem Sommerurlaub noch zwei Wochen Winterurlaub gibt. Es existieren wunderbare Sportanlagen mit Tennisplätzen im Freien und in der Halle, einem großen Schwimmbad und Sauna zur Sonderbenützung, zum Beispiel in den Bergen von Worobjewo.
Man reist im personengebundenen Flugzeug. Der ZK-Sekretär, der Politbüro-Kandidat und das Politbüro-Mitglied fliegen in einer Maschine vom Typ IL-62 oder TU-134. Sie werden nur von ein paar Leibwächtern und dem Servicepersonal begleitet, ansonsten haben sie das Flugzeug ganz für sich allein.
Verblüffend ist, daß ihnen selbst nichts davon gehört. All

dieser Luxus, diese Datschen, Verpflegungspakete und reservierten Strände gehören dem System. Und was es gegeben hat, kann es auch wieder nehmen. Das System ist wirklich genial: Irgendein Iwanow oder Petrow erklimmt nach und nach die Dienstleiter. Das System teilt ihm zuerst die eine Ebene der Sondergüter zu, dann steigt er weiter auf und bekommt die nächste. Je höher er kommt, desto mehr Sonderfreuden des Lebens werden ihm zuteil. Iwanow ist nun von dem Gedanken durchdrungen, er sei eine bedeutende Persönlichkeit. Ihm stehen Dinge zur Verfügung, von denen andere nur träumen können, er macht Urlaub, wo andere nicht einmal an den Zaun herangelassen werden. Iwanow aber sieht nicht, daß man nicht ihm all diese Wohltaten erwiesen hat, sondern seinem Posten. Wenn er nun plötzlich nicht mehr treu und gläubig dem System dienen will, sondern sich mit ihm anlegt, dann wird auf Iwanows Posten Petrow oder irgendein anderer erscheinen. Nichts gehört dem Menschen in diesem System. Stalin schaffte es, diesen Mechanismus so zu vervollkommnen, daß seinen Kampfgenossen nicht einmal ihre Frauen gehörten. Sie gehörten ebenfalls dem System. Es konnte sie ihnen wegnehmen, wie es bei Kalinin und Molotow geschah, die keinen Mucks dagegen zu sagen wagten.

Heute haben sich die Zeiten natürlich geändert, aber das Wesen des Systems ist gleich geblieben. Dem Posten, den jemand einnimmt, wird ebenfalls ein breites Sortiment von Gütern bereitgestellt, doch auf allen prangt der Stempel des Systems, damit der Mensch, der wie früher nur ein Schräubchen ist, nicht vergißt, wem das alles in Wirklichkeit gehört.

Es gibt Vergünstigungen aller Art: Jedem ZK-Sekretär, Politbüro-Kandidaten oder Politbüro-Mitglied ist ein Oberleibwächter als Adjutant und Organisator beigegeben. Eine seiner Hauptpflichten besteht darin, jede Bitte seines Schutzbefohlenen zu erfüllen.
Ein neuer Anzug muß her? Bitte sehr! Pünktlich zur festgesetzten Uhrzeit klopft es leise an die Tür des Arbeitszimmers, der Schneider nimmt an dir im Nebenzimmer Maß, am nächsten Tag ist Anprobe, und schon ist der schöne, neue Anzug fertig.
Man braucht am 8. März, dem Tag der Frauen, ein Geschenk für die Ehefrau? Kein Problem, man bringt einen Katalog mit einer so breiten Auswahl an Geschenken, daß selbst der raffinierteste weibliche Geschmack befriedigt wird. Die Familien werden überhaupt zuvorkommend behandelt. Die Frau zur Arbeit und die Kinder zur Datscha bringen und wieder abholen, dafür ist der zugeteilte »Wolga« mit Fahrern da, die im Schichtwechsel arbeiten. Die »SIL«-Limousine steht dem Familienoberhaupt zu.
Bezeichnenderweise macht dieses in seinem Kern zynische System gegenüber den Angehörigen des Familienoberhauptes zynische Ausnahmen. Als zum Beispiel meine Leibwache meine Frau und meine Kinder über die Sicherheitsmaßnahmen belehrte, hieß es, sie dürften mir kein Obst und Gemüse vom Markt vorsetzen, da es vergiftet sein könnte. Als meine Tochter schüchtern fragte, ob sie es denn essen dürfte, antwortete man ihr: »Sie können es essen, aber er nicht.« Was ja wohl hieß: Sie können sich ruhig vergiften, aber er ist heilig.
Die Moskauer bleiben gewöhnlich stehen, wenn die

»SIL«-Limousinen der Regierung mit hoher Geschwindigkeit reifenquietschend durch die Stadt rasen. Sie bleiben aus Hochachtung für die Insassen stehen, und weil es wirklich ein imposanter Anblick ist. Der »SIL« ist noch nicht um die Ecke gefahren, schon verständigen sich die Posten der Straßenaufsicht untereinander über die gesamte Fahrtroute. Überall werden die Ampeln auf Grün geschaltet, und der Wagen braust ohne anzuhalten durch, schnell und angenehm. Die hohen Parteiführer haben sichtlich vergessen, was ein Stau oder eine Ampel oder ein Rotlicht ist.

Die Politbüro-Mitglieder werden auf der ganzen Strecke von einem »Wolga« begleitet. Als ich einige Drohbriefe erhielt, teilte man mir auch einen solchen »Wolga« zu. Ich verlangte, man solle ihn wieder abschaffen, bekam jedoch zur Antwort, die Angelegenheiten meiner Sicherheit fielen nicht in meine Zuständigkeit. So wurde ich eine Zeitlang ringsum bewacht. Zum Glück wurde die zusätzliche Wache bald wieder abgezogen.

Der »SIL« begleitete mich rund um die Uhr. Wo ich auch war, der Wagen mit Autotelefon stand bereit. Wenn ich über Nacht in meine Datscha fuhr, wurde der Fahrer in einem extra dafür vorgesehenen Haus untergebracht, damit man jederzeit wieder losfahren konnte.

Meine Datscha ist ein Kapitel für sich. Vor mir gehörte sie Gorbatschow, der in eine neue umgezogen war, die eigens für ihn gebaut wurde. Als ich zum ersten Mal hinfuhr, empfing mich der Oberwachmann und machte mich mit dem Dienstpersonal, also den Köchen, Zimmermädchen, Wachposten und dem Gärtner, bekannt. Danach begann die Besichtigung. Schon von außen erschlug einen die Datscha mit ihren riesigen Ausmaßen. Wir betraten das Haus und waren in einer etwa fünfzig Meter langen Halle mit Kamin, Marmor, Parkett, Teppichen, Lüstern, luxuriösen Möbeln. Wir gingen weiter. Ein Zimmer, noch eins, ein drittes, ein viertes, und in jedem ein Farbfernseher. Im Erdgeschoß gab es eine riesige, mit Glas überdachte Veranda und einen Filmvorführraum mit Billardtisch. In den Toiletten und Badezimmern konnte man sich verlaufen. Im Speisezimmer stand ein ungeheurer Tisch von zehn Metern Länge; dahinter lag die Küche, ein ganzes Verpflegungskombinat mit unterirdischem Kühlschrank. Wir stiegen die breite Treppe in den ersten Stock hinauf. Wieder eine riesige Halle mit Kamin, von der man in ein Solarium mit Liegen und Schaukelstühlen gelangte. Weiter ein Arbeitszimmer, das Schlafzimmer, noch zwei Zimmer und wieder Toiletten und Badezimmer. Überall Kristall, antike und moderne Lüster, Teppiche, Eichenparkett.

Als wir die Besichtigung beendet hatten, fragte der Oberwachmann munter: »Na, wie gefällt es Ihnen?« Ich murmelte irgend etwas Unverständliches, meine Familie war einfach platt.

An Urlaubsorten hatte man eine reiche Auswahl: Pizunda, Gagry, die Krim, die Waldai-Höhe und viele andere. Der Chef meiner Leibwache erhielt etwa 4000 Rubel, die für die privaten Ausgaben seines Schutzbefohlenen bestimmt waren. Man brauchte also den Urlaub nicht vom Gehalt zu bezahlen. Diese Ferienhäuser waren ebenso reich und luxuriös ausgestattet. Man wurde zum Meer chauffiert, obwohl es höchstens 200 Meter entfernt war. Ich ging natürlich zu Fuß und versuchte überhaupt, die ständige

Bevormundung abzuschütteln. Mit meiner Tochter, meinem Assistenten und meinem Fahrer spielte ich gegen die Wache Volleyball. Es waren junge, kräftige Burschen, trotzdem schlugen wir sie oft. Kurzum, ich versuchte, wenigstens ein bißchen Leben in diese sterile kommunistische Oase zu bringen, was mir aber nur mit Mühe gelang.
Man kann vielleicht geteilter Meinung darüber sein, aber ich glaube, die Perestrojka wäre selbst bei all den taktischen Fehlern, die gemacht wurden, nicht ins Stocken geraten, wenn sich Gorbatschow bezüglich der Sondergüter hätte umstellen können; wenn er selbst auf die völlig unnötigen, aber gewohnten und angenehmen Privilegien hätte verzichten können; wenn er sich nicht ein Haus auf den Leninbergen und eine neue Datscha außerhalb Moskaus hätte bauen lassen; wenn er nicht eine weitere Datscha in Pizunda hätte umbauen und daraufhin eine ganz neue, supermoderne bei Foros hätte errichten lassen. Und dann sagte er auf dem Volksdeputiertenkongreß, er besitze überhaupt keine private Datscha. Hat er selber wirklich nicht begriffen, wie heuchlerisch das klang? Alles hätte anders verlaufen können, denn man hätte nicht den Glauben der Menschen an die neuen Parolen und Appelle verspielt. Ohne diesen Glauben sind Veränderungen unmöglich. Wenn die Menschen aber von der himmelschreienden sozialen Ungleichheit wissen und sehen, daß der Führer nichts gegen diese schamlose Güterenteignung tut, verglimmen die letzten Funken des Glaubens.
Weshalb konnte Gorbatschow es nicht tun? Ich meine, daß einige seiner Charaktereigenschaften daran schuld sind. Er lebt gerne schön, luxuriös und komfortabel. In dieser Beziehung unterstützt ihn seine Frau. Sie merkt

leider nicht, wie aufmerksam und argwöhnisch Millionen sowjetischer Bürger und vor allem Bürgerinnen sie beobachten. Sie möchte gerne gesehen werden und eine sichtbare Rolle im Leben der Sowjetunion spielen. In einer satten, reichen und zufriedenen Gesellschaft würde man das wahrscheinlich als normal und natürlich auffassen, aber nicht bei uns, wenigstens nicht jetzt.
Es ist ein Fehler Gorbatschows, daß er nicht spürt, wie die Menschen reagieren. Doch wie könnte er es auch spüren, da er doch keinen unmittelbaren Kontakt zum Volk hat? Seine Begegnungen mit Werktätigen sind reine Maskerade: Da stehen ein paar sorgfältig überprüfte Leute, die das Volk darstellen und mit Bussen angefahren wurden, und sprechen mit Gorbatschow, und ringsherum eine ganze Kette von Wachposten. Und immer ist es ein Monolog: Man sagt ihm etwas, aber er hört nicht oder will nicht hören und sagt lieber selbst irgend etwas.
Und der »SIL« für seine Frau? Und Gorbatschows Initiative, das Gehalt der Politbüro-Mitglieder und -Kandidaten zu erhöhen? Die Menschen werden das doch eines Tages erfahren, es läßt sich nicht verbergen. Unsere Nomenklatura wird sich nicht verstecken können, sie wird ihre Datschen abgeben und sich vor den Menschen dafür verantworten müssen, daß sie sich mit Händen, Füßen und Zähnen an ihre Güter geklammert hat. Schon heute fangen sie an, die Rechnungen für ihre Überheblichkeit zu bezahlen. Daß Partei- und Sowjetfunktionäre bei der Wahl durchgefallen sind, ist bereits der Auftakt dazu. Aber sie machen ihre Zugeständnisse nur äußerst mühsam und zähneknirschend, trennen sich so ungern von den liebgewordenen Gütern, daß sie sich alle möglichen

Winkelzüge bis hin zum offenen Betrug ausdenken, nur um diesen Prozeß aufzuhalten.

Kürzlich erklärte Ryschkow, die Ausgabe von Lebensmittelpaketen werde eingestellt und der Sonderladen in der Granowskijstraße sei geschlossen worden. Er ist tatsächlich geschlossen, doch die Sonderrationen werden wie eh und je ausgegeben; nur hat man sie jetzt auf die Bestelldienstabteilungen in den einzelnen Organisationen verteilt. Alles ist beim alten geblieben, die Fahrer der Partei- und Sowjetführer, der Minister und anderer Bonzen tragen weiterhin mit Delikatessen vollgepackte Einkaufsnetze zu den schwarzen Limousinen und fahren sie ihren Chefs nach Hause.

Ich schreibe diese Zeilen, ohne die Ergebnisse zu kennen, die die Kommission zur Prüfung unverdienter Privilegien und Vergünstigungen erarbeitet hat. Ich weiß nicht, was der zweite Volksdeputiertenkongreß entscheiden wird, auf dem diese Fragen behandelt werden. Aber ich glaube, daß es diese Schamlosigkeit bald nicht mehr geben wird.

Wenn man hinter meinem Rücken sagt, ich hätte auf alle meine Privilegien nur der Popularität wegen verzichtet, um mich bei der Masse anzubiedern, die nach Gleichmacherei giert und fordert, alle sollten gleich schlecht leben, dann ärgere ich mich nicht darüber, denn ich weiß, wer das sagt und wozu. Es gibt aber sogar Freunde und Leute, die mir wohlgesonnen sind, die mich manchmal nicht verstehen und zum Beispiel bei einer Erkrankung fragen, warum ich auf die medizinische Sonderbetreuung verzichtet habe, wo man doch anders keine Medikamente, weder Antibiotika noch einfache Schmerz- oder Vitamin-C-Tabletten, bekommt.

Oder der jüngste Fall: Als im Sommer der Oberste Sowjet tagte, schrieb ich nachts, wenn ich von der Sitzung heimkam, und sonntags an diesem Buch. Die Zeit reichte einfach nicht, um ernsthaft daran zu arbeiten. In den Abgeordnetenferien im August wollte ich mich richtig ans Schreiben machen. Ich beschloß, für ein paar Wochen ein Sommerhaus außerhalb Moskaus zu mieten, wo mich niemand finden würde. Da stellte sich heraus, daß man im August kein Sommerhaus mehr mieten kann, man hätte es gleich zu Beginn des Frühlings tun müssen. Damals hörte ich viele Vorwürfe: »Das haben Sie jetzt von Ihrer sozialen Gerechtigkeit, man darf eben nicht auf die Staatsdatscha verzichten. Jetzt wissen Sie nicht, wo Sie arbeiten können!« Zu guter Letzt fanden wir doch ein Häuschen. Die Natur war wunderbar, der Komfort äußerst bescheiden — unter diesen »natürlichen« Bedingungen entstand dieses Buch!
Doch ich bin abgeschweift. Zurück zu den Privilegien. Natürlich möchte man gutes Essen haben, von den Ärzten aufmerksam betreut werden oder an schönen Stränden Urlaub machen. Und natürlich ist meine Familie jetzt, wo ich auf all das verzichtet habe, mit einer Menge von Problemen konfrontiert, nämlich jenen, die Millionen sowjetischer Familien auch haben.
Man möchte ja nur zu gerne so leben, wie die ganze zivilisierte Welt lebt. Deshalb kann ich Gorbatschow nicht verstehen, der, wie bereits erwähnt, auf dem Kongreß stolz erklärte, er besitze keine private Datscha. Worauf kann man denn da stolz sein? Es ist schlecht, daß er keine hat. Der Generalsekretär sollte eine private Datscha haben, die er von seinem selbstverdienten Geld

gebaut hat wie ein Arbeiter, Schriftsteller, Ingenieur oder Lehrer.

Aber vorläufig leben wir nicht so, sondern arm und bescheiden. Ich kann keinen Stör und keinen schwarzen Kaviar essen oder im Auto an Ampeln und erschrockenen Autofahrern vorbei durch die Stadt rasen. Ich kann keine importierten Superarzneien schlucken, wenn ich weiß, daß die Nachbarin kein Aspirin für ihr Kind hat. Weil ich mich schäme.

Dabei muß ich an unser Land denken, an den Weg, den wir eingeschlagen haben, an die Gründe für den niedrigen Lebensstandard, an den ewigen Mangel an allem, an die Zukunft. Viele Menschen beunruhigt die Frage: Wohin gehen wir? Bauen wir wirklich das Haus, das wir brauchen und in dem wir zwar nicht üppig, aber doch erträglich leben können? Unsere Gesellschaft bemüht sich derzeit nach Kräften, sich von den alten Vorstellungen zu lösen und den richtigen Weg zu finden.

Wenn man den Lehrbüchern glauben will, so hatten wir den Sozialismus längst verwirklicht, dann bauten wir ihn später aus einem unerfindlichen Grund fertig, und schließlich verwirklichten wir ihn »endgültig und unwiderruflich«. Den Ideologen erschien aber auch das noch unzureichend, und sie proklamierten nicht ohne Breschnews Hilfe den »entwickelten Sozialismus«. Jetzt zerbrechen sie sich den Kopf darüber, wie man die nächste Etappe nennen könnte.

Vergleicht man unvoreingenommen Theorie und Praxis des Sozialismus, so wird eines klar: Von seinen grundlegenden, klassischen Bestandteilen ist nur einer verwirklicht worden, nämlich die Vergesellschaftung des Eigentums, und das auf drastische Art. Die übrigen Elemente des Sozialismus gibt es real entweder überhaupt nicht, oder sie sind so verwischt worden, daß man sie nicht mehr erkennt.

Um zu verstehen, wohin wir gehen, ist es wichtig zu wissen, woher wir kommen. In den zwanziger Jahren verbaute Stalin den demokratischen Weg und legte die Grundlagen für den staatlich-autoritären, administrativ-bürokratischen Sozialismus. Die Demokratie war im Keim erstickt, das Volk konnte sich nicht artikulieren oder miteinander diskutieren. Es gab sehr viele Einschüchterungsmechanismen. Der Dialog zwischen Partei und Volk fehlte völlig, politisches Diktat und Terror wurden eingepflanzt.

Andere Möglichkeiten hätte ein Weg zur Demokratisierung der Gesellschaft geboten, der vom persönlichen Interesse, von der persönlichen Verantwortung und von den eigenen Mitteln bestimmt gewesen wäre. Doch die weitere Wirtschaftspolitik wurde ausschließlich auf der Basis des »öffentlichen Interesses« betrieben. Unter diesem Dach wurden sämtliche untauglichen Wirtschaftsmethoden zusammengefaßt, deren sich die kommunistischen Bürokraten, die unter »öffentlichem Interesse« ihre eigenen habgierigen Ziele verstanden, virtuos bedienten.

Heute wird viel über die Erneuerung unseres Sozialismus geschrieben. Doch das ist, milde ausgedrückt, ein schlechter Dienst am Sozialismus, denn man kann nur erneuern, was bereits existiert. Natürlich, wenn das Haus steht, kann man es nach Belieben erneuern, ausbauen oder vergrößern. Aber wenn es überhaupt nicht

da ist? Ich bin der Meinung, daß wir den Sozialismus jetzt erst verwirklichen. Wir brauchen eine ehrliche, wahrhaft wissenschaftliche Theorie, die aus den Erfahrungen der letzten siebzig Jahre unseres Lebens eine Bilanz ohne Spekulationen ziehen kann.
Die anhaltende Überbewertung der wirtschaftlichen Entwicklungsfaktoren zu Lasten der sozialpolitischen wirkte sich auch auf die allgemeine Strategie der Perestrojka aus. Die Wirtschaftsreform wurde nicht rechtzeitig durch die parallele Umgestaltung der politischen Struktur ergänzt.
Ja, man hätte mit der Umgestaltung sogar bei der Partei und ihrem Apparat beginnen müssen. Man hätte den Platz der Partei in der Gesellschaft und die Auswirkungen ihrer Maßnahmen genau bestimmen müssen. So bauten wir eine Weile die Wirtschaft um, während wir noch in alten Dogmen und Traditionen befangen waren, die wir aus den überholten Konzepten der Vergangenheit übernommen hatten. Wir besaßen keine umfassenden Rahmengesetze über Eigentum, Grund und Boden, Genossenschaftswesen, Pacht, Steuern und ein neues Preisbildungssystem.
Heute wird die politische Reform beschleunigt und damit versucht, das Versäumte nachzuholen. Selbst das Wenige, was getan wurde, führte bereits zu einer spürbaren Politisierung des öffentlichen Bewußtseins. Das Volk schaltet sich aktiv in die Politik ein, das Arsenal seiner Mittel, Formen und Methoden hat sich erweitert. Das öffentliche Leben wurde durch Streiks und Bildung von Streikkomitees in Aufruhr versetzt. Die Volkspresse entwickelt sich, es entstanden Mitteilungsblätter von Initia-

tivgruppen, »informellen« Organisationen und Fonds. In etlichen Republiken und Regionen bildeten sich aktive Volksfronten, die mitunter von der Gesellschaft schon fast als neue Parteien angesehen werden. Ich bin für die Bildung von Volksfronten, unter der Bedingung, daß ihre Programme und Aktionen nicht im Widerspruch zu den allgemeinen menschlichen Werten stehen. Im Baltikum stellten die Volksfronten Fragen, um die die Partei einen weiten Bogen machte. Ich meine die nationalen Probleme.

Die Perestrojka hat die Menschen aufgerüttelt, ihre schöpferische Energie geweckt und zu sozialen Aktionen aufgerufen. Den entstandenen Gruppierungen und Bewegungen muß ein angemessener Platz in der Gesellschaft eingeräumt werden. Sie müssen zum Sammelbecken derer werden, die sich über das Schicksal unseres Landes Sorgen machen und eine wahrhaft demokratische Staatsordnung anstreben. Die Ausklammerung von Andersdenkenden aus dem Kampf für die Perestrojka schwächt die Formen der Volksbewegung. Andersdenken muß vielmehr sogar belohnt werden, da uns sonst unsere willenlose Einmütigkeit in eine noch hoffnungslosere Stagnation führen wird.

8

12. März 1989

— Wahltagebuch —

Gerade ist die Fernsehdiskussion zu Ende gegangen. Wir lernen von den zivilisierten Ländern die modernen Wahlkampfmethoden, und eine solche Diskussion ist gar nicht so einfach. Die Kamera macht einen befangen, man bewegt sich nicht so natürlich wie sonst. Außerdem weiß man, daß es eine Direktübertragung ist. Und schließlich war da noch die zusätzliche Belastung, daß dies nach meiner Entlassung aus dem Moskauer Stadtparteikomitee mein erstes Auftreten vor den Moskauer Bürgern auf dem Bildschirm war. Die Menschen sollten sehen, daß ich wieder gut in Form war und daß ich das, was mir die letzten eineinhalb Jahre widerfahren ist, mit Würde überstanden habe.

Das Auftreten im Fernsehen ist eine besondere Form des Kontakts zu den Wählern, die mit den traditionellen Wahlveranstaltungen nichts zu tun hat. Dort ist Leben, man hört das Publikum atmen, spürt die Reaktionen auf jedes Wort und jede Geste. Hier betrachtet einen das kalte Glasauge der Kamera, in dem sich nur das Licht und das eigene Gesicht widerspiegeln; dahinter muß man sich die realen Menschen vorstellen, die zu Hause sitzen, Tee trinken und aufmerksam oder nicht so aufmerksam zuhören.

Der Ablauf war allerdings genau festgelegt: Wir trafen im Studio in Ostankino etwa eine halbe Stunde vor Beginn der Sendung ein und besprachen mit dem Diskussionsleiter den Verlauf der Sendung. In kurzen Worten charakterisierte er die Anrufe, die im Fernsehstudio eingehen würden. Jeder Teilnehmer sollte mehrere Fragen der Moskauer Zuschauer beantworten. Wer welche Fragen beantwortete, bestimmte der Diskussionsleiter.

Die Direktübertragung begann. Erst stellte Jurij Brakow sein Wahlprogramm vor, dann bekam ich zehn Minuten Redezeit. Ich sprach zwar befangener als sonst, doch ich legte den Fernsehzuschauern trotzdem in zehn Minuten mein Wahlprogramm dar.

Die Auswahl der Fragen verblüffte mich dann allerdings. Brakow wurden ruhige, normale, rein sachliche Fragen über die SIL-Werke, ihre Zukunft und anderes gestellt. Ich hingegen mußte wieder Angriffe abwehren. Ich geriet innerlich in Rage, aber vielleicht war das sogar ganz gut, denn ich sprach nun lebhafter und energischer.

Selbstverständlich kann der Diskussionsleiter die Fragen so auswählen, daß die Teilnehmer ihre Standpunkte schärfer artikulieren müssen. Doch aus einem unerfindlichen Grund las er mir Fragen von Leuten vor, die, wie Journalisten später nachprüften, in Moskau überhaupt nicht existierten oder aber existierten, doch keinerlei Fragen gestellt hatten. Der Diskussionsleiter las zum Beispiel vor: »Warum arbeiten Sie, Boris Nikolajewitsch, ständig vor Publikum? Sogar Ihre normalen Besuche in der Poliklinik werden von Journalisten und Kameraleuten begleitet!« Die Frage stellte der und der, wohnhaft da und da.

An diesem Morgen war ich tatsächlich in der Poliklinik gewesen, in der ich mich jetzt ärztlich betreuen lasse. Ich hatte gerade das Haus verlassen, da war schon ein Filmteam vor der Tür. Die Fernsehreporter filmten, wie ich die Poliklinik betrat und wieder verließ, das war alles. Das Ganze passierte um acht Uhr früh, und da man bis zur Poliklinik nur fünf Minuten geht, mußte man schon jeden meiner Schritte belauern, um zu bemerken, daß jemand an diesem Morgen meinen normalen Gang in die Poliklinik filmte.

In der Fernsehdiskussion antwortete ich, ich selbst sei die Journalisten, Fotografen und Kameraleute, die mir überall den Weg versperrten, gründlich leid. Man solle doch sie fragen, weshalb sie ständig um mich herumwimmelten. Vielleicht käme der unnötige Rummel daher, daß sie mich so lange nicht aufnehmen konnten und es so lange keine Information über mich gab ...

Aber das war noch nicht alles. Am nächsten Tag fuhr das Kamerateam, aus dem Gefühl heraus, mich, ohne es zu wollen, hereingelegt zu haben, zu der angegebenen Adresse und machte den Mann ausfindig, der die Frage gestellt haben sollte: Er hatte niemanden angerufen, nichts gefragt und überhaupt keine Ahnung, um welche Poliklinik es ging. Das Team nahm alles auf Video auf und schenkte mir die Kassette.

Meine Vertrauensleute überprüften weitere Adressen und

kamen zum selben Ergebnis. Entweder wohnten dort keine Leute mit dem angegebenen Namen, oder sie wohnten dort, hatten aber keine Fragen gestellt.
Es war eine merkwürdige Fernsehdiskussion, an der ich da teilgenommen hatte.

Die Fragen zu diesem Thema, das lange tabu war, sind zu zahlreich, als daß man ein oder zwei als repräsentativ auswählen könnte.

Der Verlauf des Oktoberplenums des ZK der KPdSU 1987, über das anschließend so viel geredet wurde, ist streng geheim. Es war das Plenum, auf dem ich schließlich doch das Wort ergriff.

Später fragte ich mich oft, ob es wirklich notwendig war, diesen Schritt zu tun und damit den jähen Bruch, den Konflikt, den Skandal und die katastrophalen Veränderungen in meinem eigenen Leben herbeizuführen. Ich war mir doch darüber im klaren, daß ich das, was mir dann bevorstand, vielleicht nicht überstehen würde. Aber nach inzwischen fast zwei Jahren kann ich mit Bestimmtheit sagen: Ja, mein Auftritt damals war notwendig, er war der logische Abschluß der vorausgegangenen Ereignisse. Alle schwammen in Begeisterung und Euphorie über die Perestrojka, wollten dabei aber nicht sehen, daß es außer ein paar Fortschritten hinsichtlich Glasnost und Demokratisierung keine konkreten Ergebnisse gab. Statt einer realistischen, kritischen Analyse der Situation wurde auf den Sitzungen des Politbüros nur immer lauter Gorbatschows Lob gesungen. Mein Konflikt mit Ligatschow hatte sich verschärft: Um auch nur die brennendsten Probleme in Moskau zu lösen, brauchte ich die Hilfe des gesamten Politbüros. Die Hauptstadt ist ein so komplizierter Komplex, in dem alles mit allem verknüpft und verflochten ist, daß man nur mit vereinten

Kräften etwas bewirken kann. In letzter Zeit hatte ich jedoch immer deutlicher die Unlust gespürt, der Stadt bei der Lösung ihrer Probleme zu helfen.
Konnte ich unter diesen Bedingungen weiterarbeiten? Ja, aber dann hätte ich ein anderer Mensch werden müssen. Ich hätte meinen Standpunkt nicht mehr frei äußern dürfen und meine Augen schließen müssen, um nicht zu sehen, wie unser Land in den Abgrund glitt. Und dabei hätte ich noch stolz ausrufen müssen, daß die Partei und ihr Generalsekretär Organisator, Inspirator und noch dazu Architekt der Perestrojka sei.
Wie mich diese heuchlerischen Parolen aufregten! Zuerst hatte der Apparat, von der Partei gedeckt, das Land zerrüttet, und jetzt, wo es keinen anderen Ausweg mehr gab und man in dem verrotteten System etwas ändern mußte, riefen sie: Hände weg von der Partei, sie ist der Architekt der Perestrojka! Wie sollte man denn die Hände vor ihr lassen, wenn vom Kindergarten an alle wußten, daß wir alle unsere Errungenschaften mit ihrem Namen verbinden müssen? Ihre inspirierende und organisierende Rolle ist ja in Artikel 6 der Verfassung der UdSSR festgeschrieben. Wer also ist schuld an dem, was gemacht wird? Die neue historische Gemeinschaft, das sowjetische Volk? Oder der, der siebzig Jahre lang organisiert und inspiriert hat? Tagtäglich hört man von allen Seiten die Beschwörung der Parteiapparatschiks: Die Autorität der Partei ist unerschütterlich! Wir werden nicht zulassen, daß ihr mit euren schmutzigen Händen die Partei anfaßt!
Zwei Jahre nach dem Oktoberplenum des ZK hat die Gesellschaft eine gewaltige Strecke zurückgelegt. Die Men-

schen haben ihre Rolle erkannt, und der Sturm des Volkes auf die Parteibürokraten, die nun krampfhaft und erschrocken ihre höchst wacklige Position verteidigen müssen, hat begonnen. Damals aber, als mir klar wurde, daß ich ein offenes Wort sagen mußte, durfte man nur kritisieren, was nicht die Grundlagen und bestimmte große Namen berührte. Der Generalsekretär war wie Väterchen Zar, und auch nur den geringsten Zweifel an seinem Vorgehen zu äußern wäre eine undenkbare Lästerung gewesen. Über den Generalsekretär durfte man nur begeistert sein.

Als ich ans Rednerpult ging, tat ich das nicht, weil ich meinte, daß meine Rede ein Schritt vorwärts sein würde, die Glasnost-Tendenzen verstärken und die für Kritik geltenden Tabuzonen verringern würde. Nein, das kam mir alles gar nicht in den Sinn. Mir war nur wichtig, das zu sagen, was ich sagen mußte.

Ich hatte statt einer ausgearbeiteten Rede nur ein paar Stichpunkte auf einem Zettel notiert.

Ich zitiere deshalb meine Rede nach der Zeitschrift *Iswestija ZK KPSS*.

»*Jelzin*: Im Politbüro wurden die heutige Rede wie auch die Entwürfe für die Siebzigjahrfeier besprochen. Ich hatte ebenfalls Vorschläge dazu gemacht, die zum Teil berücksichtigt wurden. Deshalb habe ich heute keine Bemerkungen zu der Rede, die ich voll und ganz unterstütze.

Dennoch möchte ich eine Anzahl Fragen aufwerfen, die sich während meiner Zeit im Politbüro angehäuft haben.

Ich stimme vollkommen zu, daß wir heute sehr große Schwierigkeiten bei der Perestrojka haben und daß jeder von uns große Verantwortung trägt und große Pflichten hat.

Ich meine, man müßte vor allem die Arbeit der Parteikomitees und der Partei als Ganzes umgestalten, und zwar angefangen beim ZK-Sekretariat, was ja auch schon auf dem Juniplenum des Zentralparteiplenums gesagt wurde. Obwohl seither fünf Monate vergangen sind, hat sich nichts geändert, was die Arbeit des ZK-Sekretariats und den Arbeitsstil des Genossen Ligatschow betrifft.

Was Michail Sergejewitsch heute hier gesagt hat, daß nämlich Verweise und Druck aller Art auf allen Ebenen unzulässig seien, das wird gerade auf dieser Ebene zugelassen, und zwar zu einem Zeitpunkt, wo die Partei den revolutionären Weg einschlagen und revolutionär handeln müßte. Von diesem revolutionären Geist, diesem revolutionären Schwung spürt man, was die örtlichen Parteikomitees und viele Parteigenossen betrifft, nichts. Meiner Ansicht nach wäre folgendes notwendig: Man müßte die Lehren aus der Vergangenheit ziehen und heute wirklich die weißen Flecken in unserer Geschichte sehen, von denen Michail Sergejewitsch gesprochen hat. Was müssen wir dabei tun? Wie können wir das korrigieren, was war, und wie können wir verhindern, daß es wiederkommt? Damals wurden Lenins Normen einfach diskreditiert, und das führte dazu, daß diese Normen in hohem Grade aus dem Verhaltenskodex unserer Partei ausgeklammert wurden.

Ich glaube, daß das, was auf dem Parteitag bezüglich der nächsten zwei bis drei Jahre Perestrojka gesagt wurde, die

Menschen sehr desorientiert, die Partei desorientiert und die Massen desorientiert. Wir, die wir die Stimmung der Menschen kennen, kennen auch die wellenartige Einstellung der Perestrojka gegenüber. Am Anfang war ein ganz starker Enthusiasmus und Elan da. Diese anfängliche hohe Begeisterung hielt sich bis zum Januarplenum des ZK der KPdSU. Dann, nach dem Juniplenum des ZK, begannen die Menschen ihren Glauben spürbar zu verlieren. Das bereitet uns größte Sorge. Es liegt natürlich daran, daß diese vergangenen zwei Jahre in der Hauptsache für die Erarbeitung all jener Dokumente verwendet wurden, die nicht beim Volk angekommen sind. Das Volk wiederum ist beunruhigt, daß es in dieser Zeit nichts Konkretes erhalten hat.
Deshalb scheint mir, wir sollten diesmal vielleicht vorsichtiger sein bei den Zeitangaben für die Ziele der Perestrojka in den nächsten zwei Jahren, damit die realen Ergebnisse diesen Angaben eher entsprechen. Die Perestrojka fällt uns natürlich unglaublich schwer, das ist uns klar. Selbst wenn wir jetzt damit anfangen, das Vorgehen der Partei und gerade der Parteikomitees sehr stark zu verändern, was dringend notwendig ist, selbst dann schaffen wir das nicht in zwei Jahren. In zwei Jahren könnten wir vor den Menschen als eine Partei dastehen, deren Autorität insgesamt geschwunden ist.
Der ständige Appell, weniger Resolutionen zu verabschieden, während in Wirklichkeit ständig mehr verabschiedet werden, beginnt in den Basisorganisationen diesen Resolutionen gegenüber langsam eine Haltung zu erzeugen, die ich als oberflächlich bezeichnen würde, und auch einen gewissen Unglauben an die Richtigkeit dieser

Resolutionen. Kaum ist die eine da, kommt bereits die nächste. Wir rufen dazu auf, die Zahl der Institute zu verringern, die nur Zeit vergeuden. Aber am Beispiel Moskaus muß ich sagen, daß wir statt der 1041 Institute, die wir vor einem Jahr hatten, nun, nachdem dank der enormen Anstrengung des Staatskomitees sieben aufgelöst wurden, 1087 haben! In diesem Zeitraum wurden eben Resolutionen zur Gründung neuer Institute in Moskau verabschiedet. Das widerspricht natürlich der Parteilinie und den Beschlüssen des Parteitags und unseren eigenen Appellen.

Ich habe noch über eine weitere Frage nachgedacht. Sie ist nicht einfach, aber hier auf dem Plenum, vor den Mitgliedern des Zentralkomitees der Partei, dem vertrautesten und offensten Kreis, kann und muß man alles sagen, was man auf dem Herzen hat, als Mensch und als Kommunist.

Ich muß sagen, die Lehren der vergangenen siebzig Jahre, diese harten Lehren, waren zwar Siege, wie Michail Sergejewitsch sagte, aber sie waren eben auch Lehren, Lehren aus schlimmsten Niederlagen. Diese Niederlagen häuften sich allmählich, und zwar deshalb, weil es keine Kollegialität gab, weil es Klüngel gab, weil die Macht der Partei in die Hände eines einzigen gelegt war und weil dieser eine absolut jeder Kritik enthoben war.

Mich beunruhigt zum Beispiel eines sehr: Im Politbüro haben wir diese Situation noch nicht, aber in letzter Zeit konnte man bemerken, daß manche Politbüro-Mitglieder, und zwar immer dieselben, gegenüber dem Generalsekretär in zunehmende Lobhudelei verfielen. Ich meine, gerade jetzt, da sich grundsätzlich demokratische

Formen des Umgangs miteinander herausbilden, darf das nicht sein. Das dürfen wir nicht zulassen. Dem anderen dic Kritik offen sagen, ja, das brauchen wir, aber wir brauchen keine überschwengliche Phrasendrescherei, die nach und nach zur Norm, zum Personenkult werden kann. Das können und dürfen wir nicht zulassen.

Ich weiß, daß dies bis jetzt noch nicht eingetreten ist, aber die ersten Anzeichen einer solchen Entwicklung gibt es bereits, und ich meine, wir müssen ihr Einhalt gebieten.

Nun der letzte Punkt: Meine Arbeit im Politbüro steht offenbar unter keinem guten Stern, und das aus verschiedenen Gründen. Meine Erfahrung, vielleicht aber auch einfach mangelnde Unterstützung seitens des Politbüros, besonders des Genossen Ligatschow, wie ich betonen möchte, brachten mich auf den Gedanken, ich müsse Ihnen die Frage stellen, ob Sie mich von meinem Amt und meinen Pflichten als Politbüro-Mitglied entlasten wollen. Einen entsprechenden Antrag habe ich gestellt. Was meinen Posten als Stadtparteichef betrifft, so wird wohl das Plenum des Stadtparteikomitees darüber entscheiden.«

Nach diesen Worten setzte ich mich. Mein Herz schlug so heftig, als wollte es zerspringen. Was nun kam, wußte ich. Man würde methodisch, planmäßig, ja fast lustvoll über mich herfallen.

Sogar jetzt noch, wo schon so viel Zeit vergangen ist, sitzt mir dieser Stachel im Herzen. Aber hatte ich denn eine andere Reaktion von der derzeitigen, überwiegend

konservativen ZK-Mannschaft erwartet? Natürlich nicht. Die Strategie war eindeutig, und man hatte sie schon im voraus und, wie ich nun erst begriff, unabhängig von meiner Rede geplant. Gorbatschow sollte sozusagen den Ton angeben, dann würden die Ankläger ans Rednerpult stürzen und mich beschuldigen, ich spalte die Einheit, verfolge persönliche Ambitionen und spinne Intrigen. Man würde mir so viele Etiketten aufkleben, daß es für eine ganze Oppositionspartei reichte.
Genauso war es. Hier zitiere ich noch einmal das Protokoll des Plenums:

»*Gorbatschow*: Wahrscheinlich sollte besser ich die Sitzung weiterleiten.
Ligatschow: Ja, bitte, Michail Sergejewitsch.
Gorbatschow: Genossen, ich meine, Genosse Jelzins Rede war ernst. Ich wollte eigentlich keine Diskussion beginnen, aber das, was er gesagt hat, muß besprochen werden. – Ich möchte die Kernpunkte seiner Erklärung wiederholen. Erstens: Genosse Jelzin sagte, man müsse die Tätigkeit der Partei ernsthaft aktivieren und damit beim Zentralkomitee der KPdSU, konkret beim ZK-Sekretariat, beginnen. In diesem Zusammenhang wurde Kritik an Jegor Kusmitsch Ligatschow geäußert.
Zweitens: Es wird die Frage über das Tempo der Perestrojka gestellt und behauptet, man habe für die Perestrojka eine Zeitangabe von zwei bis drei Jahren gemacht. Diese Zeitangabe sei falsch. Sie desorientiere die Menschen, führe zu noch größerer Verwirrung in der Gesellschaft und in der Partei. Die Situation sei so brisant, daß ihre Folgen die Sache verderben könnten.

Drittens: Wir ziehen aus der Vergangenheit Lehren, aber aus Genosse Jelzins Sicht offenbar nicht in genügendem Maße, da in der Partei auf der Ebene des ZK und des Politbüros keine Mechanismen geschaffen worden seien, die eine Wiederholung gravierender Fehler ausschalten würden.

Und schließlich zur Möglichkeit, seine Arbeit in seiner bisherigen Stellung weiterzuführen. Genosse Jelzin glaubt, er könne im Politbüro nicht mehr weiterarbeiten, obwohl seiner Meinung nach nicht das ZK über seine Weiterarbeit als Stadtparteichef entscheidet, sondern das Stadtkomitee.

Hier haben wir etwas Neues. Handelt es sich vielleicht um eine Abtrennung der Moskauer Parteiorganisation? Oder hat Genosse Jelzin beschlossen, auf dem Plenum seinen Austritt aus dem Politbüro zu beantragen, jedoch Erster Sekretär des Moskauer Stadtkomitees der KPdSU zu bleiben? Er hat offenbar den Wunsch, gegen das ZK zu kämpfen. So verstehe ich es, obwohl ich vielleicht seine Intention zu scharf wiedergebe.«

Ich muß einfach das Zitat hier unterbrechen. Wie geschickt mir Gorbatschow eine falsche Absicht untergeschoben hat! Schon stellt sich heraus, ich wollte das Moskauer Stadtkomitee im Kampf gegen das ZK anführen. Der politische Makel haftet an mir, Stimmung und Tonart sind gegeben. Damals auf dem Plenum sprang ich natürlich auf und protestierte, aber das spielte schon keine Rolle mehr.

»Setz dich, Boris Nikolajewitsch. Die Frage nach deinem Ausscheiden als Erster Sekretär des Stadtkomitees hast du nicht gestellt. Du hast gesagt, das ist Sache des Stadtkomitees.

Das ist eigentlich alles bis auf deinen Einwand, ich hätte dich falsch verstanden, du stelltest dem ZK die Frage, über deinen Verbleib als Sekretär des Stadtparteikomitees zu entscheiden. Habe ich deine Aussagen insgesamt richtig interpretiert, Genosse Jelzin?
Laßt uns unsere Meinungen austauschen, Genossen. Die Fragen sind ja wohl grundsätzlich gestellt.
Es trifft sich, daß wir gerade jetzt, wo wir den 70. Jahrestag der Oktoberrevolution begehen wollen, auch diese Lehre für jeden selbst, für das ZK und für Genossen Jelzin ziehen müssen. Ja, für uns alle. Über diese Frage müssen wir uns klarwerden. Bitte, Genossen, wer möchte das Wort ergreifen? Die Mitglieder des ZK kennen die Arbeit des Politbüros und können seine Politik beurteilen, Sie sehen deutlicher, wie wir hier vorgehen sollen. Ich lade Sie ein, zu sprechen, aber ich bestehe nicht darauf. Wenn von den Politbüro-Mitgliedern jemand das Wort ergreifen möchte, werde ich es ihm natürlich erteilen. Genossen, wer sprechen möchte, hebe bitte die Hand.«

Es ging alles so weiter, wie ich es erwartet hatte. In Gedanken hatte ich alles durchgespielt und mir überlegt, welche Argumente wohl als Antwort auf meine Thesen vorgebracht würden und wer sprechen würde. Ich dachte, nicht die stärksten Kaliber und keine mir nahestehenden Leute würden reden. Aber als es tatsächlich losging, als diejenigen mit glänzenden Augen ans Rednerpult liefen, mit denen ich lange Seite an Seite gearbeitet hatte, die mir nahestanden und zu denen ich ein gutes Verhältnis hatte, da war es furchtbar schwer, diesen Verrat auszuhalten. Ich bin sicher, diese Männer schämen sich heute, die

Verleumdungen über mich zu lesen, die sie damals sagten. Doch was gesagt ist, ist gesagt.

Eine Wortmeldung nach der anderen, viele polemisch und nicht auf die Sache bezogen: Man schlug immer wieder in dieselbe Kerbe — so einer ist der Jelzin also. Die Wörter wiederholten sich, die Ausdrücke wiederholten sich, die Etiketten wiederholten sich.

Rjabow trat ans Rednerpult, mit dem ich so lange in Swerdlowsk zusammengearbeitet hatte. Weshalb? Um sich einen kleinen Pfad nach oben zu bahnen, wenn nicht für seine Zukunft, dann wenigstens für seine Pensionierung. Konopljow, der Erste Sekretär des Permer Gebietskomitees, Bogomjakow vom Tjumener Gebietskomitees und andere ... Wir hatten Seite an Seite gearbeitet, doch jeder dachte nur an sich und glaubte, er könne sich ein paar Punkte verdienen. Von den Politbüro-Mitgliedern waren es Ryschkow und Jakowlew, deren Äußerungen mich überraschten. Ich hatte nicht gedacht, daß sie so etwas sagen könnten.

Ich wußte schon, daß noch ein langer Prozeß folgen würde, den ich würde ertragen müssen, daß man mich hier, auf dem Plenum, nicht meiner Position als Politbüro-Kandidat entheben werde. Ich mußte auf das Moskauer Stadtparteiplenum warten, wo ich zuerst aus meinem Amt als Erster Sekretär des Stadtparteikomitees entlassen werden mußte, bevor ich danach auf einem anderen ZK-Plenum aus dem Politbüro entlassen werden konnte. So war es dann auch. Am Schluß des Plenums wurde per Abstimmung beschlossen, meine »Rede für politisch falsch zu halten« und dem Moskauer Stadtparteikomitee die Frage meiner Abwahl vorzulegen. Dabei war in ihr nichts enthalten, was auch nur annähernd »politisch falsch« war, wie alle erkennen konnten, die meine Rede später in der Zeitschrift lasen.

Als in Heft 2 der *Iswestija ZK KPSS* von 1989 das Protokoll des Oktoberplenums erschien, las ich meine Rede und wunderte mich ein wenig, weil mir schien, ich hätte damals schärfer gesprochen. Aber daran ist offenbar die Zeit schuld. Die Gesellschaft hat sich schließlich weiterentwickelt, und auf der 19. Parteikonferenz wie auch während der Wahlkampagne sind harte Diskussionen geführt worden. Doch damals war das die erste Kritik am Generalsekretär, der erste Versuch, vor einem Parteiforum Klarheit zu schaffen, weshalb die Perestrojka leer durchlief und nicht weiterkam. Es war sozusagen die erste Verwirklichung des proklamierten Pluralismus.

Es war eine schwierige Zeit, in der ich heftig litt. Ein paar Tage hielt ich mich nur durch meine Willenskraft aufrecht. Am meisten bekümmerte mich, daß ich vieles nicht zu Ende hatte führen können, was ich in Moskau geplant hatte. Dabei gab es genug Probleme, die auf den Nägeln brannten. Ich hatte wohl die Stadtparteiorganisation auf Trab gebracht, aber vieles andere noch nicht geschafft. Dem Stadtkomitee, den Moskauer Kommunisten und den Moskauern gegenüber fühlte ich mich schuldig. Andererseits hätte sich die Einstellung des Politbüros mir gegenüber wohl kaum geändert. Meine Vorschläge zur Verbesserung der Lebensverhältnisse in der Stadt wären auf taube Ohren gestoßen — ich mußte wirklich gehen.

Am 7. November passierte etwas Interessantes. Ich war noch Politbüro-Kandidat, da das ZK-Plenum, das den Beschluß über meine Entlassung fassen würde, erst später stattfand. Am Jahrestag der Oktoberrevolution versammelten sich die Generalsekretäre und Ersten Sekretäre der kommunistischen und Arbeiterparteien der sozialistischen Länder. Sie waren zu einer gemeinsamen Konferenz angereist, und jeder führte außerdem ein Einzelgespräch mit Gorbatschow. Am 7. November ging ich also mit dem gesamten Politbüro und den ZK-Sekretären zum Mausoleum, wie immer in strenger Rangfolge — die Politbüro-Mitglieder dem Alphabet nach, die Kandidaten dem Alphabet nach, die ZK-Sekretäre dem Alphabet nach und Gorbatschow natürlich an der Spitze. Die Führer der Bruderparteien begrüßten zuerst ihn, dann uns. Als Fidel Castro an der Reihe war, ging ich auf ihn zu, und plötzlich umarmte er mich dreimal und sagte irgend etwas auf spanisch. Ich konnte es nicht verstehen, spürte aber seine Anteilnahme. Ich drückte ihm die Hand und dankte ihm. Meine Stimmung war natürlich äußerst gedrückt. Woicek Jaruzelski tat dann dasselbe, umarmte mich dreimal und sagte auf russisch: »Boris Nikolajewitsch, halte durch!« Ich bedankte mich auch bei ihm leise für seine Anteilnahme. Das alles geschah vor den Augen Gorbatschows und unserer übrigen Parteiführer, die sich dadurch wohl zu noch größerem Argwohn mir gegenüber herausgefordert fühlten.

Auf diesen internationalen Treffen betreute ich normalerweise einen der Generalsekretäre oder Ersten Sekretäre, meist Fidel Castro. Ich hatte ein sehr gutes Verhältnis zu ihm. Diesmal betreute ich niemanden. Ich fühlte mich auf dem Empfang natürlich sehr unbehaglich und hielt mich abseits.

Am 9. November wurde ich mit starken Kopf- und Brustschmerzen ins Krankenhaus eingeliefert. Mein Organismus verkraftete die Nervenanspannung offenbar nicht und streikte. Ich wurde sofort mit Medikamenten vollgepumpt, die vor allem das Nervensystem beruhigten und entspannten. Die Ärzte verboten mir, das Bett zu verlassen, und gaben mir ständig Tropfen und Spritzen. Besonders schlimm war es nachts, wenn ich die wahnsinnigen Kopfschmerzen kaum noch aushielt. Meine Frau wollte mich besuchen, aber man ließ sie nicht zu mir, da ich mich nicht aufregen dürfe und mich zu schlecht fühle.

Da klingelte am 11. November morgens plötzlich das Telefon. Es war die Automatische Fernsprechvermittlung I im Kreml — Gorbatschow rief an. In ruhigem Ton, als wäre ich nicht im Krankenhaus, sondern in meiner Datscha, sagte er: »Boris Nikolajewitsch, du müßtest mal kurz zu mir kommen. Danach halten wir vielleicht auch gleich noch das Plenum des Moskauer Stadtkomitees ab.« Ich antwortete, ich könne nicht kommen, liege im Bett und die Ärzte erlaubten mir nicht, aufzustehen. »Macht nichts«, sagte er munter, »die Ärzte werden dir schon helfen.«

Das werde ich nie verstehen. Ich erinnere mich nicht, daß ich in meiner ganzen Laufbahn einen Menschen, ob Arbeiter oder Komiteeführer, krank aus der Klinik holen ließ, um ihm zu kündigen. Wie schlecht Gorbatschow auch auf mich zu sprechen war — das hatte ich von ihm nicht erwartet. Was befürchtete er, weshalb hatte er es so eilig? Glaubte er, ich würde es mir noch anders überlegen? Oder dachte er, in dieser Verfassung könne er mich auf dem Plenum des Moskauer Stadtparteikomitees am besten fertigmachen?

Ich rappelte mich auf. Die folgsamen Ärzte, die mir verboten hatten, aufzustehen und mich zu bewegen, geschweige denn irgendwohin zu fahren, pumpten mich mit Beruhigungsmitteln voll. Mir war schwindlig, meine Beine knickten ein, ich konnte kaum sprechen, meine Zunge gehorchte mir nicht. Als meine Frau mich sah, flehte sie mich an, nicht zu fahren. Sie bat und bettelte. Ich konnte kaum die Füße bewegen und verstand kaum, was um mich herum passierte. Fast wie ein Roboter stieg ich ins Auto und ließ mich ins ZK der KPdSU fahren.

Meine Frau, der meine Krankheit sehr zugesetzt hatte, hielt es nicht mehr aus und machte dem Leiter der 9. Abteilung des KGB, Plechanow, heftige Vorwürfe. Sie sagte ihm, daß dies Sadismus sei und wie er es wagen könne, einen Kranken aus dem Krankenhaus zu lassen und wozu er mich eigentlich bewache? Darauf konnte er natürlich nichts antworten, er war nur ein Schräubchen im System, das weiterhin tadellos funktionierte.

In diesem Zustand fand ich mich also in der Sitzung des Politbüros, von dem ich so gut wie nichts in Erinnerung habe. Im selben Zustand war ich anschließend auf dem Plenum des Moskauer Stadtkomitees. Die ganze Parteispitze zog in dieses Plenum ein, als schon alle Teilnehmer saßen. Die höchsten Parteiführer setzten sich einträchtig vorne hin, und das ganze Plenum blickte sie hilflos und folgsam an wie das Kaninchen eine Riesenschlange.

Wie soll man das nennen, wenn ein Mensch mit Worten getötet wird? Man hätte mich auf dem Plenum doch einfach aus meinem Amt entlassen können. Aber nein, man mußte den Verrat auskosten, und die Genossen, die zwei Jahre lang ohne Anzeichen einer Trübung unseres gegenseitigen Verhältnisses Seite an Seite mit mir zusammengearbeitet hatten, sagten nun plötzlich Dinge, die mir bis heute nicht in den Kopf wollen. Wenn ich nicht so unter Narkose gestanden hätte, hätte ich natürlich gekämpft, die Lügen dementiert und die Niedertracht der Redner bewiesen. Einerseits haderte ich mit den Ärzten, daß sie es erlaubt hatten, mich hierher zu schleppen, andererseits hatten sie mich so mit Medikamenten vollgepumpt, daß ich praktisch nichts wahrnahm.

Später habe ich oft über dieses Plenum nachgedacht und versucht, zu verstehen, was die Menschen ans Rednerpult trieb und weshalb sie sich auf Geheiß des Oberjägers auf mich stürzten. Weil es an Argumenten haperte, enthielten die Reden Polemik, Mutmaßungen, Phantasien oder schlichte Lügen. Bei manchen Leuten mag auch plötzlich das Gefühl erwacht sein: Endlich kann ich dir eins auswischen, du warst der Chef, da konnte ich dir nichts anhaben, aber dafür jetzt! Es war schrecklich und unmenschlich.

So wurde ich abgesetzt, scheinbar auf eigenen Antrag, aber mit solchem Getöse, daß mir bis heute die Ohren nachklingen. Alle Beiträge zum Plenum wurden in der Zeitung *Moskowskaja prawda* veröffentlicht. Gleich nach meiner Amtsübernahme hatte ich ja verlangt, die Zeitung müsse von jedem Plenum einen vollständigen Bericht drucken, ohne jede Streichung. Zu soviel Glasnost konnte sich das Zentralkomitee bis heute nicht aufraffen, aber ich wurde sozusagen das Opfer meiner eigenen Initiative. Aber natürlich können Wahrheit und Öffentlichkeit nie schaden, und für die unvoreingenommenen Leser war die Veröffentlichung in der *Moskowskaja prawda* ein schwerer Schlag. Deutlich sprach daraus das Lakaientum und die Angst, die in den Gemütern unserer Parteimächtigen herrscht.

Dann landete ich wieder im Krankenhaus. Bis zum Februarplenum konnte ich mich einigermaßen erholen, und das Plenum verlief ziemlich reibungslos. Gorbatschow schlug vor, mich aus dem Gremium der Politbüro-Kandidaten zu entlassen, und sprach vorsichtig von Pensionierung. Der Ärztestab riet mir gleich, darüber nachzudenken. Ich bat mir nach einem Gespräch mit meiner Frau zunächst Bedenkzeit aus, bis ich aus dem Krankenhaus entlassen sei. Nach reiflicher Überlegung wußte ich dann, daß die Pensionierung für mich der sichere Untergang wäre. Ich brauche Menschen und Arbeit, sonst komme ich um. Also sagte ich den Ärzten, ich sei nicht einverstanden.

Nach einer Weile rief mich Gorbatschow wieder im Krankenhaus an und bot mir den Ministerposten des Ersten Stellvertreters des Vorsitzenden der Staatlichen Baubehörde an. Mir war in dem Moment alles gleich. Ich nahm den Posten an, ohne auch nur einen Augenblick zu überlegen. Er fügte noch hinzu: »Aber denk dran, in die Politik lass' ich dich nicht rein!«

Mir wurde oft die Frage gestellt, die ich mir später auch selbst stellte, nämlich weshalb Gorbatschow sich nicht doch dazu entschloß, endgültig mit mir abzurechnen. Politischer Gegner hatte man sich bei uns im allgemeinen immer erfolgreich entledigt. Auch mich hätte man in

Pension schicken oder als Botschafter in ein fernes Land entsenden können. Gorbatschow aber ließ mich in Moskau und gab mir einen relativ hohen Posten, womit der Widersacher in der Nähe blieb.
Ich glaube, wenn Gorbatschow Jelzin nicht gehabt hätte, hätte er ihn erfinden müssen. Trotz seiner in letzter Zeit ablehnenden Haltung mir gegenüber sah er wohl ein, daß dieser rauhe, stachlige Mann, der den verkrusteten Parteiapparat nicht in Ruhe ließ, notwendig war. Wie in einem Theaterstück waren alle Rollen verteilt: Ligatschow ist der Konservative, eine negative Figur; Jelzin ist der Kampfhahn mit den linken Flausen; und der weise, alles verstehende Held ist Gorbatschow selbst.
Ich glaube, er schickte mich auch deshalb nicht in Pension oder als Botschafter weit weg, weil er die starke öffentliche Meinung fürchtete. Damals wurde das ZK und die Redaktion der *Prawda* wie überhaupt die Redaktionen sämtlicher wichtiger Zeitungen und Zeitschriften von einer Flut von Protestbriefen gegen die Beschlüsse des ZK- und des Stadtkomiteeplenums überschwemmt. Das war immerhin eine ernstzunehmende Sache.
Ich mußte mich aus der Krise, in der ich mich befand, herausarbeiten. Es hatte sich ein gewisses Vakuum um mich herum gebildet. Ich hatte immer mit Menschen gearbeitet und liebe überhaupt Gesellschaft. Immer hat es mich zu Menschen hingezogen und nicht in die Einsamkeit. Wenn einen dann nacheinander zehn, zwanzig Menschen verraten, mit denen man gearbeitet und denen man vertraut hat, dann stellt sich schreckliche Hoffnungslosigkeit ein. Viele kehrten sich von mir ab. Die meisten davon waren Opportunisten, die sich als Freund

und Genosse ausgegeben hatten, mich aber in Wirklichkeit nur als Chef, als Ersten Sekretär des Moskauer Stadtkomitees gebraucht hatten.

Im ZK-Plenum und anderen Versammlungen, wo man mir nicht ausweichen konnte, grüßte man mich mit einer gewissen Vorsicht. Man nickte mit dem Kopf und gab zu verstehen, daß ich zwar lebte, aber politisch eine Leiche war.

Viele, die mich früher dauernd angerufen hatten, riefen nun nicht mehr an. Den Zustand, in dem ich war, kann ich nur schwer beschreiben. Ich lag regelrecht im Kampf mit mir selbst, analysierte jeden Schritt, jedes Wort, all meine Prinzipien, prüfte meine Vergangenheit, Gegenwart und Zukunft, mein Verhältnis zu den einzelnen Menschen und sogar zu meiner Familie — Tag und Nacht analysierte ich. Dann schlief ich drei, vier Stunden, und wieder bedrängten mich die Gedanken.

In dieser Situation suchen viele Menschen Zuflucht bei Gott, manche fangen an zu trinken. Ich tat weder das eine noch das andere. Ich behielt den Glauben an die Menschen, jedoch beschränkt auf meine echten Freunde. Den naiven Glauben hatte ich verloren. Ich ließ Hunderte von Menschen innerlich Revue passieren, Freunde, Genossen, Nachbarn, Kollegen. Auch mein Verhältnis zu meiner Frau, meinen Kindern und meinen Enkeln überdachte ich.

Fast jede Nacht quälten mich Kopfschmerzen. Oft mußte der Notarzt kommen und mir eine Spritze geben. Meine Familie half mir natürlich, wie sie nur konnte; in den schlaflosen Nächten wachten Naïna, Lena und Tanja an meinem Bett. Ich glaubte den Ärzten, die sagten, daß diese Schmerzen vorübergingen, daß sie von der Überanstrengung kämen und nur von der Zeit geheilt werden könnten. Aber der Kopf ließ sich nicht abstellen, dauernd arbeitete es in meinem Gehirn weiter. Meine Nerven versagten. Ich war unbeherrscht und ließ meinen Unmut an der Familie aus. Hatte ich mich wieder beruhigt, schämte ich mich dafür. Meine Frau und meine Kinder versuchten, mich zu beruhigen und abzulenken. Ich spürte das und war erst recht aufgebracht. Sie hatten es schwer mit mir. Ich verdanke es weitgehend ihnen, daß ich mich endlich doch aus diesem Tief herausarbeiten konnte.

Später hörte ich von Gerüchten über Selbstmordgedanken, die ich gehabt hätte. Ich weiß nicht, woher diese Gerüchte kamen. In meiner damaligen Situation hätte dieser Ausweg zwar nahegelegen, aber ich bin kein Mensch, der aufgibt.

Ich ging nun häufiger auf der Straße spazieren. Als ich noch arbeitete, hatte ich ganz vergessen, wie das ist, einfach spazierenzugehen ohne Leibwächter und Assistenten, wie ein normaler Moskauer. Es war eine wunderbare Erfahrung. Unbekannte Menschen begegneten mir auf der Straße, im Laden oder im Kino und lächelten mir freundlich zu. Es waren einfache Passanten, aber sie hatten wesentlich mehr Herz als viele von jenen, die sich als Freunde bezeichnet hatten.

Daß ich ein politischer Paria war, gab man mir überall zu verstehen. Obwohl ich Minister war, Erster Stellvertreter des Vorsitzenden der Staatlichen Baubehörde, versuchte man mich doch ständig als einen Menschen hinzustellen, der einen Makel hatte. Was für ein Alptraum waren diese eineinhalb Jahre! Die Arbeit lag mir nicht. Ich stürzte mich zwar wie gewohnt in sie hinein, aber es zog mich doch ins politische Leben. Auf diesem Posten hatte ich zu wenig mit Menschen zu tun.

Die westliche Presse war ständig an meinem Namen interessiert. Jedes Interview trug mir Vorwürfe ein, weil ich mich immer bemühte, die Wahrheit zu sagen. Im Gespräch mit westlichen Journalisten wollte ich nichts verheimlichen oder verschweigen. Jahrzehntelang hatte man uns eingetrichtert, die westliche Presse schriebe nur Lug und Trug über unser Land. In Wirklichkeit zeichnen sich die Vertreter der seriösen westlichen Presse durch Sachkenntnis, Professionalismus und hohe journalistische Ethik aus. Ich spreche hier nicht von der Regenbogenpresse, mit der ich leider auch manche Begegnung hatte.

Relativ ruhig und gelassen nahm ich es auf, daß unsere Presse keine Notiz von mir nahm. Ich wußte, daß es nicht an den Journalisten lag. Im Gegenteil, manche von ihnen versuchten, über ihre Redaktion Artikel durchzubringen, in denen wenigstens ein Wort oder ein kleiner Absatz über mich stand. Doch alle diese Artikel wurden gestrichen, und die Journalisten gerieten öfters in ernsthafte Konflikte. Es gab aber auch Artikel, die gehässig und ungerecht waren. Seltsamerweise schrieb auch Gawriiel Popow, der bekannte Wirtschaftsexperte, negativ über mich. Als wir später beide die Arbeit in der Interregionalen Deputiertengruppe aufnahmen, entstand ein gutes Verhältnis zwischen uns.

Schwierig gestaltete sich auch das Verhältnis zur Intelligenzija. Irgend jemand hatte den Mythos in die Welt ge-

setzt, ich sei ein Führer vom Typ Stalins. Man hat dies wahrscheinlich mit meinem Charakter verknüpft, aber es stimmt überhaupt nicht, denn innerlich bin ich mit meinem ganzen Wesen gegen das, was in jenen Jahren passiert ist. Obwohl ich damals erst sechs Jahre alt war, kann ich mich erinnern, wie mein Vater nachts abgeholt wurde.
Dabei war es gerade die Intelligenzija, die sich nicht vom Apparat gängeln ließ und mir die Hand reichte. Irina Archipowa, Jekaterina Scheweljowa, Kirill Lawrow, Mark Sacharow, viele Schriftsteller und Künstler schickten mir Glückwünsche und Briefe, kamen zu einem Plausch, luden mich ins Theater und in Konzerte ein. Ich erinnere mich an das wie immer liebevoll-komische Telegramm des Kinderbuchautors Eduard Uspenskij. Wirklich treu und aufrichtig litten meine Freunde aus der Studentenzeit mit mir; sie kamen angereist, um mir in meinen schwersten Augenblicken zu helfen. Ich bin ihnen unendlich dankbar.
Langsam und allmählich gewann ich meine alte Form wieder. Die Kopfschmerzen hörten auf, ich schlief allerdings noch immer schlecht.
Doch nach und nach kam ich wieder ins Gleis. Ich griff aktiv in die Arbeit der Staatlichen Baubehörde ein. Alle Baufragen, die in meinen Zuständigkeitsbereich fielen, waren mir wohlvertraut. Ich hatte doch etwas Angst gehabt, daß ich nicht mehr auf dem neuesten Stand wäre. Mit Gorbatschow traf ich nicht zusammen und sprach auch nicht mit ihm. Nur einmal prallten wir in der Pause des ZK-Plenums aufeinander. Er ging durch den Gang und konnte mich gar nicht übersehen. Er blieb stehen, sah mich an und machte einen Schritt auf mich zu: »Gu-

ten Tag, Boris Nikolajewitsch.« Ich schlug die gleiche Tonart an wie er und antwortete: »Guten Tag, Michail Sergejewitsch.« Das weitere Gespräch drehte sich um eine Sache, die ein paar Tage zuvor passiert war.

Trotz meiner Ächtung und politischen Verbannung war ich in die Komsomolhochschule eingeladen worden, um mit den jungen Menschen zu sprechen. Sie hatten diese Veranstaltung nur sehr mühsam durchgesetzt. Die Initiative war von Jurij Raptanow, dem Sekretär des Komsomolhochschulkomitees, ausgegangen. Er war zunächst zum Rektor gegangen. Der hatte abgewunken: »Was, Jelzin sollen wir einladen?!« Doch Jurij blieb hartnäckig und wandte sich an das Parteikomitee. Dessen Sekretär war wohl etwas progressiver eingestellt und schlug vor, die Frage im Parteikomitee zu erörtern. Dort wurde die Einladung beschlossen, und als der Rektor sah, daß alle dafür waren, stimmte auch er zu. Die Studenten riefen mich an, und wir machten einen Termin aus. Natürlich erfuhren alle davon, allen voran das ZK des Kommunistischen Jugendverbandes. Man teilte mir mit, daß der Erste Sekretär des Komsomolzentralkomitees, Mironenko, zweimal in die Hochschule gefahren sei, um diese Veranstaltung zu unterbinden. Aber die jungen Leute gehorchten ihm nicht.

Ich wußte schon, daß diese Diskussion sehr heiß werden würde. Und sie wurde es auch. Ich legte zunächst in einer Rede meine Ansichten zu einzelnen Fragen der Politik, der Wirtschaft und des sozialen Bereichs dar und berichtete von den Prozessen, die innerhalb der Partei abliefen. Damit gab ich den Anstoß für brisante Fragen und Antworten. Es gab auch Fragen zu bestimmten Personen: zu mir, Gorbatschow, anderen Politbüro-Mitgliedern und ZK-Sekretären. Ich beantwortete sogar Fragen nach Genosse Gorbatschows Fehlern, was man sich damals noch gar nicht vorstellen konnte. Die Diskussion dauerte etwa fünf Stunden, und die ganze Zeit stand ich am Rednerpult. Die Reaktion der Zuhörer war stürmisch. Bruchstücke dieser Diskussion wurden später in der Hochschulzeitung veröffentlicht. Natürlich war die ganze Veranstaltung auch von KGB-Beamten mitgeschnitten worden.

So fragte mich also Gorbatschow in der Pause: »So, mit Komsomolzen hast du diskutiert?« Ich sagte: »Ja, es war eine sehr stürmische, interessante Diskussion.« — »Aber du hast uns dort kritisiert und gesagt, wir beschäftigten uns unzureichend mit dem Komsomol?« — »Das hat man Ihnen nicht ganz genau weitergegeben. Ich habe nicht ›unzureichend‹ gesagt, sondern ›schlecht‹.«

Er stand da und fand offenbar keine Antwort. Wir gingen ein paar Schritte nebeneinander her. Ich sagte ihm, wir sollten überhaupt einmal miteinander sprechen, es gebe da einige Fragen. Er antwortete: »Ja, bitte.« Damit war unser Gespräch beendet.

Das war in den eineinhalb Jahren das einzige Mal, daß wir miteinander sprachen.

Trotzdem habe ich das Gefühl, daß sich das Eis bewegt hat. Meine Isolierung geht zu Ende, eine neue, völlig ungewisse Zeit beginnt.

9

26. März 1989

— Wahltagebuch —

Es ist Sonntag. Der letzte Tag. Ich spüre bei allen in der Familie eine leise Unruhe und Hast. Irgendwie überträgt sich das auch auf mich. Aber meinen ungewöhnlichen Zustand können nur meine Frau und meine Kinder bemerken. Einmal habe ich aus dem Fenster geschaut und mit Schrecken gesehen, daß im Hof, direkt neben der Haustür, schon westliche Fernsehteams mit ihren Kameras stehen. Seit einigen Monaten ist mir die Begleitung ausländischer Korrespondenten fast so selbstverständlich geworden wie die Anwesenheit meiner Vertrauensleute. In den letzten Tagen konnte ich keinen Schritt allein machen, es war unmöglich, sich vor ihnen zu verstecken. Ich verstehe natürlich, daß das ihre Arbeit und ihr Beruf ist, aber es ist doch sehr schwer, diesen Druck auszuhalten. Heute wird der Presserummel seinen Höhepunkt erreichen.

Wir brechen auf, ziehen uns beinahe festlich an, denn die Wahl ist schließlich ein Fest des ganzen Volkes, und gehen aus dem Haus. Schon stürzen sich die Journalisten auf uns. Es sind hauptsächlich westliche, sowjetische sind kaum darunter. Sie filmen unsere ganze Familienprozession vom Haus bis zum Wahllokal, dem Palast der Pioniere des Frunse-Bezirks. Am Palast selbst bietet sich ein schreckliches Bild. Etwa einhundert Leute mit Kameras, Scheinwerfern, Blitzlicht und Diktiergeräten umringen und bedrängen mich, stellen Fragen, fallen einander ins Wort und schreien in allen möglichen Sprachen durcheinander. Ich steige mitsamt der Menschenmenge in den ersten Stock hinauf, lasse mich eintragen und mir den Wahlschein aushändigen.

Als ich zur Wahlurne gehe, sind zig Objektive auf mich gerichtet. Aus irgendeinem Grund kommt mir das alles plötzlich komisch vor. Ich erinnere mich an die Tausende identischer Aufnahmen aus der jüngsten Vergangenheit, als unser alternder Führer majestätisch lange mit den Wahllisten vor der Urne verharrte. Er hatte offenkundig Gefallen an diesem Wahlfest, an sich selbst und an dem Foto, das am nächsten Tag auf der ersten Seite sämtlicher Zeitungen und Zeitschriften prangen würde: »Generalsekretär des ZK der KPdSU, Vorsitzender des Obersten Sowjet der UdSSR, Genosse Leonid Iljitsch Breschnew im Wahllokal.«

Als mich all die verschiedenen Kameras anstarrten, steckte ich rasch meinen Wahlschein in die Urne und eilte zum Ausgang. Sämtliche Korrespondenten stürzten sich auf mich und rissen dabei die Kabine für die geheime Abstimmung um. Die Mitglieder der Wahlkommission, die in diesen Wirbelsturm hineingeraten waren, taten mir leid. Ich versuchte, so schnell wie möglich ins Freie zu

kommen, um diese tobende Journalistenmeute aus dem Palast der Pioniere herauszubekommen.
Etwa eine halbe Stunde lang konnte ich mich dieser dichten Umzingelung nicht entziehen und beantwortete Fragen zur Wahl, zu meinen Chancen, zur Zukunft und zur Vergangenheit. Schließlich brach ich aus und eilte, verfolgt von den Journalisten, fast im Laufschritt mitsamt meiner Familie zum Haus meiner älteren Tochter, das ganz in der Nähe lag. Dort waren wir sicher und konnten uns in Ruhe über die Situation klarwerden. Heute war der entscheidende Tag. Dieser Tag würde das Ergebnis des Wahlkampfs bringen und dem Apparat die Rechnung präsentieren.
Fast in jedem Wahllokal der Stadt befanden sich meine aufopfernden Helfer, die scharf aufpaßten, daß alles mit rechten Dingen zuging, und die mir die Ergebnisse der ersten Hochrechnungen mitteilten.
Wir hatten einen guten Grund, um die Zahlen, praktisch um jede Stimme zu bangen. Wir hatten von der überraschend getroffenen Entscheidung erfahren, daß alle Angehörigen sowjetischer Auslandsvertretungen in insgesamt 29 Ländern dem Moskauer Stadtbezirk zugerechnet wurden. Das war der letzte Versuch, auf die Wahlergebnisse Einfluß zu nehmen. Allen war klar, daß die Zahlen aus dem Ausland höchst unerfreulich ausfallen würden, denn in jeder Botschaft würden die Angestellten wählen, wie der Botschafter wählte. Deshalb mußte ich in Moskau selbst ein deutliches Übergewicht der Stimmen bekommen, damit die Ergebnisse aus dem Ausland das Wahlresultat nicht allzu sehr beeinflussen konnten.
Als die Journalisten vor der Haustür abgezogen waren,

kamen wir aus unserem Schlupfloch und gingen einfach in der Stadt spazieren. Dieser Gang durch Moskau hatte etwas Beschwingendes: Menschen gingen an uns vorüber, grüßten, lächelten und wünschten Erfolg.

Am Abend wurden mir dann die ersten vorläufigen Ergebnisse mitgeteilt. In allen Wahlbezirken hatte ich einen deutlichen Vorsprung. Jetzt konnte niemand mehr meinen Sieg verhindern.

»Boris Nikolajewitsch, Sie sind im ganzen Land sehr beliebt. Trotzdem wurden Sie ausgerechnet in Karelien zum Delegierten der Parteikonferenz gewählt. Warum nicht in Moskau oder in Swerdlowsk?«

»Warum hat Sie Gorbatschow auf der Konferenz nicht unterstützt?«

»Erinnern Sie sich an Tschikirjow? Wen verteidigte er, als er sich an die Brust schlug?«

»Bedauern Sie es nicht, daß Sie die Kritik am Personenkult des Generalsekretärs vor der Feier zum 70. Jahrestag der Oktoberrevolution geäußert haben und nicht auf der 19. Parteikonferenz?«

Fragen Moskauer Bürger

Auf die 19. Allunionskonferenz der Partei bereiteten sich sowohl die Führung und als auch der Apparat des Zentralkomitees sorgfältig vor. Die Partei und die ganze Gesellschaft erwartete viel von ihr. Heute läßt sich mit Bestimmtheit sagen, daß die Konferenz der gesellschaftlichen Entwicklung zwar einen Anstoß geben konnte, aber nicht zu dem historischen Wendepunkt im Leben der Sowjetunion wurde, zu dem sie hätte werden sollen. Manche ihrer Beschlüsse hinkten hinter der Realität her, so zum Beispiel der Vorschlag, die Funktionen der Partei- und Räteführer in einem Amt zusammenzulegen, und zwar vom Generalsekretär bis hinunter zu den Bezirkssekretären. Er kam für die Bevölkerung wie ein Blitz aus heiterem Himmel. Selbst Stalin hätte es sich nicht leisten können, diese beiden Ämter zu vereinigen. Das Volk opponierte aktiv gegen diesen Vorschlag, aber die meisten Abgeordneten verabschiedeten gehorsam die diesbezügliche Resolution.

Für die Parteikonferenz wurden die Delegierten sorgfältiger als gewöhnlich ausgewählt, und zwar nach einer vom Zentralkomitee ausgearbeiteten Instruktion. Bei der Organisation dieser Pseudowahlen tat sich besonders Rasumow, der Erste Stellvertreter des Leiters der ZK-Organisationsabteilung, hervor. Er entschied praktisch über alle Personalfragen auf der Führungsebene, und deshalb zeigten sich Sympathien, Antipathien und Protektionismus im vollen Ausmaß.

Ich befand mich damals auf meinem Posten in der Staatlichen Baubehörde gewissermaßen in Verbannung. Die Parteiführung und die Behörden wollten natürlich nicht, daß ich ins politische Leben zurückkehrte. Aber ich spürte die Kraft und den Wunsch, wieder politisch zu arbeiten. Außerdem wollte ich die politische Arena nicht kampflos verlassen. Meine Rede auf dem Oktoberplenum 87 des ZK wurde damals noch immer vor dem Volk geheimgehalten, und eine gewisse Aura des Geheimnisvollen umgab die ganzen Vorfälle.

Verschiedene Parteiorganisationen stellten mich als Delegierten für die Parteikonferenz auf. Die vordringlichste Aufgabe des Apparats war, meine Wahl zu verhindern.

Ich war Minister und hatte damit ein ausreichend hohes Amt; zweifellos würden Minister für die Teilnahme an der Konferenz gewählt werden. In den verschiedenen Regionen wurden auch alle gewählt, nur ich nicht. Alles blieb still. Es bestand die reale Möglichkeit, daß ich nicht zum Delegierten der 19. Parteikonferenz gewählt würde. Zunächst war ich mir dieser Möglichkeit noch gar nicht recht bewußt. Die Zeit verging, und bald stellte sich heraus, daß ich als einziger Minister nicht in die Konferenz gewählt worden war. Da begriff ich, wie ernst die Lage war.

Ich war der Meinung, ich müsse an der 19. Parteikonferenz teilnehmen und dort sprechen. Aber was ich tun sollte, wenn mir der Parteiapparat tatsächlich den Weg dorthin versperrte, wußte ich nicht.

Mir war klar, daß mir die 19. Parteikonferenz die Möglichkeit gäbe, den Teilnehmern zu erklären, was auf dem Oktoberplenum passiert war. Es wäre vielleicht auch die letzte Chance, mich aus der politischen Isolation zu befreien und wieder aktiv am öffentlichen Leben der Sowjetunion teilzunehmen. Ich war immer der Ansicht, daß an meiner Rede auf dem Oktoberplenum politisch nichts falsch war, und war deshalb sicher, daß alles ins Lot käme, wenn ich auf der 19. Parteikonferenz vom Rednerpult aus zu den Delegierten sprechen könnte. Es wäre für mich ein äußerst schwerer Schlag, wenn ich nicht für die Konferenz gewählt würde. Aus diesem Grunde machte ich mir nicht einmal Gedanken darüber, was ich täte, wenn die Konferenz ohne mich anfinge. Ich mußte unbedingt Delegierter der Parteikonferenz werden, etwas anderes gab es für mich nicht.

Swerdlowsker und Moskauer Unternehmen sowie Kollektive aus anderen Städten ergriffen die Initiative und wollten mich als Delegierten aufstellen. Doch der Apparat verteidigte sich bis zum äußersten. Man hatte sich folgendes System ausgedacht: Die Parteiorganisationen in den Betrieben stellen eine große Anzahl Kandidaten auf. Aus dieser Liste siebt anschließend das Bezirksparteikomitee etliche Kandidaten aus. Die Liste geht weiter ans Stadtparteikomitee, wo noch einmal gesiebt wird, und schließlich ein drittes Mal im Gebietsparteikomitee oder im ZK der Partei einer Republik. Im kleinen Kreis entscheidet man dort, wer auf der Liste bleibt — und das sind nur diejenigen, die nach Ansicht des Apparats auf der Konferenz keine Unruhe stiften und so reden und abstimmen werden, wie sie sollen. Das System funktionierte tadellos, der Name Jelzin gelangte nicht einmal bis vor das höchste Gremium.
Die Moskauer wurden zwar aktiv und stellten mich in vielen Unternehmen als Kandidaten auf, aber mein Name verschwand in einigen Fällen noch vor der Auswahl im Stadtkomitee und in anderen im Stadtkomitee. In Swerdlowsk stellten mich ebenfalls die Parteiorganisationen vieler Unternehmen auf. Unter diesem starken Druck faßte das Swerdlowsker Stadtkomitee den Beschluß, mich zu empfehlen. Doch das genügte noch nicht, denn als nächstes kam das Plenum des Gebietsparteikomitees. Dort entbrannten wahre Leidenschaften um meine Kandidatur.
Als die Arbeiter mit einem Streik drohten, das Plenum aber immer noch keinen Beschluß fassen konnte, lenkte das Zentralkomitee ein; man merkte, daß die Spannung

ständig wuchs und die Lage außer Kontrolle geraten könnte. Erst auf dem letzten Regionalplenum, das in der Sowjetunion stattfand, nämlich in Karelien, wurde ich in die Konferenz gewählt. Deshalb war ich fast am letzten Tag in Petrosawodsk. Auf dem Plenum wurde ich freundlich aufgenommen, und ich besuchte einige Parteiorganisationen. So also fand ich mich unter den 13 Delegierten der 19. Parteikonferenz wieder, die die Karelische Gebietsparteiorganisation abgeordnet hatte.
Es gab damals noch mehr heikle Situationen. Ich sagte bereits, daß mein Name während meiner politischen Isolation in der sowjetischen Presse tabu war. Westliche Journalisten aber baten mich ständig um Stellungnahmen, und ich gab drei ausländischen Fernsehgesellschaften, darunter CBS, ein Interview. Ich verstehe nicht, warum die Amerikaner bei der Ausstrahlung des Interviews eine meiner Antworten veränderten, aber sie taten es, und daraus entstand ein großer Skandal. Auf einer Pressekonferenz sagte Gorbatschow, er werde sich mit mir auseinandersetzen. Wenn ich vergessen haben sollte, was Parteidisziplin sei und daß ich einstweilen noch ZK-Mitglied sei, dann werde er mich daran erinnern.
Ich erlebte noch eine weitere unangenehme Sache. Unmittelbar vor der Parteikonferenz rief mich sehr zu meiner Überraschung der Berichterstatter Alexander Radow von der Illustrierten *Ogonjok* an und schlug mir vor, ein großes Interview für seine Zeitschrift mit mir zu machen. Obwohl ich mich freute, daß eine der beliebtesten Zeitschriften der Sowjetunion ein Interview mit mir vorhatte, lehnte ich doch ab. »Sie werden das Gespräch vorbereiten«, sagte ich dem Journalisten. »Wir werden uns

lange unterhalten, dann werden wir noch einmal den Text überarbeiten, und zum Schluß darf es nicht gedruckt werden.« Radow beharrte auf seiner Absicht und meinte, *Ogonjok* sei eine große Zeitschrift, der Chefredakteur Witalij Korotitsch übernehme die Verantwortung für alle brisanten Beiträge — kurz, er klopfte mich weich, und ich sagte zu. Wir arbeiteten tatsächlich lange an diesem Interview. Nach dem Oktoberplenum war es meine erste Veröffentlichung in der sowjetischen Presse, und ich nahm sie deshalb sehr ernst. Doch als alles fertig war, kam Radow ganz entmutigt zu mir und teilte mir mit, der Beitrag werde nicht gedruckt. Korotitsch habe das Interview doch dem ZK vorgelegt, und dort habe man gefordert, den Beitrag zu streichen.

Ich wunderte mich kaum, da ich darauf vorbereitet war, regte mich aber doch auf. Es ist bedrückend, wenn man sich im eigenen Land stumm fühlt und den Menschen nur durch die westlichen Medien irgend etwas erklären oder sagen kann. Am meisten aber erschütterte mich, daß Korotitsch plötzlich in seinen Interviews erklärte, das Gespräch mit mir habe er nicht gedruckt, weil es nicht sehr gut gewesen sei und ich nicht die Fragen beantwortet hätte, die die Journalisten interessierten; insbesondere hätte ich wenig über meine neue Arbeit erzählt. Kurzum, der Chefredakteur hatte beschlossen, die ganze Verantwortung zu übernehmen und die ZK-Führung zu decken.

So rückte die Konferenz in einer Atmosphäre nervöser Ungewißheit näher. Jeder Tag brachte neue, aber selten angenehme Nachrichten.

Endlich wurde die 19. Parteikonferenz im Kongreßpalast

des Kreml eröffnet. Ich war aufgeregt, als ich zur ersten Sitzung ging. Nach so vielen Gerüchten, nach dem langen »Schweigebann« erschien ich zum ersten Mal wieder unter Menschen und wußte sehr gut, wie verschieden sie reagieren würden. Es gab viele Neugierige, die mich einfach sehen wollten, manche der alten Bekannten schauten feige weg, um sich nicht an dem »Aussätzigen« anzustecken. In dieser Umgebung fühlte ich mich gehemmt, ja fast gehetzt und blieb während der Sitzungspausen möglichst auf meinem Platz sitzen. Es gab natürlich auch welche, die ganz ruhig auf mich zukamen, fragten, wie es mir gehe, und mich mit einem Wort, einem Lächeln oder auch einem Blick ermutigten.

Die karelische Delegation saß ganz weit weg oben auf dem Balkon, man konnte das Präsidium kaum sehen. Es wurden wie immer sehr verschiedene Reden gehalten — interessante und mutige, meist aber fertig formulierte, die vom Apparat abgesegnet waren.

Trotzdem war die Parteikonferenz ein großer Schritt nach vorn. Zum ersten Mal auf unseren Parteiforen wurden einige Resolutionen nicht, wie früher üblich, von allen einstimmig verabschiedet. Ich hatte eine ziemlich kämpferische Rede vorbereitet, in der ich die Frage nach meiner politischen Rehabilitierung stellen wollte.

Später, als die 19. Parteikonferenz beendet war, bekam ich eine Flut von Trostbriefen. Viele Schreiber warfen mir als einziges vor, daß ich um politische Rehabilitierung gebeten hätte. »Wissen Sie denn nicht, wie die Mehrheit in die Konferenz gewählt wurde und wie diese Wahlen abliefen? Wie konnten Sie diese Leute um irgend etwas bitten!« — »Und überhaupt«, schrieb ein Ingenieur aus Leningrad, »sagt schon Voland in Bulgakows Roman *Der Meister und Margarita*: Bitte nie jemanden um irgend etwas. Sie haben diese heilige Regel vergessen.«

Trotzdem glaube ich, daß es richtig war, diese Frage vor den Delegierten zu stellen. Es war wichtig, meinen Standpunkt darzustellen und laut zu sagen, daß der Beschluß des Oktoberplenums des ZK, meine Rede als politisch falsch zu werten, selbst ein politischer Fehler war und rückgängig gemacht werden sollte. Große Illusionen, daß dies geschehen würde, machte ich mir nicht, aber ich erhoffte es trotzdem.

Schließlich kam es ja auch zu einer echten Rehabilitierung durch das Volk: Bei der Volksdeputiertenwahl stimmten 90% der Moskauer für mich! Doch ich bin vorausgeeilt. Vorläufig ging es noch darum, Redezeit zu bekommen. Mir war klar, daß man alles tun würde, um mich nicht ans Rednerpult zu lassen, und so war es auch. Vier Tage dauerte die Konferenz bereits, es war nun der letzte Tag. Es wurde bekanntgegeben, daß bis zur Mittagspause drei Rednern, deren Namen genannt wurden, das Wort erteilt werden sollte. Nach der Pause sollten die Resolutionen verabschiedet werden. Und dann war Schluß. Ich überlegte immerzu, wie ich es anstellen könnte, zu Wort zu kommen. Die Liste der Redner war lang. Ich schickte einen Zettel nach vorne — keine Antwort; ich schickte den zweiten Zettel vor — wieder keine Antwort. Als der Konferenzleiter etwa vierzig Minuten vor der Pause verkündete, nach dem Mittagessen werde die Konferenz zur Verabschiedung der Resolutionen und Beschlüsse übergehen, wandte ich mich an meine karelische Delegation und sagte: »Genossen, mir bleibt nur ein

Ausweg, nämlich, das Rednerpult im Sturm zu nehmen.« Sie waren einverstanden. Ich ging die lange Treppe hinunter zur Tür, die direkt zum Rednerpult führt, und bat die Sicherheitsbeamten, mir zu öffnen. Die KGB-Beamten weigerten sich nicht und öffneten beide Türflügel. Ich zog mein rotes Delegiertenmandat aus der Tasche, hielt es über meinen Kopf und ging festen Schrittes durch den langen Gang direkt auf das Präsidium zu.
Als ich in der Mitte des riesigen Bühnensaals angelangt war, hatte das Auditorium verstanden. Das Präsidium ebenfalls. Der Redner, der, glaube ich, aus Tadschikistan kam, unterbrach seinen Vortrag. Es herrschte Totenstille. In dieser Stille schritt ich zum Präsidium, stieg die drei Stufen hoch, ging, das Mandat in der Hand, auf Gorbatschow zu, schaute ihm in die Augen und sagte mit fester Stimme: »Ich fordere Sie auf, mir das Wort zu erteilen. Oder lassen Sie die Konferenz über diese Frage abstimmen.« Kurze Verwirrung, während ich vor ihm stand. Schließlich sagte er: »Setzen Sie sich in die erste Reihe!« Ich setzte mich also in die erste Reihe neben das Rednerpult und sah, wie sich die Politbüro-Mitglieder tuschelnd miteinander berieten. Dann rief Gorbatschow den Leiter der allgemeinen Abteilung des ZK zu sich, und sie tuschelten ebenfalls miteinander. Der Leiter entfernte sich wieder, dann kam sein Mitarbeiter zu mir und sagte: »Boris Nikolajewitsch, Sie werden ins Zimmer des Präsidiums gebeten. Man möchte dort mit Ihnen sprechen.« Ich fragte: »Wer möchte mit mir sprechen?« — »Ich weiß nicht.« — »Nein, diese Lösung sagt mir nicht zu. Ich werde hier sitzen bleiben.« Er ging weg. Wieder tuschelte der Leiter der allgemeinen Abteilung mit dem Präsi-

dium, wieder gab es eine gewisse nervöse Unruhe. Wieder kam der Mitarbeiter zu mir und sagte, es käme gleich jemand von den Führern zu mir, der mit mir hinausgehen würde.

Mir war klar, daß ich den Saal nicht verlassen durfte. Wenn ich hinausginge, würde man mir die Tür nicht noch einmal aufmachen. Ich sagte also: »Gut, ich werde gehen, aber ich möchte sehen, wer vom Präsidium zu mir kommt.« Ganz langsam ging ich den Gang entlang. Aus den ersten Reihen flüsterte man mir zu, ich solle den Saal nicht verlassen. Drei, vier Meter vor dem Ausgang blieb ich stehen und blickte zum Präsidium. Dort war niemand aufgestanden. Der Redner setzte seine Rede fort. Der Genosse von eben kam nochmals zu mir und meldete, Michail Sergejewitsch wolle mir das Wort erteilen, aber ich müsse erst zu meiner karelischen Delegation zurückkehren. Ich verstand, was man vorhatte: Während ich zurückging, würde man die Debatte abbrechen, ohne mir das Wort zu erteilen. Deshalb antwortete ich, daß ich die Erlaubnis meiner Delegation hätte und deshalb nicht zu ihr zurückzugehen brauche. Ich kehrte abrupt um und setzte mich wieder mitten in die erste Reihe, Gorbatschow direkt gegenüber.

Hatte er wirklich vorgehabt, mich ans Rednerpult zu lassen, oder war er erst später zu dem Schluß gekommen, es könnte ihm schaden, wenn er über diese Frage abstimmen ließe und das Auditorium zu meinen Gunsten entschied? Jedenfalls kündigte er meine Rede an und fügte hinzu, nach der Pause würde man zur Verabschiedung der Resolutionen übergehen.

Ich ging ans Rednerpult. Totenstille trat ein. Ich begann

zu sprechen. Meine Rede zitiere ich hier nach dem Protokoll der Konferenz:

»Genossen Delegierte! Ich möchte zunächst einmal eine Reihe von Fragen beantworten, die der Delegierte Genosse Sagajnow hier gestellt hat.

Erste Frage: Weshalb gab ich ausländischen Fernsehgesellschaften ein Interview und nicht der sowjetischen Presse? Meine Antwort: Zunächst wandte sich die Nachrichtenagentur APN an mich. Ich gab ihr lange vor den Fernsehgesellschaften ein Interview, doch dieses Interview wurde in *Moskowskije nowosti* nicht gedruckt. APN wandte sich später noch einmal an mich, aber wieder ohne Garantie dafür, daß das Interview gedruckt würde. Auch die Redaktion der Illustrierten *Ogonjok* bat vorher um ein Interview. Ich führte ein zweistündiges Gespräch mit dem Journalisten, doch auch dieses Interview wurde nicht gedruckt, obwohl eineinhalb Monate seither vergangen sind. Wie Genosse Korotitsch erklärte, wurde es nicht erlaubt.

Die nächste Frage: Weshalb ich so ›unartikuliert‹ auf dem speziell einberufenen Plenum des Moskauer Stadtparteikomitees gesprochen habe? Meine Antwort: Ich war schwer krank und ans Bett gefesselt. Eineinhalb Stunden vor Beginn des Plenums wurde ich dorthin gerufen. Die Ärzte pumpten mich mit Medikamenten voll. Auf diesem Plenum war ich zwar anwesend, konnte aber nichts aufnehmen und noch weniger sprechen.

Weiter: Ich bekam einen Brief vom Staatlichen Rundfunk und Fernsehen der UdSSR, in dem mir mitgeteilt wurde, man habe im Zusammenhang mit der Konferenz den Auftrag bekommen, die Interviews ausländischer Fernsehgesellschaften mit unseren Führern zu koordinieren. Ich wurde gebeten, einigen von ihnen ein Interview zu geben. Bis dahin hatten sich fünfzehn solcher Bitten bei mir angehäuft. Ich sagte dem Ersten Stellvertreter des Chefs des Staatlichen Rundfunks und Fernsehens der UdSSR, Genosse Krawtschenko, ich könne aus Zeitgründen nur zwei oder drei Gesellschaften Interviews geben. Danach bekam ich die fernmündliche Mitteilung, man habe die drei Fernsehgesellschaften BBC, CBS und ABC ausgewählt. Ich legte also einen Termin fest und gab diesen in meinem Büro ein Interview. Unkorrekte Fragen, die unserem Staat, unserer Partei und ihrem Ansehen irgendwie hätten schaden können, wies ich energisch zurück.

Des weiteren gab es Fragen über mein Verhältnis zu Genosse Ligatschow. Ich sagte, ich verträte in strategischer Hinsicht, über Beschlüsse des Parteitags und über die Aufgaben der Perestrojka den gleichen Standpunkt wie er. Wir seien verschiedener Ansicht über die Taktik der Perestrojka, über Fragen der sozialen Gerechtigkeit und den Arbeitsstil. Auf Einzelheiten ging ich nicht ein. Ich wurde auch gefragt: ›Glauben Sie, daß die Perestrojka schneller ginge, wenn ein anderer an Ligatschows Stelle säße?‹ Ich sagte: ›Ja.‹ Für die Verdrehung dessen, was ich gesagt habe, gab mir die amerikanische Fernsehgesellschaft CBS eine schriftliche Entschuldigung mit der Unterschrift des stellvertretenden Präsidenten der Gesellschaft.

Danach rief mich Genosse Solomenzew zu sich und verlangte eine Erklärung. Ich äußerte meine Entrüstung

über diese Vorladung und beantwortete mündlich jede Frage über das Interview. Das Band mit der Aufzeichnung des Interviews war Genosse Solomenzew von unserem Dolmetscher übergeben worden. Der Versuch, mir laut Satzung Schuld nachzuweisen, mißlang.
Ich komme jetzt zu meiner Rede: Genossen Delegierte! Hauptpunkt der Konferenz ist die Demokratisierung innerhalb der Partei angesichts der Tatsache, daß sie mit der Zeit stark zum Negativen deformiert wurde. Natürlich müssen heute die brennenden Fragen der Perestrojka als Ganzes und die revolutionäre Erneuerung der Gesellschaft erörtert werden. Schon in der Vorbereitungszeit weckte diese Konferenz bei den Kommunisten und den Menschen der Sowjetunion ungewöhnliches Interesse und Hoffnungen. Die Perestrojka hat das Volk aufgerüttelt. Man hätte aber offensichtlich erst einmal in der Partei mit der Perestrojka beginnen müssen, denn sie hätte dann wie immer alle anderen Bereiche nach sich gezogen. Vom Standpunkt der Perestrojka aus hinkt gerade die Partei hinterher. Die heutige Konferenz hätte nach meiner persönlichen Meinung bedeutend früher stattfinden müssen.
Doch selbst jetzt wurden die Vorbereitungen übereilt getroffen. Die vom ZK-Apparat zusammengestellten Leitsätze wurden zu spät veröffentlicht. Über das politische System, das dann hauptsächlich in Gorbatschows Referat behandelt wurde, enthalten sie nichts. Nicht einmal die ZK-Mitglieder selbst waren in großer Zahl zur Ausarbeitung der Leitsätze herangezogen worden.
Die Delegiertenwahlen wurden trotz des Versuchs von Genosse Rasumow, sie in der *Prawda* als demokratisch

hinzustellen, in einer Reihe von Organisationen nach altem Muster durchgeführt und zeigten aufs neue, daß sich der Apparat an der Spitze nicht umgestaltet.
Doch die Diskussion auf der Konferenz selbst verläuft interessant. Es kommt heute darauf an, welche Beschlüsse hier gefaßt werden. Werden sie die Kommunisten unseres Landes und die Gesellschaft insgesamt zufriedenstellen? Der erste Tag veranlaßte zur Vorsicht und stimmte eher bedrückt. Doch mit jedem Tag wuchs die Spannung, und es wurde immer interessanter, den Delegierten zuzuhören.
Ich möchte unter Berücksichtigung der Rede von Genosse Gorbatschow einige kritische Anmerkungen und Vorschläge machen, die die Leitsätze des Zentralkomitees betreffen.
Zum politischen System: Ich halte es hier für vordringlich, einen Mechanismus zu schaffen, der dafür sorgt, daß in Partei und Gesellschaft jene Fehler vermieden werden, die unser Land um Jahrzehnte zurückgeworfen haben. Dieser Mechanismus darf keinen ›Führer‹ und kein ›Führertum‹ entstehen lassen, sondern soll echte Volksherrschaft ermöglichen und garantieren.
Der Vorschlag im Hauptreferat, die Funktionen der Ersten Sekretäre der Parteikomitees und der Staatsorgane in einer Person zu vereinigen, kam für die Delegierten völlig überraschend, und der Arbeiter, der hier sprach, sagte, dies sei ihm ›einstweilen unverständlich‹. Als Minister sage ich: mir auch. Um diese schwierige Frage zu durchdenken, braucht man Zeit. Ich zum Beispiel würde darüber einen Volksentscheid durchführen lassen. (Applaus)

Nun ein paar Vorschläge zu den Wahlen: Was die Sekretäre und den Generalsekretär des ZK betrifft, so müssen sie in allgemeiner, direkter und geheimer Wahl bestimmt werden. Von der Basis bis zur Spitze müssen sie aus den Mitgliedern der Gebietsparteibüros beziehungsweise des Politbüros gewählt werden, die ihrerseits auf demselben Weg von allen Kommunisten gewählt wurden; die Wahl würde also in zwei Stufen ablaufen. Das muß auch für den Obersten Sowjet, die Gewerkschaften und den Komsomol gelten. Ohne jede Ausnahme kann man nur einmal für eine Wiederwahl kandidieren, das Höchstmaß sind also zwei Amtsperioden. Das gilt vor allem für die Führungsspitze. Für eine zweite Amtszeit darf nur wiedergewählt werden, wer in der vorausgegangenen echte Arbeitsergebnisse vorweisen kann. In diesen Organen, also auch im Politbüro, ist die Altersbegrenzung auf 65 Jahre festzulegen.

Unsere Partei und unsere Gesellschaft als Ganzes sind groß genug, sie in diesen Fragen selbständig entscheiden zu lassen. Die Perestrojka kann dabei nur gewinnen.

Die genannten Punkte, und nicht das von manchen vorgeschlagene Zweiparteiensystem, werden meiner Meinung nach einen gewissen Schutz gegen den Personenkult bieten, der nicht erst in zehn oder fünfzehn Jahren eintritt, sondern bereits in dem Moment, da er den geeigneten Boden hat. Ich glaube, wir müssen uns schon heute davor hüten; die Vernachlässigung der Leninschen Prinzipien hat unserem Volk in den vergangenen Jahren viel Leid eingebracht. Es muß strikte, in der Satzung oder im Gesetz festgelegte Schranken geben.

In einer Reihe von Staaten gilt die Regel, daß die ganze

Regierung geht, wenn der Chef der Regierung geht. Bei uns hat man sich daran gewöhnt, den Toten die Schuld an allem zu geben, dabei bekommt man selbst am wenigsten ab. So heißt es heute: An der Stagnation ist allein Breschnew schuld. Und wo waren die, die damals wie heute zehn, fünfzehn, zwanzig Jahre lang dem Politbüro angehörten? Die jedesmal den Programmen zustimmten? Weshalb schwiegen sie, als einer allein mit Unterstützung des ZK-Apparats das Schicksal der Partei, unseres Landes und des Sozialismus entschied? Sie stimmten unverdrossen ab, bis dieser eine ein Wrack war und die Gesellschaft insgesamt in einer Krise steckte. Weshalb stellten sie den kranken Tschernenko auf? Weshalb hat das Parteikontrollkomitee, das Strafen für relativ geringe Abweichungen von den Parteinormen verhängt, bis heute Angst, mächtige Republik- und Gebietsführer wegen Bestechlichkeit, Staatsschädigung in Millionenhöhe und anderen Delikten zur Rechenschaft zu ziehen, noch dazu, wo es sicherlich bei manchen um diesen Tatbestand weiß? Ich muß sagen, diese liberale Haltung des Genossen Solomenzew den korrupten Millionären gegenüber erregt eine gewisse Besorgnis.
Ich meine, einige Politbüro-Mitglieder, die als Teile eines kollektiven Organs Mitschuld haben, müssen die Frage beantworten: Weshalb habt ihr das Land und die Partei in diesen Zustand gebracht? Der Schluß, den man daraus ziehen muß: Sie müssen aus dem Politbüro ausscheiden. (Applaus) Das ist humaner, als Tote zu kritisieren und postum umzubetten.
Künftig bietet sich folgende Ordnung an: Wechselt der Generalsekretär, dann wird auch das Politbüro bis auf

die kürzlich eingetretenen Mitglieder erneuert. Auch der ZK-Apparat wird im wesentlichen erneuert. Dann wird nicht erst nach dem Tode kritisiert werden; man weiß, daß sich jeder, auch das gewählte Organ im ganzen, vor der Partei verantworten muß.
Und noch etwas: Heute hat der Generalsekretär erklärt, es gebe keine Bereiche und Personen, die für Kritik tabu wären. Tatsächlich aber stimmt das nicht. Es gibt diesen Bereich, diese Linie, bei der, wenn man sie überschreitet, sofort die Warnung ertönt: ›Nicht berühren!‹ So kommt es auch, daß sogar ZK-Mitglieder Angst haben, ihre persönliche Meinung, wenn sie vom Hauptreferat abweicht, zu äußern und sich gegen die Führung auszusprechen. Das führt zu größtem Schaden, deformiert die Partei und die Persönlichkeit und läßt bei jeder Aufforderung zur Meinungsäußerung die Hände hochschnellen und mit ›Ja‹ stimmen. Die gegenwärtige Konferenz ist wohl die erste Ausnahme von diesem längst zur Regel gewordenen Verhalten. Doch vorläufig ist es noch so, daß die von den führenden Organen betriebene Politik im wesentlichen ihren Tabucharakter bewahrt hat und der Kritik und der Kontrolle des Volkes enthoben ist.
Zustimmen sollte man dem im Referat gemachten Vorschlag, eine Richtlinienkommission aus ZK-Mitgliedern zu bilden, die jede Grundsatzresolution des Zentralkomitees der Partei vor der Verabschiedung prüfen und befürworten muß. Bisher sind es im Grunde nicht Resolutionen des Zentralkomitees, sondern seines Apparats, und viele sind von Anfang an Totgeburten. Großprojekte sollten in der ganzen Partei und im ganzen Land erörtert werden und dann einem Referendum unterworfen

werden. In der Regel sollten gemeinsame Resolutionen des ZK und des Ministerrats der UdSSR ausgeschlossen sein.

Wir sind stolz auf den Sozialismus und darauf, was getan worden ist. Aber wir dürfen uns nicht damit brüsten. Denn in den vergangenen siebzig Jahren haben wir die Hauptprobleme nicht gelöst, nämlich für ausreichende Ernährung und Kleidung des Volkes zu sorgen, den Dienstleistungsbereich bedarfsgerecht auszubauen und die sozialen Fragen zu beantworten. Darauf zielt die Umgestaltung der Gesellschaft ab. Doch sie geht nur sehr schleppend voran, und das heißt, daß sich jeder von uns nicht genug bemüht und nicht genug um ihre Verwirklichung kämpft. Ein weiterer gravierender Grund für die Schwierigkeiten der Perestrojka ist ihr deklamatorischer Charakter. Sie wurde proklamiert ohne gründliche Analyse der Gründe für die Stagnation, der derzeitigen Verhältnisse in der Gesellschaft sowie der Fehler und Versäumnisse, die die Partei zugelassen hat. Und das Ergebnis der Perestrojka: In drei Jahren wurden keine für die Menschen erkennbaren Lösungen gefunden, geschweige denn revolutionäre Veränderungen durchgesetzt.

Soll die Perestrojka spürbaren Niederschlag finden, so darf nicht das Jahr 2000 als Ziellinie angepeilt werden, sondern es müssen für jeweils zwei bis drei Jahre ein oder zwei Aufgaben gestellt und zum Wohl der Bevölkerung gelöst werden. Man sollte sich nicht verzetteln, sondern alles — Ressourcen, Wissenschaft und menschliche Energie — darauf konzentrieren. Dann werden die Menschen mit sehr viel mehr Vertrauen auf den Fortschritt der Perestrojka, auf reale Ergebnisse und ihre Festschreibung an andere Probleme herangehen und sie schneller lösen. Einstweilen kann der Glaube der Menschen noch jeden Moment ins Schwanken geraten. Solange alle von den Worten hypnotisiert waren, war man davor bewahrt. Jetzt aber riskieren wir, die Steuerung und die politische Stabilität zu verlieren.

Zur Offenheit in der Partei: Meinungsverschiedenheiten müssen in der Partei eine normale Erscheinung sein. Wenn eine Minderheit eine abweichende Meinung vertritt, zerstört das nicht die Einheit der Partei, sondern stärkt sie. Die Partei ist für das Volk da, und das Volk muß alles wissen, was sie tut. Das ist bisher leider nicht der Fall. Es muß auch ausführliche Arbeitsberichte des Politbüros und des ZK-Sekretariats geben, aus denen nur Fragen ausgeklammert werden, die Staatsgeheimnisse enthalten. Offenheit der Partei bedeutet Kenntnis des Lebens und des Werdegangs ihrer Führer, bedeutet Kenntnis dessen, womit sie sich beschäftigen, wieviel sie dafür bekommen und welche Ergebnisse sie in ihren Bereichen vorweisen können. Es bedeutet regelmäßige Auftritte im Fernsehen, Mitteilung über die Anzahl neu aufgenommener Parteimitglieder und zusammenfassende Veröffentlichung von Briefen der Werktätigen ans ZK. Offenheit der Partei muß ganz allgemein das leitende Prinzip von Partei- und Staatsführern sein. Die Partei darf kein Geheimnis für die Menschen sein.

Es gibt noch andere ›verbotene‹ oder ›geheime‹ Themen, zum Beispiel die Parteifinanzen. In der Satzung heißt es, die Verwendung der Mittel bestimme das ZK der KPdSU — also nicht der Apparat, sondern das Zentralkomitee!

Doch diese Probleme wurden auf den Plenarsitzungen nicht erörtert. Für die Zukunft schlage ich vor, dies unbedingt zu tun. Denn wohin die Parteigelder in Höhe von mehreren hundert Millionen Rubel fließen, wissen die ZK-Mitglieder nicht und die übrigen Parteimitglieder schon gar nicht. Die Revisionskommission berichtet auf dem Parteitag nichts darüber; auch sie wird offenbar nicht an die Bilanzen herangelassen.
So weiß ich zum Beispiel, wie viele Millionen Rubel dem ZK von den Moskauer Stadtpartei- und den Swerdlowsker Gebietsparteiorganisationen überwiesen werden. Doch wofür sie ausgegeben werden, weiß ich nicht. Ich sehe nur, daß man neben vernünftigen Ausgaben davon auch den Bau von Luxusvillen, Datschen und Sanatorien bestreitet, und zwar in einem Ausmaß, daß man sich schämen muß, wenn Vertreter anderer Parteiorganisationen dorthin kommen. Diese Summen müßten eingesetzt werden, um die Basisorganisationen der Partei materiell zu unterstützen und unter anderem auch deren Vorsitzende besser zu bezahlen. Man braucht sich heute nicht zu wundern, daß manche hohen Parteiführer in Korruption, Bestechlichkeit und Hinterziehung versackt sind. Die moralische Zerrüttung der obersten Schichten hat in der Breschnewzeit viele Bereiche erfaßt, das darf man nicht unterbewerten und verharmlosen. Die Fäulnis geht tiefer, als manche annehmen, und daß diese Mafia existiert, weiß ich von Moskau.
Zu Fragen der sozialen Gerechtigkeit: Im großen und ganzen sind sie bei uns natürlich auf der Grundlage des Sozialismus gelöst. Es gibt aber noch manche offenen Fragen, die nicht angegangen werden und die die Empö-

rung der Menschen hervorrufen, die Autorität der Partei schmälern und die Perestrojka bremsen.
Meiner Meinung nach muß, wenn es bei uns, also in einer sozialistischen Gesellschaft, an etwas mangelt, ausnahmslos jeder diesen Mangel im gleichen Maße spüren. (Applaus) Unterschiedliche Leistung für die Gesellschaft ist durch unterschiedliche Bezahlung zu honorieren. Man muß endlich die Sonderzuteilungen von Lebensmitteln an die ›hungernde‹ Nomenklatura abschaffen, Elitenbildung in unserer Gesellschaft unterbinden und die Vorsilbe ›Sonder-‹ dem Wort und der Sache nach aus unserem Wortschatz verbannen: Wir haben keine Sonderkommunisten!
Ich glaube, das wird den Parteifunktionären bei der Arbeit mit den Menschen und auch bei der Perestrojka sehr helfen.
Zur Struktur und Verkleinerung des Parteiapparats: Lenins Ruf ›Alle Macht den Sowjets!‹ wird bei einem so mächtigen Parteiapparat nicht verwirklicht werden. Ich schlage vor, den Apparat der Gebietskomitees auf die Hälfte oder ein Drittel und den des Zentralkomitees auf ein Sechstel bis ein Zehntel zu reduzieren und die Abteilungen für die einzelnen Wirtschaftszweige ganz abzuschaffen.
Ich möchte noch etwas über die Jugend sagen: Die Leitsätze der Konferenz enthalten fast nichts über sie, doch im Referat des Generalsekretärs wurde viel dazu gesagt, und ich würde den Vorschlag unterstützen, eine eigene Resolution über die Jugend zu verabschieden. Nicht uns, sondern ihr wird die Hauptrolle bei der Erneuerung unserer sozialistischen Gesellschaft zufallen. Man muß

Mut zeigen und sie lehren, die Prozesse auf allen Ebenen mitzulenken und auf allen Ebenen Verantwortung zu übernehmen.
Genossen Delegierte! Nun zu einem heiklen Punkt: Ich möchte mich wegen meiner politischen Rehabilitierung nach dem Oktoberplenum des ZK an Sie wenden. (Unruhe im Saal) Wenn Sie meinen, daß es die Zeit nicht mehr erlaubt, dann lasse ich es.

Gorbatschow: Boris Nikolajewitsch, man bittet, du sollst sprechen. (Applaus) Ich meine, Genossen, wir sollten den Fall Jelzin nicht mehr geheim lassen. Boris Nikolajewitsch soll ruhig alles sagen, was er für notwendig hält. Sollten sich für uns daraus Konsequenzen ergeben, so können wir das auch sagen. Bitte, Boris Nikolajewitsch!

Jelzin: Genossen Delegierte! Die Rehabilitierung nach fünfzig Jahren ist üblich geworden, und das trägt sehr zur Gesundung der Gesellschaft bei. Aber ich persönlich bitte um Rehabilitierung zu Lebzeiten. Ich halte das für eine Grundsatzfrage, die im Lichte des im Hauptreferat und in den Reden verkündeten sozialistischen Meinungspluralismus, der Kritikfreiheit und der Toleranz gegenüber dem Gegner angebracht ist.
Sie wissen, daß meine Rede auf dem Oktoberplenum des ZK der KPdSU durch Plenumsbeschluß für ›politisch falsch‹ erklärt wurde. Doch die Fragen, die ich dort auf dem Plenum stellte, wurden wiederholt von der Presse und den Kommunisten zur Sprache gebracht. In diesen Tagen hörte man dieselben Fragen praktisch alle auf die-

ser Rednertribüne, im Referat und in den Reden. Ich glaube, der einzige Fehler in meiner Rede war, daß ich sie zur falschen Zeit gehalten habe, nämlich vor dem 70. Jahrestag der Oktoberrevolution.
Offenbar müssen wir alle noch lernen, die Regeln der politischen Diskussion zu beherrschen und die Meinung des Gegners zu tolerieren, wie Lenin es getan hat. Wir sollten einem Gegner nicht sofort ein Etikett aufkleben und ihn zum Ketzer abstempeln.
Genossen Delegierte! In den auf dieser Konferenz gehaltenen Reden einschließlich meiner eigenen fanden jene Fragen ein Echo, die ich auf dem Oktoberplenum des ZK der KPdSU von 1987 gestellt hatte. Ich empfinde die damalige Entscheidung des Plenums als sehr schmerzlich und bitte die Konferenz, sie rückgängig zu machen. Damit würden Sie mich in den Augen der Kommunisten rehabilitieren. Diese Geste beträfe nicht nur mich persönlich, sondern wäre im Geist der Perestrojka, sie wäre demokratisch und würde, wie mir scheint, helfen, die Zuversicht der Menschen zu stärken.
Die Erneuerung der Gesellschaft fällt uns sehr schwer. Doch es gibt Fortschritte, auch wenn sie nur klein sind. Das Leben selbst zwingt uns, diesen Weg als den einzig möglichen zu gehen.« (Applaus)

Ich hatte gesprochen. Bis zu einem gewissen Grade war meine äußerst starke Anspannung zu merken, aber trotzdem glaube ich, daß ich mich und meine Aufregung bezwang und alles, was ich sagen mußte, auch sagte. Die Reaktion war gut, es wurde so lange geklatscht, bis ich den Saal verlassen hatte und wieder zu meiner karelischen Delegation auf den Balkon hinaufgegangen war. Jetzt wurde die Pause angekündigt. Meine Delegation bekundete mir ihre Anteilnahme; mit einem Lächeln oder einem Händedruck versuchten sie, mir Zuspruch zu geben. Ich war erregt und sehr angespannt. Als ich ins Freie hinausging, umringten mich Delegierte und Journalisten und stellten zahllose Fragen.

Nichtsahnend setzte ich mich nach der Pause wieder zu meiner Delegation. Nach der Tagesordnung sollte jetzt die Verabschiedung der Resolutionen und anderer Beschlüsse der Konferenz beginnen. Es stellte sich jedoch heraus, daß man die Pause dafür benützt hatte, einige Gegenschläge gegen mich und meine Rede vorzubereiten.

Am denkwürdigsten war Ligatschows Rede. Sie sollte später in Witzen, Theaterstücken und Karikaturen wiederkehren. In dem veröffentlichten Protokoll mußte man sie sogar verbessern, da der Chefideologe unseres Landes sonst zu unbedarft gewirkt hätte. Mir scheint, gerade nach diesem Auftritt steuerte seine politische Karriere erfolgreich dem Ende zu, denn er brachte sich selbst damit einen vernichtenden Schlag bei.

Die nächste Rede hielt Lukin, der junge Erste Sekretär des Proletarischen Bezirksparteikomitees in Moskau. Er bedachte mich eifrig mit Schmähungen und erfüllte damit den Auftrag der Obrigkeit.

Dann kam Tschikirjow, der Direktor des Ordschonikidse-Werks. Er war es, der die Geschichte von dem Ersten Sekretär, der sich wegen mir aus dem siebten Stock gestürzt haben soll, erfunden hatte. Noch vieles andere hatte er gegen mich vorzubringen. Ich hörte das alles und wußte nicht, ob das ein böser Traum war oder Wirklichkeit. Ich hatte ihn in seinem Werk besucht und einmal sogar einen ganzen Tag zusammen mit Minister Panitschew dort verbracht. Wie immer war ich auch in der Kantine und in den Aufenthaltsräumen gewesen. Am Schluß meines Besuches hatte ich ein paar kritische Bemerkungen geäußert, denen er scheinbar zugestimmt hatte. Hier auf einmal tischte er Dinge auf, die man einfach nicht wiedergeben kann; er log und verdrehte die Tatsachen. Ich befand mich natürlich in einer schlimmen Verfassung.

Für alle völlig überraschend verdarb dann aber der Swerdlowsker Wolkow den Hagel der Gegenschläge. Er trat ans Rednerpult und richtete freundliche Worte an mich. Bis dahin hatte ich Wolkow nie gesehen. Seine spontane, aufrichtige Rede war die einzige menschliche Reaktion. Bobykin, der erschrockene Erste Sekretär des Swerdlowsker Gebietsparteikomitees, schickte eine Minute später eine Notiz zum Präsidium vor, in der es hieß: »Die Delegation der Swerdlowsker Gebietsparteiorganisation unterstützt voll und ganz den Beschluß des Oktoberplenums des ZK der KPdSU von 1987. Niemand hatte Genosse Wolkow bevollmächtigt, im Namen der Delegation zu sprechen. Seine Rede wird gänzlich verurteilt. Im Namen der Delegation: Bobykin, Erster Sekretär des Gebietsparteikomitees.«

Zum Abschluß las mir Gorbatschow auch die Leviten, aber nicht so hemmungslos wie seine Vorredner. Die neben mir Sitzenden hatten Angst, sich mir auch nur zuzuwenden. Ich saß reglos auf meinem Platz und blickte vom Balkon hinunter aufs Rednerpult. Mir war, als würde ich im nächsten Augenblick ohnmächtig. Als die Saalwärter meinen Zustand sahen, brachten sie mich

zum Arzt. Er gab mir eine Spritze, damit ich bis zum Ende der Parteikonferenz durchhielt.
Ich überstand das alles nur sehr mühsam. Ich schlief zwei Nächte nacheinander überhaupt nicht und zergrübelte mir den Kopf, wer denn nun recht hatte und wer nicht. Ich hatte das Gefühl, jetzt sei alles zu Ende, denn nirgendwo konnte ich mich mehr rechtfertigen. Die Sitzung der 19. Parteikonferenz war vom zentralen Fernsehen landesweit direkt übertragen worden. Es würde mir nicht mehr gelingen, mich von dem Schmutz reinzuwaschen, mit dem man mich beworfen hatte.
Dann trafen plötzlich in der Staatlichen Baubehörde, wo ich arbeitete, Telegramme und Briefe ein. Nicht zehn, nicht hundert, sondern Tausende von Briefen aus dem ganzen Land. Es war ein phantastischer Zuspruch des ganzen Volkes. Man empfahl mir Honig, Kräuter, Himbeermarmelade und Massagen, damit ich mich auskurieren und nie wieder krank werden sollte. Man riet mir, die Dummheiten, die über mich gesagt wurden, nicht zu beachten, da ihnen sowieso niemand glaubte. Man forderte mich auf, nicht zu resignieren, sondern für die Perestrojka weiterzukämpfen. Ich bekam so viele rührende, warmherzige Briefe, daß ich es kaum glauben konnte. Aber ich verstand, woher diese aufrichtigen Gefühle kamen. Unser Volk, das so viel durchlitten hat, konnte nicht ruhig und teilnahmslos zusehen, wie ein Mensch fertiggemacht wurde. Die Ungerechtigkeit empörte die Menschen. Mit ihren Briefen halfen sie mir, mich wieder aufzurichten und weiterzugehen.

10

27. März 1989

— Wahltagebuch —

Es ist vorbei. Der monatelange Marathonlauf ist zu Ende. Ich weiß nicht, was größer ist, meine Müdigkeit oder meine Erleichterung.

Man hat mir die genauen Wahlergebnisse mitgeteilt: 89,6% der Wähler haben für mich gestimmt. Das ist natürlich nicht normal, denn bei einer ordentlichen Wahl müßte die Zahl niedriger sein. Doch die Menschen waren so verärgert, und mich versuchte man dermaßen zu verleumden und zu behindern, daß ich leicht noch mehr Stimmen hätte sammeln können.

Jetzt hört man eine neue, gängige Formel: Nicht für Jelzin haben die Wähler gestimmt, sondern gegen den Apparat. Dieser Satz soll mich anscheinend kränken. Aber offenbar habe ich diesen ungleichen Kampf gegen die Parteibürokratie nicht umsonst geführt, und wenn der Name Jelzin mit dem Kampf gegen den Apparat assoziiert wird, dann hatten auch meine Reden auf dem Oktoberplenum des ZK und auf der 19. Parteikonferenz einen Sinn.

Nun würde ich gerne einhalten und erst einmal eine Pause machen. Aber schon haben sich neue Sorgen und Probleme vor mir aufgetürmt. Ich habe beim Vorsitzenden des Ministerrats der UdSSR, Nikolaj Ryschkow, meine Entlassung beantragt. Nach dem Wahlgesetz darf ein Volksdeputierter nicht gleichzeitig Minister sein. So bin ich seit heute offiziell arbeitslos.
Aus Swerdlowsk bekam ich einen Anruf. Man gratulierte und berichtete mir, man habe die progressiven Deputierten gewählt. Bobykin, der Erste Sekretär des Gebietskomitees, sei mit Pauken und Trompeten durchgefallen. Dabei hatte er sich in einem entfernten Dorfwahlbezirk aufstellen lassen, den er für gefügig hielt. Er war der einzige Kandidat, alle anderen hatte man auf der Bezirksversammlung ausgesiebt. Und dennoch ließ ihn das Volk durchfallen.
Bei mir zu Hause klingelt ständig das Telefon, alle wollen mit gratulieren und mir Glück wünschen. Ich habe mit Naïna ausgemacht, ein paar Wochen aus Moskau wegzufahren und in Ruhe auszuspannen.

Manchmal scheint es mir, als hätte ich drei Leben gelebt. Das erste war zwar anstrengend und schwierig, aber doch wie das Leben anderer Leute — Studium, Arbeit, Familie, Karriere als Wirtschafts- und Parteiführer. Es endete am Tag des ZK-Oktoberplenums 1987. Danach begann mein zweites Leben als politisch Verbannter; plötzlich war ich von den Menschen abgeschnitten und kämpfte als Mensch und Politiker ums Überleben. Am Tag meines Wahlsieges begann mein drittes Leben. Seither ist noch kein Jahr vergangen. War über die beiden ersten Etappen wenig öffentlich bekannt, so wird seit der Wahl alles, was ich tue — meine Arbeit im Volksdeputiertenkongreß und auf den Tagungen des Obersten Sowjet der UdSSR, die Gründung der Interregionalen Deputiertengruppe, meine USA-Reise —, in der Presse ausgebreitet. Nichts bleibt mehr geheim.

Nach meinem Wahlsieg kursierten Gerüchte, ich wolle auf dem Volksdeputiertenkongreß gegen Gorbatschow für das Amt des Vorsitzenden des Obersten Sowjet der UdSSR antreten. Ich weiß nicht, woher diese Gerüchte stammten, ob aus dem Kreis meiner Anhänger, die mein Sieg euphorisch gemacht hatte, oder aus dem Lager meiner Gegner, denen die stürmische Reaktion der Moskauer einen Schrecken eingejagt hatte; jedenfalls hielten sie sich hartnäckig.

Was sollte ich dazu sagen? Ich hatte ein klares Bild von der politischen Lage in der Sowjetunion und konnte die Mehrheitsverhältnisse im Volksdeputiertenkongreß recht genau abschätzen, so daß ich mir bezüglich dieses Amtes überhaupt keine Illusionen machte. Gorbatschow mußte meine Anwesenheit im Kongreß natürlich sehr beunruhigen, und er wollte wissen, was ich vorhatte. Etwa eine Woche vor der Eröffnung des Kongresses rief er mich an und schlug ein Gespräch unter vier Augen vor. Dieses Gespräch, in dem wir uns nach langer Pause zum ersten Mal wieder gegenübersaßen, dauerte ungefähr eine Stunde. Die Stimmung war nervös und gespannt. Ganz offen sprach ich von all dem, was sich in letzter Zeit bei mir angestaut hatte. Es gehe mir weniger um meine eigenen Probleme, sondern vielmehr um unser Land, das vor dem Zusammenbruch stehe, während die

Parteibürokratie ihre alten Spiele weiterspiele. Dem Apparat ginge es nur darum, die ganze Macht zu behalten und dem Volksdeputiertenkongreß auch nicht einen Zipfel davon abzutreten. Ich versuchte, Gorbatschow dazu zu bewegen, Farbe zu bekennen: »Mit wem halten Sie es, Michail Sergejewitsch, mit dem Volk oder mit dem System, das unser Land an den Rand des Abgrunds geführt hat?«

Seine Antworten waren schroff. Je länger wir miteinander sprachen, desto undurchdringlicher wurde die Wand des Nichtverstehens zwischen uns. Als schließlich klar war, daß wir keinen Kontakt zueinander finden und kein gegenseitiges Vertrauen aufbauen konnten, fragte mich Gorbatschow ungeduldig nach meinen weiteren Plänen und wo ich denn künftig arbeiten wolle. Ich antwortete, das werde alles der Kongreß entscheiden. Diese Antwort gefiel ihm nicht; er wollte Sicherheiten von mir bekommen und bestand auf einer Antwort. Wie mir denn eine Tätigkeit in der Wirtschaft gefiele. Ob ich vielleicht Interesse daran hätte, im Ministerrat zu arbeiten. Ich beharrte auf meiner Antwort, daß alles vom Kongreß entschieden werde. Meine Antwort brachte Gorbatschow auf, er wollte meine Absichten wissen. Offenbar dachte er, ich verheimlichte ihm etwas. Ich schmiedete damals wirklich keine voreiligen Pläne und wollte mir erst nach dem Kongreß Gedanken über die Zukunft machen. So trennten wir uns verstimmt.

Am nächsten Tag kursierten schon wieder neue Gerüchte in Moskau. Wenn es an Information mangelt, lebt das Volk von Gerüchten. Sie sind die wichtigste Nachrichtenagentur der Sowjetunion, wichtiger noch als TASS.

Diesen neuen Gerüchten zufolge hatte sich Gorbatschow mit Jelzin getroffen und ihm den Posten des Ersten Stellvertreters des Ministerpräsidenten angeboten. Jelzin habe dieses Angebot nicht angenommen, weil er Vorsitzender des Obersten Sowjet werden wolle. Da habe sich Gorbatschow genötigt gesehen, ihm das Amt des Ersten Stellvertreters des Vorsitzenden des Obersten Sowjet zu geben. Wieder sei Jelzin nicht einverstanden gewesen, da habe ihm Gorbatschow den Posten des Ersten Sekretärs des Moskauer Stadtkomitees offeriert. Da habe Jelzin endlich zugestimmt.
Solche und ähnliche Gerüchte wurden mir von allen Seiten zugetragen. Ich konnte mich nur über die Phantasie des Menschen wundern.
Bald darauf begann der Kongreß, über den ich nur ganz kurz berichten will, da ihn jeder mitverfolgen konnte. Gorbatschow hatte ja die wichtige Entscheidung getroffen, den gesamten Verlauf des Kongresses vom Fernsehen direkt übertragen zu lassen. Diese zehn Tage, an denen fast das ganze Land die heftigen Diskussionen vor dem Fernseher verfolgte, waren für die Sowjetbürger in politischer Hinsicht wichtiger als siebzig Jahre politischer Schulung im Marxismus-Leninismus. Die Menschen selbst veränderten sich in diesen zehn Tagen. Wie negativ wir auch die Ergebnisse des Volksdeputiertenkongresses beurteilten oder es beklagten, daß in Wirtschaft und Politik keine Schritte in die richtige Richtung unternommen worden waren — das Wichtigste ist geschehen: Das Volk ist aus seinem langen Schlaf erwacht.
Wie immer ging es bei mir nicht ohne Zwischenfälle ab. Als darüber diskutiert wurde, nach welchem Verfahren

die Mitglieder des Obersten Sowjet aus den Volksdeputierten gewählt werden sollten, bestand ich kategorisch auf Alternativen. Insgeheim hoffte ich natürlich, in den Obersten Sowjet gewählt zu werden, obwohl ich mir darüber im klaren war, daß der Volksdeputiertenkongreß in seiner jetzigen Zusammensetzung auch anders entscheiden konnte und die stille, gehorsame Mehrheit jeden Vorschlag, der der Führung nicht paßte, abwürgen würde. So war es auch. Nicht gewählt wurden Sacharow, Tschernitschenko, Popow, Schmeljow, Saslawskaja — alles angesehene, sachkundige Abgeordnete. Auch ich kam nicht in den Obersten Sowjet. Für mich stimmte zwar mehr als die Hälfte der Deputierten, aber an Stimmenzahl blieb ich hinter meinen Kollegen zurück. Es machte mir nichts aus. Im Gegenteil, wenn ich vom Volksdeputiertenkongreß in dieser Zusammensetzung in den Obersten Sowjet gewählt worden wäre, dann hätte mich das sehr überrascht. Ich wartete nun gespannt, wie Gorbatschow aus der Situation wieder herauskam, in die er sich selbst gebracht hatte.

Es war natürlich ein Skandal. Allen war klar, daß die Lage äußerst gespannt war und sich in einer Explosion entladen konnte. Die Moskauer faßten die Wahlergebnisse als grobe Mißachtung der Meinung von Millionen Menschen auf. Am Abend fanden spontane Kundgebungen statt; hier und dort hörte man die Forderung nach einem politischen Streik.

Doch bei uns taucht zu guter Letzt immer ein einzelner auf, der auch aus der verfahrensten Situation einen Ausweg findet. In diesem Fall war es der Deputierte Alexej Kasannik. Er war in den Obersten Sowjet gewählt wor-

den, zog aber seine Kandidatur zu meinen Gunsten zurück. Der Kongreß mußte diese Rochade bestätigen. Als im Saal alle Hände hochgehoben wurden und Gorbatschow sah, daß der Vorschlag angenommen wurde, drückte seine Miene unverhohlene Erleichterung aus.
So wurde ich Abgeordneter des Obersten Sowjet der UdSSR, und dic Frage nach meiner künftigen Tätigkeit beantwortete sich von selbst. Ein paar Tage später wurde ich zum Vorsitzenden des Bau- und Architekturkomitees des Obersten Sowjet gewählt. In dieser Eigenschaft gehörte ich nun auch dessen Präsidium an.
Nach dem Kongreß war mein Leben fast zwei Monate lang von den Tagungen des Obersten Sowjet der UdSSR bestimmt. Das Bau- und Architekturkomitee mußte organisiert werden. Es herrschte vollständige Unklarheit darüber, wie wir unsere Deputiertenfunktionen wahrnehmen sollten. Wir hatten keine Arbeitszimmer und keine Räume, in denen wir Sprechstunden für Wähler abhalten konnten. Bezüglich einer Hilfskraft für die einzelnen Deputierten existierten nur vage Empfehlungen. Der Apparat des Obersten Sowjet übte seine Macht aus, kurz, es herrschte unsere traditionelle Unordnung. Wir lernen ja noch und fangen gerade erst mit dem Alphabet des Parlamentarismus an.
Zu den Schlüsselepisoden des Sommers gehörten die Streiks der Bergleute, die das ganze Land in Bewegung brachten. Die Zeit der gehorsamen, eingeschüchterten Arbeiterklasse ist vorbei, ganz andere Arbeiter, die sich ihres eigenen Wertes bewußt sind, traten nun in die Arena. Sie leiteten die Streikkomitees und hatten Tausende von Bergleuten hinter sich.

Moskau reagierte diesmal prompt. Ein paar Tage lang berichteten die Zeitungen noch im gewohnt empörten Ton über die Forderungen der Streikenden; dann aber wurden mit einemmal die Positionen der Bergleute von allen Rednerpulten herab und in allen Zeitungsspalten unterstützt. Hätte nur eine Region gestreikt, hätte man natürlich ganz anders reagiert. Daß es den Kumpels gelang, die gesamte Sowjetunion in den Streik einzubeziehen, sicherte ihnen den Erfolg.

Leider konnte Ryschkow mit seiner neuen Mannschaft diese Situation nicht voll nutzen. Er hatte die Chance, dem autoritär bürokratischen System das Rückgrat zu brechen. Sowohl der Oberste Sowjet als auch die öffentliche Meinung waren auf radikale Wirtschaftsreformen vorbereitet. Doch wieder wurden nur halbe Maßnahmen vorgeschlagen, und wieder versuchte man, nur die Probleme eines Wirtschaftssektors zu lösen.

Ein weiteres bedeutendes Ereignis, an dem ich aktiv beteiligt war, war die Gründung der Interregionalen Deputiertengruppe.

Die Tage des 29. und 30. Juli 1989, die Gründungstage unserer Gesellschaft, werden wohl in die Geschichte eingehen. Im Moskauer Haus des Films fand die erste Versammlung der Interregionalen Deputiertengruppe statt. Trotz des unerhörten Drucks auf die Deputierten, trotz der Tatsache, daß keiner der zahlreichen Kremlsäle für unsere Versammlung frei war, und trotz der Versuchs, uns als Abtrünnige, Spalter und Diktatoren hinzustellen, schloß sich unsere Gruppe zusammen.

Was hatte uns dazu veranlaßt? Was in unserem Land geschieht, grenzt an eine Katastrophe; nur energische, radikale Schritte können uns aus dem Abgrund hinausführen. Alle konstruktiven Ideen, die die fortschrittlichen Deputierten in ihren Wahlreden propagiert hatten, versuchten wir in den Leitsätzen der Interregionalen Deputiertengruppe zu vereinigen. Zu den Sprechern der Gruppe wurden Afanassjew, Palm, Popow, Sacharow und ich gewählt.

In kurzen Worten möchte ich mein Programm umreißen, dem sich viele Abgeordnete anschließen, die der Interregionalen Deputiertengruppe beigetreten sind:

Grundsätzliche Meinungsverschiedenheiten zwischen sogenannten Rechten und Linken gibt es wenig. Die wichtigste entzündet sich wahrscheinlich an der Frage des Eigentums. Läßt man Privateigentum zu, dann bricht der Grundpfeiler zusammen, auf den sich das Staatsmonopol auf Eigentum und alles, was damit zusammenhängt, stützt — die Staatsmacht, die Entfremdung des Staats vom Menschen und seiner Arbeit und vieles mehr. Die zweite, nicht minder wichtige Frage ist die des Landbesitzes. Die Parole »Alles Land den Bauern!« ist heute noch aktueller als vor siebzig Jahren. Erst wenn der Bauer wieder sein eigenes Land bestellt, wird die Sowjetunion genug zu essen haben. Zu den Kernpunkten gehört ferner die Dezentralisierung der Macht, die wirtschaftliche Selbständigkeit der Sowjetrepubliken und ihre reale Souveränität. In diesem Zusammenhang werden die nationalen Probleme weitgehend gelöst werden. Außerdem ist die Beseitigung aller Einschränkungen der wirtschaftlichen, finanziellen und betrieblichen Selbständigkeit der Unternehmen und Arbeitskollektive zu nennen, ferner die finanzielle Gesundung der Sowjetunion, die sich als direkte Folge der oben genannten Maßnahmen ergibt. Darüber hinaus sind besondere Maßnahmen zur Stützung des Rubels notwendig.

Ich will bei der Aufzählung der notwendigen Maßnahmen nicht ins Detail gehen. In unserer Interregionalen Deputiertengruppe haben hervorragende Wirtschaftswissenschaftler, zum Beispiel Schmeljow und Popow, den Bereich der zur Rettung unserer Finanzen dringend notwendigen Aktionen umrissen; ihre Ratschläge werden jedoch noch immer nicht befolgt.

Die Parole von der unverzüglichen Einführung des Mehrparteiensystems habe ich immer gelassen aufgenommen, denn allein die Tatsache, daß es mehrere Parteien gibt, bewirkt noch gar nichts. In der Tschechoslowakei und der DDR gab es mehrere Parteien, und doch war der Sozialismus in diesen Ländern bis in die jüngste Zeit von Stalins und Breschnews Machtmißbrauch geprägt. Auch in Südkorea gibt es übrigens mehrere Parteien.

Bis zu einem wirklich effektiven Mehrparteiensystem müssen wir also noch eine lange Entwicklung durchmachen. Dazu noch eine Anmerkung: Wir haben zwar noch kein Mehrparteiensystem, aber es ist doch eine Illusion zu meinen, wir hätten nur eine einheitliche und unbesiegbare Partei. Tatsache ist doch, daß in dieser einen KPdSU Leute wie Jurij Afanassjew und Wiktor Afanassjew, Jelzin und Ligatschow, Samsonow und Wlassow Mitglieder sind, deren Standpunkte und Taten völlig verschieden sind. Die Begriffe stimmen also nicht mehr, und wir haben vergessen, was eine Partei überhaupt ist. Deshalb schlage ich vor, unverzüglich ein Parteigesetz zu erlassen, in dem der Grundsatz verankert ist, daß die Partei ein Teil der Gesellschaft, nicht aber des Staates ist und daß sich die Bürger frei in Organisationen und Parteien zusammenschließen können. Außerdem sollte der Artikel 6, der den Alleinanspruch der KPdSU auf die Macht sichert, aus der Verfassung gestrichen werden.

Ein weiterer wichtiger Aspekt ist das Verhältnis von Kirche und Staat. Stalin gelang es, den einzigen Staat der Welt zu schaffen, der selbst die Kirche in die Knie gezwungen hat. Erst jetzt erholt sich die Kirche allmählich wieder, nachdem sie viele Jahrzehnte lang die schwersten Schläge erleiden mußte. Ich bin sicher, daß sie eines Tages unserer Gesellschaft mit ihren ewigen, allgemeingültigen menschlichen Werten zu Hilfe kommen wird. Denn die Gebote »Du sollst nicht töten« und »Liebe deinen Nächsten« sind die ethischen Prinzipien, die uns helfen, auch in der kritischsten Situation standhaft zu bleiben. Das Prinzip der Gewissensfreiheit ist in unserer Verfassung verankert. Wie es tatsächlich realisiert wird, wissen wir alle. Auch dieser Artikel der Verfassung wird so lange eine Fiktion bleiben, bis die wirtschaftlichen und politischen Reformen in unserem Land verwirklicht sein werden, bis der Mensch im Mittelpunkt unserer Bemühungen stehen wird. Noch ist das Gegenteil der Fall: Im Mittelpunkt unseres parteibürokratischen Systems steht bis jetzt noch der Staat.

KGB, Armee und Innenministerium waren stets die Bollwerke des Staates. In totalitären Systemen erhält ihre Rolle ein Vielfaches an Gewicht. Keines dieser Organe hat der Windhauch der Veränderungen bisher auch nur gestreift. Im Gegenteil, der KGB-Chef Krjutschkow übersprang zur Überraschung aller die Stufe des Politbüro-Kandidaten und wurde sofort zum Vollmitglied ernannt. Diese Fortsetzung der alten Tradition der engen Verzahnung von Parteispitze und Sicherheitsorganen war natürlich schockierend. Gorbatschow hätte es in der Zeit von Perestrojka und Glasnost wenigstens aus Taktgefühl und gesundem Menschenverstand unterlassen müssen, dieses Staatskomitee so aufzuwerten.

Um die Zukunft der Armee und des KGB steht uns sicherlich ein sehr harter Kampf bevor. Wir haben noch nicht einmal angefangen, diese tragenden Staatsorgane zu reformieren, weil unsere Kräfte noch zu schwach sind. Fast unwillkürlich möchte man bei den Worten Armee und KGB immer noch strammstehen. Diese Angst ist allgegenwärtig. Deshalb ignorieren sowohl die Parteiführung als auch Armee und KGB ganz gelassen die Forderungen der Deputierten nach Aufschlüsselung der Etats dieser Behörden und machen auch keine Anstalten, Einzelheiten über Tätigkeit und Funktionen dieser Organe mitzuteilen, ohne deren Kenntnis alle Diskussionen über Reformen leeres Gerede bleiben.

Worauf hoffe ich? Als erstes und wichtigstes auf die Entwicklung der Gesellschaft. Es versteht sich zwar von selbst, daß KGB und Armee dabei immer hinterherhinken werden, aber sie werden sich den Prozessen, die in unserem Land ablaufen, anschließen müssen. Als zweites hoffe ich auf die Menschen. Armee und KGB bestehen nicht aus Zinnsoldaten, sondern aus lebendigen Menschen; schon heute rückt eine neue Generation von

Rekruten ein, denen Kommißgeist und stumpfsinnige Unterordnung zuwider sind und die sich mit der alten Ordnung nicht abfinden werden.

Die Rettung für Armee und KGB ist Offenheit und Transparenz, und dafür werden wir alle, denen die Perestrojka am Herzen liegt, kämpfen. Was die Zukunft dieser Organe anbelangt, so muß man sich gar nichts Neues einfallen lassen, denn es gibt bereits Vorbilder für gut funktionierende Mechanismen im Zusammenwirken von Armee und Sicherheitsorganen, die diese Einrichtungen in den Dienst der Gesellschaft, nicht aber über sie stellen. Sie müssen dem Parlament unterstehen. Die Armee sollte meiner Ansicht nach künftig eine Freiwilligenarmee sein, die aus Berufssoldaten besteht. Nur dann wird sich ihre Qualität verbessern.

Ich bin von meinem Bericht über die Interregionale Deputiertengruppe weit abgeschweift. Ihre weitere Geschichte ist sehr bezeichnend. Während der Koordinationsrat der Interregionalen Deputiertengruppe tagte und Programme für den Ausweg aus der Krise diskutierte und ausarbeitete, brach eine Kampagne los: Die Mitglieder der Gruppe wurden in der Presse, auf Wahlversammlungen, in den Parteiaktiven der Betriebe nach Strich und Faden verleumdet. Man behauptete, sie drängten zur Macht, wollten das Land in eine Diktatur verwandeln, seien Intellektuelle und Bürokraten ohne Verbindung zum Volk, und die meisten hätten eine dunkle, undurchsichtige Vergangenheit. Wieder machte man den Versuch, den für unsere Gesellschaft so wichtigen Dialog und die offene Auseinandersetzung mit verschiedenen Ansichten und Einstellungen abzublocken und die Per-

sonen zu bekämpfen, die diese neuen Ansichten und Einstellungen vertreten.
Das alles gab es in unserer Geschichte schon und brachte dem Volk nichts anderes als unendliches Leid. Man muß endlich begreifen, daß es in unserer Gesellschaft verschiedene soziale Gruppen und Schichten gibt, deren Interessen nicht in allem übereinstimmen. Man muß begreifen, daß die Interregionale Deputiertengruppe keine »Versammlung von Ehrgeizlingen ist, die nach der Macht drängen«, sondern daß sie die Interessen jenes Teils der Gesellschaft vertritt, der glaubt, die Perestrojka werde nicht energisch und konsequent genug durchgeführt, und der nicht glaubt, unsere heutigen Nöte rührten daher, daß wir einen guten Sozialismus mit einem schlechten Kapitalismus zu kurieren versuchten. Als wir bei der Reform des bürokratischen Kasernensozialismus auf die ersten Schwierigkeiten stießen, griffen wir zu den alten autoritär-bürokratischen Methoden. Das war falsch.
Das Wichtigste aber ist erreicht: Die Gruppe arbeitet und ersinnt Strategien und Taktiken zur Entwicklung unserer Gesellschaft.

Nach den kurzen Parlamentsferien im August fand ich mich Mitte September bereits in Amerika wieder. Diese achttägige Reise sorgte für allerhand Lärm. Ich war von insgesamt fünfzehn Organisationen, Universitäten und Politikern eingeladen worden, und ursprünglich sollte die Reise zwei Wochen dauern. Das ZK billigte mir jedoch nur eine Woche zu. Für die Organisatoren war dies eine Katastrophe. Sie baten mich, das Programm nicht umzustoßen und die meisten geplanten Veranstaltungen trotzdem durchzuführen. So schlief ich nur zwei bis drei Stunden am Tag, flog von einem Bundesstaat in den anderen und nahm am Tag fünf bis sechs Termine wahr. In einer Woche war ich in elf Städten und neun Bundesstaaten. Erst im Flugzeug, das mich nach Moskau zurückbrachte, kam ich nach diesem Dauersprint wieder zur Besinnung. Jetzt träume ich davon, noch einmal nach Amerika zu reisen, um es in aller Ruhe und mit Blick für die Details zu sehen.

Über meine Reise in die Vereinigten Staaten wurde sowohl in den USA als auch bei uns viel geschrieben, weshalb ich hier auf Einzelheiten verzichten möchte. Es gab viele interessante Begegnungen, vom Gespräch mit Präsident Bush bis hin zu Kontakten mit den einfachen Leuten auf der Straße. Gerade sie verblüfften mich. Die Amerikaner strahlen einen erstaunlichen Optimismus und einen erstaunlichen Glauben an sich und ihr Land aus.

Für die Vorträge, die ich an den Universitäten hielt, sollte ich ein Honorar bekommen. Am letzten Tag stellte sich heraus, daß ich nach Abzug aller Kosten für den Aufenthalt unserer vierköpfigen Gruppe über eine Summe von 100 000 Dollar verfügen konnte. Ich beschloß, im Rahmen der AIDS-Bekämpfung Einmalspritzen zu kaufen. Bereits eine Woche nach meiner Rückkehr traf in Moskau die erste Sendung von insgesamt einer Million Spritzen ein, die an elf Kinderkrankenhäuser verteilt wurden.

Ich erzähle das deswegen, weil in dem Augenblick, als ich meine Unterschrift unter die Bestellung setzte, die ersten Nummern der *Prawda* an die Moskauer Zeitungskioske ausgeliefert wurden, in der der Artikel einer italienischen Zeitung über meine Reise nachgedruckt war. Darin hieß es, ich hätte während meines ganzen USA-Aufenthalts ununterbrochen unter Alkohol gestanden. Außerdem werde man in Moskau umsonst auf die Spritzen warten, da ich das ganze Geld für Videorecorder und Kassetten, für Anzüge, Hemden, Schuhe und anderes ausgegeben hätte.

Ich wußte natürlich, daß meine Reise in der offiziellen Presse einen Entrüstungssturm entfachen würde. Doch die Moskauer und viele Menschen in allen Teilen der Sowjetunion ließen sich von diesen Verleumdungen nicht beirren. Aber meine Gegner gaben noch keine Ruhe. Einige Zeit später brachte das zentrale Fernsehen eine eineinhalbstündige Sendung über meinen USA-Aufenthalt. Die Schlüsselszene darin, derentwegen die ganze Sendung gebracht wurde, war mein Vortrag vor Studenten und Dozenten im Hopkins-Institut. Ich sagte schon, daß ich in Amerika einen verrückten Zeitplan hatte. Meine Müdigkeit aus Schlafmangel wurde durch die Zeitverschiebung noch verstärkt. Schließlich war ich so erschöpft, daß ich einmal nach meiner Ankunft spät nachts im Hotel Schlaftabletten nahm und sofort einschlief. Zwei Stunden später, um sechs Uhr früh, weckte man mich bereits wieder, denn um sieben Uhr war ein offizielles Treffen angesagt und um acht Uhr der Vortrag im Hopkins-Institut. Ich fühlte mich vollkommen zerschlagen und bat deshalb, das Treffen abzusagen. Das ginge einfach nicht, sagte man mir, und so nahm ich meine ganze Kraft zusammen und hielt den ersten Termin ein und auch den zweiten. Danach ging es leichter, ich spürte die Tabletten nicht mehr und kam wieder auf Touren.

Ausgerechnet diese Episode zeigte unser Fernsehen den sowjetischen Zuschauern.

Außerdem war der Videofilm so geschnitten worden, daß manche Einstellungen um einen Sekundenbruchteil verzögert und manche Wörter gedehnt waren. Videoingenieure aus Ostankino wiesen mich darauf hin und schrieben sogar einen Brief an die Kommission, die die Berichterstattung über meine Reise auf ihren Wahrheitsgehalt hin untersuchte. Aber die Tatsache, daß der Film manipuliert war, wurde nicht berücksichtigt.

Bald darauf kam der nächste Schlag. Nach einer Sprechstunde für Wähler fuhr ich mit dem Auto zu einem alten Swerdlowsker Freund, der mich in seine Datscha in Uspenskoje bei Moskau eingeladen hatte. Ein paar hundert Meter von seinem Haus entfernt ließ ich mich — wie fast immer — von meinem Fahrer absetzen, um das letzte Stück über eine Brücke zu Fuß zu gehen. Der »Wolga« fuhr weg, und ich ging gerade ein paar Schritte, als ein anderes Auto hinter mir auftauchte. Und dann — lag ich plötzlich im Wasser.

Der Fluß war furchtbar kalt. Ich bekam einen Krampf in den Beinen und erreichte mit knapper Not das Ufer, obwohl es nur wenige Meter entfernt war. Dort lag ich erst einmal eine Weile auf der Erde, um wieder zu mir zu kommen. Dann stand ich zitternd vor Kälte auf. Da ich es allein bis zum Haus meines Freundes nicht geschafft hätte, suchte ich den Milizposten auf.

Die diensthabenden Milizionäre erkannten mich sofort. Sie stellten mir keine Fragen, weil ich gleich gesagt hatte, sie sollten keine Meldung machen. Während ich den angebotenen Tee trank und meine Kleider ein wenig trock-

neten, schimpfte ich vor mich hin, erstattete aber keine Anzeige. Einige Zeit später holten mich meine Frau und meine Tochter ab. Beim Abschied bat ich die Milizionäre noch einmal, niemandem von dem Vorfall zu erzählen.
Warum tat ich das? Ich stellte mir die Reaktion der Menschen vor, die schon sehr mühsam die bisherigen Provokationen gegen mich ertragen hatten. Die Nachricht von einem Anschlag auf mich hätten sie wohl nicht mehr ruhig aufgenommen. Zum Zeichen des Protests hätte man in Selenograd oder Swerdlowsk, wo es viele Rüstungsbetriebe gibt, oder auch in Moskau in den Ausstand treten können. Und dann wäre als Folge der Streiks in strategisch wichtigen Unternehmen möglicherweise der Ausnahmezustand im ganzen Land ausgerufen worden. Dank der Tatsache, daß ich mich hätte provozieren lassen, hätte man die Perestrojka in der Sowjetunion »erfolgreich vollenden« können.
Vielleicht war mein Verhalten falsch. Vielleicht hätte mir mein Prinzip, die Wahrheit zu sagen und nichts vor den Menschen zu verheimlichen, auch diesmal nicht geschadet. Denn dies verblüffte meine Wähler am meisten — daß ich etwas verheimlichte.
Ich meinte, die Menschen würden die Sache selbst durchschauen. Mein Vertrauen auf das Volk wurde noch bestärkt, als Bakatin, der Innenminister der UdSSR, vor dem Obersten Sowjet berichtete, es sei kein Anschlag auf mich verübt worden, was er mit einer gefälschten Information belegte. Bakatin täuschte die Menschen selbst dort, wo sich die Tatsachen leicht überprüfen ließen! So sagte er, daß das Opfer, wenn es wirklich von der Brücke gestürzt worden wäre, sich alle Knochen gebrochen hät-

te, denn sie sei fünfzehn Meter hoch. Die Brücke ist in Wirklichkeit aber fünf Meter hoch!
Kurz, ich war der Überzeugung, die Menschen würden schon die zahlreichen Ungereimtheiten in der Darstellung des Innenministers erkennen und verstehen, was wirklich passiert war, und auch, warum ich vor dem Obersten Sowjet sagte, es habe keinen Anschlag auf mich gegeben.
Doch ich muß ehrlich zugeben, daß diese Provokation Erfolg hatte. Meine Anhänger teilten mir in panischer Stimmung mit, meine Popularität sei rapide gesunken. Das Gerücht, ich sei zu meiner Liebsten in die Datscha gefahren und von ihr aus unerfindlichem Grunde mit einem Eimer Wasser übergossen worden, war offenbar auf fruchtbaren Boden gefallen.
Trotzdem reagierte ich ziemlich gelassen auf meinen Popularitätsverlust, weil ich sicher bin, daß alles wieder ins Lot kommt. Diese absurde Geschichte kann das Vertrauen der Menschen zu mir nicht lange beeinträchtigen, auch wenn sie jetzt irritiert sind, denn letzten Endes zählen die konkreten Ergebnisse mehr als Gerüchte.
Nach meinem unfreiwilligen Bad im eiskalten Wasser war ich zwei Wochen ernsthaft krank. Die Erkältung hatte meine Lunge angegriffen. Deshalb verfolgte ich die Tagung des Obersten Sowjet im Fernsehen. Es war ein sehr trauriges Spektakel, besonders, wenn man weiß, wie brisant die Situation in unserem Land ist. Wir brauchen unverzüglich grundsätzliche Entscheidungen, die uns aus der Krise herausführen. Aber die Entscheidungen werden nicht getroffen, die wichtigen Gesetze werden auf die lange Bank geschoben, und wir schlittern immer tie-

fer in die Misere, aus der uns bald keine Gesetze, auch nicht die fortschrittlichsten, mehr retten können.
Ich erinnere mich, wie Jurij Afanassjew auf dem ersten Volksdeputiertenkongreß den gerade frisch gewählten Obersten Sowjet als stalinistisch-breschnewistisch bezeichnete. Bei aller Hochachtung für Afanassjew möchte ich mich dieser Beurteilung doch nicht anschließen. Unser Oberster Sowjet ist nicht stalinistisch-breschnewistisch, das wäre eine Über-, vielleicht aber auch Unterbewertung. Er ist gorbatschowistisch. Er spiegelt genau Gorbatschows Inkonsequenz, Zögerlichkeit und Vorliebe für halbherzige Maßnahmen und halbherzige Entscheidungen wider.
Als wäre es eine Mahnung für uns, brach vor Abschluß der Herbsttagung in drei sozialistischen Ländern der totalitäre Sozialismus zusammen, den Stalin diesen Ländern nach dem Krieg aufgezwungen hatte. Fast wie zum Hohn unserer schon vier Jahre dauernden Perestrojka haben die DDR, die Tschechoslowakei und Bulgarien in wenigen Tagen einen derartigen Entwicklungssprung gemacht, daß wir jetzt daran zweifeln müssen, ob wir diese Länder noch einholen können. Die Öffnung der Berliner Mauer, die neuen Ein- und Ausreiseregelungen, die Gesetze über die Presse und öffentlichen Institutionen, die Streichung des Artikels über die führende Rolle der kommunistischen Partei aus den Verfassungen, die Rücktritte der Zentralkomitees, die Einberufung außerordentlicher Parteitage, die Verurteilung der Invasion in die Tschechoslowakei — das alles hätte schon vor vier Jahren bei uns geschehen müssen. Wir aber treten bis heute auf der Stelle, machen angstvoll ei-

nen Schritt nach vorn und springen gleich wieder zwei zurück.
Ich freue mich sehr, daß diese Veränderungen in unseren sozialistischen Nachbarländern stattgefunden haben. Ich freue mich für sie. Ich glaube aber, diese Veränderungen nötigen uns zu einer Neubewertung dessen, was wir stolz Perestrojka nennen. Bald werden wir begreifen, daß wir praktisch das einzige Land der Erde sind, das mit einer überlebten Ideologie des 19. Jahrhunderts ins 21. zu gehen versucht. Wir sind – wie ein kluger Mann sagte – das letzte Land, dessen Bewohner vom Sozialismus besiegt worden sind.
Die allerjüngsten Ereignisse: In Moskau geht das Gerücht um, auf dem nächsten Plenum werde es eine Wende geben. Man wolle Gorbatschow als Generalsekretär des ZK der KPdSU absetzen und ihm die Führung der Volksdeputierten belassen. Ich glaube diesem Gerücht nicht, doch wenn das wirklich geschehen sollte, werde ich auf dem Plenum für Gorbatschow kämpfen. Ganz recht, für ihn, meinen ewigen Widersacher und den Verfechter halbherziger Maßnahmen. Wenn er seinen Hauptfehler nicht einsieht, wird ihn diese Taktik eines Tages selbst ins Verderben stürzen. Aber zumindest bis zum nächsten Kongreß, auf dem vielleicht neue, zur Führung geeignete Persönlichkeiten auftauchen werden, ist er der einzige Mann, der die Partei vor dem endgültigen Zerfall bewahren kann.
Natürlich sind solche Gerüchte symptomatisch. Das Schicksal unseres riesigen Landes steht auf des Messers Schneide. Niemand weiß, was morgen geschehen wird.

NACHWORT

Nun ist ein weiteres Jahr meines Lebens verflogen, und die Fragen, die ich am Schluß dieses Buches gestellt habe, sind beantwortet worden. Es ist wohl klar, was mir in diesem Jahr widerfahren ist, und es scheint auch klar zu sein, was mit meinem Land geschehen ist und noch geschieht. Trotzdem könnte es sinnvoll sein, wenn ich an dieser Stelle kurz auf die Ereignisse dieses Jahres einginge. Wenn ich nicht unter einem so unvorstellbaren und physisch kaum zu ertragenden Zeitdruck stünde!

Ist es wirklich erst ein Jahr her, daß ich auf dem 1. Volksdeputiertenkongreß Rußlands zum Vorsitzenden des Obersten Sowjet der RSFSR gewählt wurde? Ich habe das Gefühl, als gehörte dieses Ereignis einer fernen Vergangenheit an und als hätte es in einer ganz anderen Epoche stattgefunden. Und was ist aus dem fabelhaften Programm der »500 Tage« geworden, das unser Land real aus der Wirtschaftskrise hätte führen können? Haben wir

wirklich erst vor so kurzer Zeit daran gearbeitet und daran geglaubt? Diese Zeit des rosaroten Zukunftsglaubens scheint auch einer weit zurückliegenden Vergangenheit anzugehören.
Der Rücktritt Schewardnadses, der blutige Sonntag in Litauen, das Wüten der »Schwarzen Obristen« in Lettland — das liegt schon näher, aber auch bereits in der Vergangenheit. Und was verspricht die Zukunft? Gorbatschows Präsidialherrschaft über die gesamte Sowjetunion mit Hilfe von Panzern und Luftlandetruppen oder die zivilisierte Führung des Landes durch ein neues Organ, den Föderationsrat? Wieder hat es der Leser leichter als ich. Er wird es wissen, während ich einstweilen nur analysieren, fühlen und vermuten kann.
Wäre mir dieses Jahr leichter gefallen, wenn ich nicht selbst in dem Drama der Perestrojka mitgespielt hätte? Ich hätte Zuschauer bleiben, mich aufregen, fluchen und den Fernseher wütend abschalten können, wenn im Zentralen Fernsehprogramm wieder eine Lüge verbreitet worden wäre, wohl wissend, daß ich nichts dagegen hätte ausrichten können. Aber wenn ich es kann, noch dazu in hohem Maße, was dann? Was ist das für eine furchtbare, übermenschliche Bürde, wenn das Schicksal von zig Millionen Menschen heute und das der nächsten Generationen davon abhängt, welchen Schritt man tut und welche Entscheidung man fällt. Verstehen Sie das bitte nicht als Größenwahn. Unser Land hat sich leider noch nicht aus der mittelalterlichen Tradition freigekämpft, daß einzelne Persönlichkeiten an der Spitze im Zweikampf das Schicksal ganzer Völker und Länder entscheiden.
Es hängt von dem einen Mann ab, von Gorbatschow, ob

er Panzer ins Baltikum entsendet oder nicht, ob er den baltischen Völkern das Recht auf Selbstbestimmung gewährt oder nicht. Doch auch von mir hängt manches ab, zum Beispiel, daß keine Panzer entsendet werden, und daß Rußland sowie die baltischen Republiken, die allesamt souveräne Staaten im Verbund der Sowjetunion sind, ihr Schicksal selbst regeln können.
Ich bin gerade sechzig Jahre alt geworden. An diesem Tag fand eine ordentliche Sitzung des Obersten Sowjet der RSFSR statt. Morgens, vor Beginn der Sitzung, gratulierten mir dic Abgeordneten zu meinem runden Geburtstag. Ich gab eine Antwort, die mich vor kurzem vielleicht noch selbst überrascht hätte, ich sagte nämlich, daß ich mich mit aller Kraft meiner Arbeit widmen wolle. Wenn meine Kräfte ausreichten, um die Lage in Rußland zumindest zu stabilisieren, wäre ich froh. Also keine Rede mehr von raschem Aufschwung, nur noch von Stabilisierung.
Dieses Jahr hat vielen einen Schlußstrich unter ihre Illusionen gezogen, auch mir.
Dabei kann mich niemand einen Optimisten nennen, der alles rosarot sah und naiv glaubte, daß der Übergang vom Totalitarismus zum zivilisierten Rechtsstaat leicht und glatt zu schaffen sei. Ich wußte sehr gut, daß dieses ganze System — der Parteiapparat, der eng mit ihm verwachsene Militär- und Industriekomplex und der KGB — verbissen um sein Überleben kämpfen würde. Doch ich glaubte trotzdem an den gesunden Menschenverstand und die Logik des Lebens. Mir war durchaus klar, daß der Reformator Gorbatschow diesen Parteiapparat vertrat und denjenigen ergeben dienen würde, die ihn an die

Spitze der Staats- und Parteipyramide gebracht hatten, daß er immer zuerst Generalsekretär des ZK der KPdSU sein würde und erst danach Präsident. Ich wußte, daß er sich und seine Macht behaupten wollte, daß er ein Politiker ist und um des eigenen Wohlergehens willen versuchen würde, zwischen Rechten und Linken die Balance zu halten.

In wenigen Monaten ging alles verloren, die Balance, das Wohlergehen, alle früheren Schritte aufeinander zu, Zugeständnisse und Kompromisse – von alledem kann nun keine Rede mehr sein. Man hat den Eindruck, als schaue man einem verwundeten Tier beim Todeskampf zu. Alle Erlasse, Anordnungen und Befehle sind hysterisch, sie bewirken nichts als neue Spannung und Destabilisierung. Man sollte doch meinen, es müsse alles getan werden, um die Lage zu entspannen, den Menschen Nahrung zu geben und die Konfrontation abzubauen, aber nein, es wird alles getan, um die Atmosphäre der Angst und Ungewißheit noch weiter aufzuladen.

Bei der letzten Meinungsumfrage war Gorbatschows Popularität auf die Rekordmarke von nur 15 Prozent bis 10 Prozent gesunken. Meine Popularität dagegen ist so hoch gestiegen, wie sie noch nie war, und schwankt jetzt zwischen 60 Prozent und 70 Prozent. Aber ich kann weder Befriedigung noch Freude darüber empfinden. Im Gegenteil, dieser sinnlose Kampf liegt als schwere Last auf mir, macht mich müde und kraftlos.

Wie kann Rußland aus der Krise herausgeholfen werden? Diese Frage müßte für uns oberste Priorität haben. Mein Gott, wenn es doch nur so wäre! Aber das ist ja das Furchtbare, das Paradoxe an der Situation, daß meine

ganze Energie, das ganze intellektuelle Potential des Obersten Sowjet der RSFSR und die geistige Kapazität vieler Experten und Berater auf die Lösung einer ganz anderen Frage konzentriert ist: Wie sollen wir es anstellen, daß man uns ohne Interventionen Rußland retten läßt.
Heute bietet sich etwa folgendes Bild: Wir stecken bis zum Hals im Sumpf, gleich werden wir untergehen und ersticken, wir halten uns an irgendeinem Baumstumpf fest und ziehen uns mit letzter Kraft hinauf, aber man schlägt uns immer wieder auf die Finger, gibt uns eins auf den Kopf und herrscht uns an: »Rührt euch nicht, wenn das Zentrum entschieden hat, werdet ihr Hilfe bekommen, aber ihr selbst dürft euch nicht freistrampeln und retten.« Unser Land mit seinen reichen Boden- und Naturschätzen ist in einer weit schlimmeren Lage als jedes andere Land Osteuropas, das sich vom Stalinismus befreit hat. Sie werden zumindest nicht behindert. Sie können Wirtschaftsmodelle zur Überwindung der Krise entwickeln, gegen die sich streiten oder denen sich zustimmen läßt, und die sich vor allem realisieren lassen.
Die Situation ist ja überhaupt verblüffend. Ich, der gesetzlich gewählte Führer des gesetzlich gewählten Parlaments der größten Sowjetrepublik mit einer Bevölkerung von über 150 Millionen Menschen, habe keine Ahnung, was der Präsident, der nur minimales Vertrauen beim Volk genießt, und die Regierung der Sowjetunion, die überhaupt kein Vertrauen genießt, mit Rußland im Sinn haben. Ich gehe schlafen und weiß nicht, wo, wie und unter welchen Umständen ich morgen aufwachen werde. Wird man mein Geld und das meiner Mitbürger unter dem Vorwand eines Banknotenumtauschs konfis-

zieren, werden unsere Sparguthaben zur Bekämpfung der Inflation eingefroren werden, wird nachts die russische Fernsehanstalt besetzt werden oder wird man ihr nur die Sendefrequenzen sperren, werden Panzer eingesetzt werden und Schützenpanzerwagen sowie Luftlandesoldaten die Straßen füllen oder nicht? All das wird im Kreml, am Alten Platz, im KGB, im Verteidigungsministerium beschlossen werden, überall, wo man will, nur nicht im russischen Parlament. Wir können immer nur entsetzt die nächsten Zuckungen des Zentrums in seinem Todeskampf beobachten. Und das alles nennt sich Souveränität der Republik.

Das vergangene Jahr war ein Jahr kleiner, unscheinbarer Siege und großer, schwerer Niederlagen. Das einzige, worüber man sich trotzdem freuen kann, ist, daß jede noch so schwere Niederlage und jeder noch so unscheinbare Sieg nicht unbemerkt blieben. Es gibt sie wieder, die wichtigste Hilfe im schwierigen, aufreibenden Kampf, die wagemutige, aufrichtige und selbstlose Unterstützung der Menschen. Ich spüre diese Unterstützung in jedem Augenblick, ich lebe von ihr und hätte ohne sie keine Hoffnung auf eine bessere Zukunft.

All diese Jahre, seit dem berühmten Aprilplenum des ZK der KPdSU im Jahre 1985, lautete die scheinbar absolute These, daß es zu Gorbatschow keine Alternative gibt. Etwa bis Januar 1991 änderte sich daran nichts. Nach der Januartragödie im Baltikum wurde eine neue These, eine neue Formel für die Exekutivmacht in der erneuerten Union formuliert: der Föderationsrat. Ich will mich jetzt nicht theoretisch darüber auslassen, wie das Wechselspiel zwischen dem Föderationsrat und den Republiken geregelt werden sollte, wer den Vorsitz übernehmen könnte, wie lange die Amtszeit sein sollte, welche Vollmachten die Republiken ihm delegieren sollten usw. All das ist jetzt nicht so wichtig. Viel wichtiger ist etwas anderes, daß nämlich unser Land zum erstenmal erkannt hat: Ja, es gibt eine Alternative zu Gorbatschow, und sie ist sehr real. Auf jede Republik wirkt diese Alternative erheblich attraktiver als die Präsidialmacht der Parteiherrschaft, heute vertreten durch Gorbatschow. Dieser neue Faktor in der politischen Landschaft könnte in nächster Zeit die entscheidende Rolle im Leben der erneuerten Sowjetunion spielen. Die Republiken werden den Föderationsrat anstreben, der ihnen ihre Unabhängigkeit und Souveränität garantiert. Der Präsident wird versuchen, die Republiken mit allen möglichen Erlassen, Anordnungen und Resolutionen des Ministerkabinetts sowie anderen gesetzlichen und ungesetzlichen Methoden so fest ans Zentrum zu ketten, daß keine von ihnen mehr Atem holen kann. So sieht das Drehbuch für die allernächste Zeit aus.

Gorbatschow prangerte mich oft an, daß ich mich auf seinen Platz kämpfen wollte. Ein paarmal machte er mir diese Vorwürfe auch persönlich. Ich antwortete ihm damals und schreibe es jetzt, daß ich es nicht will, niemals. Unter keinen Umständen wollte und will ich jemals seinen Platz einnehmen. Ich werde auch nicht die Führung im Föderationsrat anstreben, ebensowenig wie ich die führende Rolle Rußlands darin anstreben werde. Anstelle des alten Zentrums ein neues Zentrum zu schaffen, ist meiner Meinung nach eine undankbare und vollkommen aussichtslose Aufgabe. Ich bin allerdings sicher, daß mich in Kürze die ganze Propagandaartillerie unter Beschuß nehmen und mir unterstellen wird, daß ich mit Hilfe des Föderationsrats die gesamte Sowjetunion unter meine Kontrolle bringen will.

Ich empfinde sehr stark, wie sich derzeit die Stimmung in den einzelnen Republiken ändert. Besonders nach den blutigen Ereignissen in Litauen hat sie sich jäh verschlechtert. Die Führer aller Republiken sind sich genau bewußt, daß es ihnen jeden Augenblick genauso ergehen kann wie dem Baltikum. Selbst in der gehorsamsten Republik kann heute ein nationaler Konflikt aufflammen, dann wird ein weiteres Komitee zur nationalen Rettung mit Maschinenpistolen und Schützenpanzerwagen die Macht unter Billigung des Kremls übernehmen. Es sieht so aus, als hätten sich mittlerweile alle Republiken zum harten Widerstand gegen die Präsidialmacht zusammengeschlossen, die einen aus Freiheitsdrang und die anderen aus Angst vor dem Zentrum.

Als ich mich hinsetzte, um dieses Nachwort zu schreiben, las ich mein Buch noch einmal durch, das in millionenstarker Auflage über mein Land und die ganze Welt verbreitet wurde. Wie schnell wurde es von den Ereignissen überrollt! Die Geschehnisse, Kapitel und Situationen stellen sich mir heute ganz anders dar, als ich sie noch vor kurzem gesehen habe. Und jetzt sitze ich hier, schreibe diese Zeilen und teile meine heutigen Eindrücke mit, dabei wird alles im Nu wieder überholt sein. Ich versuche erfolglos, der bereits weitergeschrittenen Zeit hinterherzujagen.

Der 1. Volksdeputiertenkongreß der UdSSR war ein Ereignis, das vieles im Land grundsätzlich veränderte.

Heute ist dieser Kongreß eine überlebte Einrichtung des zerbrechenden Imperiums, an die man nur noch beklommen und gereizt denken kann. Wieviel habe ich in meinem Buch über die Partei, das Politbüro und das Plenum geredet! In jenem vergangenen Leben hatte sie, die in unserem Land die ganze Macht innehatte, durchaus ein Recht darauf. Aber wen interessiert heute noch die Partei oder die Besetzung des Politbüros, wer will wissen, welche Plenarsitzungen aus welchen Gründen abgehalten werden? Natürlich haben Partei und Politbüro noch vieles unter Kontrolle. Die wichtigsten Hebel – die Armee, das Finanz-, Transport- und Fernmeldewesen – sind noch in ihrer Hand, doch die kommunistische Partei stalinistischer Prägung siecht dahin und stirbt. Keine noch so verzweifelte Anstrengung zu ihrer Rettung, die Gorbatschow, Poloskow und ihre engsten Getreuen unternehmen, kann dies verhindern. Die Partei könnte natürlich versuchen, die Uhr der Geschichte zurückzudrehen und mit Hilfe von Maschinenpistolen, Panzern und Schlagstöcken verlorene Posten zurückzuerobern. Doch in jedem Fall ist diese Macht, die auf Angst und Gewalt gebaut ist, zum geschichtlichen Untergang bestimmt.

So habe ich nun dieses Jahr mit dem Kampf gegen die kommunistische Partei um ein freies Rußland verbracht. Es war ein endloses Taktieren. Für private Gefühle blieb nur ein kleiner Winkel in meinem Unterbewußtsein. Ich bedauere es sehr, daß ich keine Zeit habe, um innezuhalten, mich zu entspannen und Rückschau zu halten. Es wäre sicher ungewöhnlich interessant, wenn ich meine inneren Reaktionen auf die äußeren Veränderungen und meine Wahl zum Vorsitzenden des russischen

Parlaments analysieren könnte. Was empfand ich wohl, als ich zum erstenmal das Amtszimmer des Vorsitzenden des Obersten Sowjet der RSFSR betrat — Triumph, Müdigkeit, Würde und Bedeutung meiner eigenen Person? Nein, ich habe diesen Augenblick so in Erinnerung, daß ich den Stuhl bequemer an den Tisch rückte und mich schleunigst an die Arbeit machte. Und was für Veränderungen sind mit den Menschen geschehen, die mich im Oktober 1987 im Stich gelassen haben und nun so tun, als sei nichts gewesen? Ich höre immer nur: »Was für ein Sieg, Boris Nikolajewitsch! Wir unterstützen Sie aus ganzem Herzen, wir stehen jetzt ganz zu Ihnen, wir sind ganz für Sie.« Es erstaunt mich nicht, kränkt mich nicht, ist nur sehr traurig. Doch von meinen freiwilligen Helfern aus der Zeit, als noch an keinen Sieg zu denken war, berief ich die meisten nach meiner Wahl in meinen Apparat. Mit ihnen zusammen habe ich unvorstellbare Hindernisse überwunden, mit ihnen zusammen fürchte ich nichts.

Wenn ich mich manchmal schlaflos im Bett wälze, kommen mir allerlei dumme Gedanken in den Sinn. Ich frage mich zum Beispiel: Wozu das alles? Wer möchte schon so leben? Meine Familie hat wirklich Pech mit mir. In meinem Buch habe ich erzählt, daß ich weder meiner Frau noch meinen Töchtern so viel Zeit und Zuwendung geben konnte, wie sie es verdient hätten. Jetzt ist es so, als existierte ich überhaupt nicht mehr für sie. Morgens, mittags, abends, ja sogar nachts — immer nur Arbeit.

Freizeit kenne ich nicht mehr. Ich kann nicht einfach ein Buch oder eine Zeitschrift lesen, spazierengehen, einen Film anschauen oder einen Freund anrufen und ihn zum

Tee einladen. Auch mit meinem Enkel Borka kann ich nicht einfach mal ein Stündchen spielen und herumalbern, wie sich das alle normalen Großväter wenigstens einmal in der Woche gönnen.
Das ist ja mein Unglück. Ich bin kein normaler Großvater, sondern ein Politiker, der Vorsitzende des Präsidiums des Obersten Sowjet der RSFSR, Boris Nikolajewitsch Jelzin. Was ist denn aber wichtiger, wenn man nur einmal lebt?
Doch das ist eine rhetorische Frage. Ich habe meine Wahl längst getroffen. Gebe Gott, daß meine Kräfte reichen, um die riesige Aufgabe zu bewältigen.